U0508878

集 | 集人文社科之思 刊 | 专业学术之声

集 刊 名：非洲研究
主办单位：浙江师范大学非洲研究院
主　　编：刘鸿武
执行主编：王　珩

AFRICAN STUDIES

编辑委员会

主　　编：刘鸿武

执行主编：王　珩

编　　委（以姓氏拼音为序）：

曹忠明　陈明昆　冯绍雷　顾建新　郭宪纲　贺　萌
贺文萍　蒋国俊　金灿荣　李绍先　李新烽　李智彪
罗建波　林松添　刘贵今　刘鸿武　楼世洲　梅新林
秦亚青　舒　展　舒运国　王缉思　王　珩　王逸舟
万秀兰　徐　步　徐　辉　徐伟忠　徐丽华　徐　薇
许镜湖　杨　光　杨洁勉　杨立华　张　明　张宏明
张建珍　张忠祥　郑孟状　钟伟云　朱威烈

责任编辑（以姓氏拼音为序）：

雷　雯　李雪冬　欧玉芳　王　严　张巧文　周　军

编辑部

地　　址：浙江师范大学非洲研究院
邮　　编：321004
电　　话：0579-82287076
传　　真：0579-82286091
E-mail: fzyjbjb2016@126.com

2019年第1卷（总第14卷）

集刊序列号：PIJ-2018-294
中国集刊网：www.jikan.com.cn
集刊投约稿平台：www.iedol.cn

中国学术期刊综合评价数据库（CNKI）来源集刊

2019年第1卷
（总第14卷）

非洲研究

S T U D I E S

浙江师范大学非洲研究院 ｜ 主 办

刘鸿武 ｜ 主 编

王　珩 ｜ 执行主编

社会科学文献出版社
SOCIAL SCIENCES ACADEMIC PRESS (CHINA)

目　录

政治与国际关系

经济与发展

社会文化与教育

中非合作

政治与国际关系

非洲研究　2019 年第 1 卷（总第 14 卷）

第 3–20 页

SSAP ©, 2019

非洲国家宪法价值目标与实施机制研究[*]

程　迈

【内容提要】非洲国家的宪法文本具有强烈的价值倾向，多承认国际社会的价值和精神原则，将宪法定位成全社会的价值共识基础，并为国家的发展指明了方向。出于对本国政治文化和国民素质的不信任，各国宪法民主政治制度设计追求的更多是形式上的民主化，宪法设计高度重视国家的政治稳定，引入自卫民主理论，规定了行政机关的强势地位，并设置了强势的中央政府。为了有效实现宪法的价值和目标，非洲各国宪法高度重视宪法的规范约束力，绝大多数国家都建立了宪法审查制度，为公民提供了形式上便利的宪法诉愿渠道，赋予宪法审查机关政治争议裁判权力，并建立了专门的宪法实施监督机关。要将制度设计中的良好愿望转变成现实生活中的宪法，非洲国家还有很长的路要走。

【关　键　词】非洲宪法；宪法实施；民主政治；宪法共识；制度设计

【作者简介】程迈，南昌大学法学院副教授，南昌大学立法研究中心研究员（南昌，330000）。

虽然对于非洲国家，人们常常说这些国家的宪法只停留在了文本上，远远没有转化成现实中的宪法，所谓有宪法规定无宪法实施。但是，宪法文本的规定还是可以比较明确地反映出制宪者的价值立场，及对于不

---

* 本文受国家社科基金 2016 年度青年项目 "'一带一路'战略下非洲国家政党宪法作用研究"（项目编号：16CFX012）资助。

同宪法话题的不同重视态度。而且宪法实施中产生的许多问题，总是可以从宪法制度设计中追根溯源地去寻找问题产生的原因。对于作为局外人的研究人员来说，一国纸面上的宪法文本的各种规定，也是确定该国宪法制度的起点，相对于专门的学术论文、论著而言，具有更强的第一手资料性。所以，本文从非洲各国宪法文本出发，分析各国制宪者的制度设计目的和价值目标，尤其是其期待的宪法实施机制，并分析其中存在的问题。①

一　宪法具有强烈的价值倾向

（一）表现出对国际社会价值和原则精神的接受和尊重

1. 普遍承认国际法的约束力

44 个（81.5%）非洲国家的宪法在其序言或者正文中提及了国际法对其宪法秩序的约束力。没有提及国际法约束力的 10 个国家②中，包括现行宪法历史最久远的两个国家：博茨瓦纳和毛里求斯。其他 8 个国家的宪法也颁布于 2000 年以前。

在前 44 个非洲国家中，对国际法约束力的表述方式有所不同，并表现为三种方式，第一种方式是在宪法序言中承认各种国际法文件以及国际法的普遍原则对本国宪法的指导作用。这样的国家有 21 个。③ 第二种方式是在宪法正文中承认国际法文件以及国际法原则对本国宪法的指导作用。在宪法正文中，此类条款会规定得更详细，例如，规定国际法文件对本国宪法和法律解释的指导作用，有时会细化到规定，这些国际法文件和原则对解释特定的宪法权利和自由，甚至选举活动

---

① 本文研究过程中利用的宪法文本，除去《佛得角宪法》利用了《世界各国宪法》中的中译本外 [《世界各国宪法》编辑委员会：《世界各国宪法》（非洲卷），中国检察出版社，2012]，其他宪法文本皆来自 Constituteproject 网站，本文在写作过程中，最后文本更新时间为 2017 年 12 月 1 日。

② 这 10 个国家是：博茨瓦纳、毛里求斯、厄立特里亚、尼日利亚、几内亚比绍、塞拉利昂、莱索托、坦桑尼亚、利比里亚和赞比亚。

③ 这 21 个国家是：埃及、贝宁、布基纳法索、多哥、刚果共和国、刚果民主共和国、吉布提、几内亚、加蓬、喀麦隆、科摩罗、科特迪瓦、马达加斯加、马里、毛里塔尼亚、摩洛哥、南苏丹、尼日尔、塞内加尔、乍得和中非共和国。

（摩洛哥）、武装力量活动方式（斯威士兰）的指导作用。这样的国家也有 21 个。① 第三种方式是在宪法文本中，明确肯定了国际法文件、精神和规定对本国的直接约束力。采取第三种规定方式的国家有 14 个。②

这三种类型的国家存在着交叉情况，即有的国家同时采取了两种甚至三种以上的规定方式，如贝宁同时采取了三种规定方式；刚果民主共和国、尼日尔、几内亚和摩洛哥同时在宪法序言和正文中宣布接受国际法文件和原则的指导；埃及、塞内加尔、南非、索马里、埃塞俄比亚和马拉维在正文中宣布接受国际法文件和原则的指导，并承认相应的直接法律约束力。

2. 普遍建立有世俗共和政体

目前还有三个非洲国家，即莱索托、斯威士兰、摩洛哥采取君主立宪制，其他国家都建立了共和政体。所有的非洲国家都在宪法中规定有定期选举议会和国家元首的制度。

北非和西非地区受到伊斯兰教的影响比较强，在这两个地区中，有 12 个国家的宪法文本中对伊斯兰教做出了优待性的规定。③ 优待伊斯兰教的规定主要表现为三种方式：或是在宪法序言或正文中将伊斯兰教规定为国家的官方宗教，这些国家有阿尔及利亚、埃及、吉布提、科摩罗、利比亚、毛里塔尼亚、摩洛哥、索马里和突尼斯 9 国；或者建立有专门执行沙里亚的宗教司法机关，这些国家有冈比亚、肯尼亚、尼日利亚 3 国，有趣的是，这 3 国都没有在宪法序言或者正文中规定伊斯兰教的官方宗教性质，但是专门的沙里亚法院规定，可以说已经变相承认了伊斯兰教的官教地位；或者有其他优待伊斯兰宗教信仰的规定，例如，要求国家最高元首的候选人应当具有伊斯兰教教信仰，这样的国家有阿尔及利亚、毛里塔尼亚、索马里与突尼斯 4 国。

在前文的讨论中我们已经指出，非洲国家宪法表现出对国际法非常

---

① 这 21 个国家是：阿尔及利亚、埃塞俄比亚、安哥拉、贝宁、赤道几内亚、佛得角、冈比亚、刚果民主共和国、几内亚、加纳、津巴布韦、利比亚、马拉维、摩洛哥、莫桑比克、南非、尼日尔、塞舌尔、圣多美和普林西比、斯威士兰和索马里。

② 这 14 个国家是：埃及、埃塞俄比亚、贝宁、布隆迪、肯尼亚、卢旺达、马拉维、纳米比亚、南非、塞内加尔、苏丹、索马里、突尼斯和乌干达。

③ 这 12 个国家是：阿尔及利亚、埃及、吉布提、科摩罗、利比亚、毛里塔尼亚、摩洛哥、索马里、突尼斯、冈比亚、肯尼亚和尼日利亚。

强烈的尊重和接受色彩，而许多国际法文件都规定了公民的宗教自由和宗教之间的平等。在明文或者变相规定了伊斯兰教官方宗教地位的 12 个国家中，只有利比亚和尼日利亚的宪法文本中没有明文规定国际法的指导地位或约束力。在其他 10 个国家中，国际法的要求和官方宗教规定有可能会发生冲突。正是在这种冲突中，这 12 个国家的宪法文本都出现了一些看起来有些自相矛盾的规定。这种矛盾性的一个代表是《索马里宪法》第 17 条，它在规定每个人都可以自由地选择其宗教信仰之后，同时规定不可以在索马里联邦共和国传播伊斯兰教以外的其他宗教。从这些矛盾中，我们可以看到，面对世俗国家这一现代宪法的普遍标准，这 12 个国家对自己优待伊斯兰教宗教的态度，至少在宪法文本中做出了一些妥协性的规定。

（二）宪法是全社会的价值共识基础

经典自由主义的宪法观认为宪法只用于调整公民与政府之间的关系，其目的是保证公民免受政府权力滥用的侵害，是公民权利的保证书。基于这种理论逻辑，制宪者不应在宪法中写入公民的义务，以及有关公民对社会和政府的义务。但是非洲国家的宪法显然没有全盘接受这种自由主义的宪法观。

首先，在 54 个国家中，有 21 个（38.9%）国家的宪法文本明确规定，宪法具有普遍适用力，可以适用于私人主体之间，尤其是规定在宪法中的基本权利和自由。[①] 其次，47 个（87.0%）国家的宪法文本规定了公民对国家的宪法义务。[②] 这两类国家一共有 51 个（94.4%）。只有博茨瓦纳、科摩罗和毛里求斯这三国的宪法文本中既未规定宪法在公民之间的适用效力，也没有规定公民的宪法义务。其中博茨瓦纳和毛里求斯宪法是非洲大陆最古老的宪法，代表的是经典自由主义的宪法观。科摩罗目前的民主法治建设非常不理想，宪法文本也只有短短 47 条，没有规定宪法的普遍适用力和公民宪法义务的情况。

宪法的普遍适用力与公民宪法义务的作用非常类似，会助推宪法突

---

① 这 21 个国家是：埃塞俄比亚、南非、莫桑比克、纳米比亚、莱索托、南苏丹、卢旺达、厄立特里亚、斯威士兰、津巴布韦、利比里亚、肯尼亚、乌干达、冈比亚、佛得角、马拉维、加纳、索马里、刚果共和国、赞比亚和尼日利亚。

② 未规定公民宪法义务的 7 个非洲国家是：南非、莱索托、利比里亚、马拉维、博茨瓦纳、科摩罗和毛里求斯。

破其"公民权利保证书"的自由主义思想限制,上升为整个社会的行动纲领,并通过宪法条文中大量具有鲜明价值立场的规定,使宪法转变成整个社会的价值共识基础文件。

(三)利用宪法来指导和推动国家发展

一共有 28 个(51.9%)非洲国家的宪法在其文本中明确规定了国家的发展目标,为国家、社会的发展和建设设计了详细的蓝图。[①] 有 43 个(87.0%)国家的宪法文本规定了公民的经济、社会和文化权利,即第二代权利。[②] 在第二代公民权利更多地表现为积极权利的情况下,实现这些公民权利,需要国家提供相应的资源或者积极作为。由于非洲国家普遍比较贫穷,依靠社会力量来实现这些公民权利非常不现实,这更加重了国家在实现第二代权利时的责任。也正是因为非洲国家的经济和社会发展水平普遍不高,使得政府本身可以利用的资源也非常有限。所以,肯尼亚、津巴布韦、厄立特里亚、布隆迪、南苏丹这五国宪法在规定了第二代权利的同时,又明确规定,国家实现这些权利应当考虑到可用资源的限制。《莫桑比克宪法》第 91 条则规定,国家有义务"根据国家的经济发展情况"向公民提供住房。南苏丹宪法在规定了大量第二代权利的同时,又在第 44 条规定:"除非宪法或者普通法律特别规定,本章中列明的权利不具有法律约束力。"实际上是将这些第二代权利弱化到国家活动指导方针的程度。为了解决目前国家在经济和社会发展中存在的问题,有 20 个(37.0%)非洲国家的宪法文本中授权国家从事纠偏行动,如优待妇女、老弱病残、少数族群。[③] 只有博茨瓦纳、毛里求斯、吉布提、喀

---

① 这 28 个国家是:南苏丹、埃及、坦桑尼亚、斯威士兰、卢旺达、莱索托、加纳、苏丹、尼日利亚、利比里亚、塞拉利昂、厄立特里亚、津巴布韦、赞比亚、尼日尔、冈比亚、纳米比亚、莫桑比克、埃塞俄比亚、圣多美和普林西比、肯尼亚、佛得角、赤道几内亚、摩洛哥、安哥拉、南非、几内亚比绍和马拉维。

② 这 43 个国家是:布基纳法索、安哥拉、刚果民主共和国、莫桑比克、塞内加尔、津巴布韦、中非共和国、科特迪瓦、佛得角、阿尔及利亚、埃塞俄比亚、肯尼亚、突尼斯、几内亚比绍、多哥、乍得、摩洛哥、圣多美和普林西比、乌干达、塞舌尔、南苏丹、斯威士兰、冈比亚、布隆迪、索马里、加纳、赤道几内亚、南非、刚果共和国、马拉维、坦桑尼亚、厄立特里亚、纳米比亚、马达加斯加、利比里亚、卢旺达、马里、几内亚、尼日尔、埃及、苏丹、贝宁和加蓬。

③ 这 20 个国家是:津巴布韦、安哥拉、斯威士兰、马拉维、塞内加尔、埃塞俄比亚、苏丹、乌干达、阿尔及利亚、肯尼亚、纳米比亚、尼日尔、加纳、南苏丹、坦桑尼亚、布隆迪、摩洛哥、索马里、埃及和卢旺达。

麦隆、科摩罗、利比亚、毛里塔尼亚这 7 个国家没有在宪法正文中，以上述三种方式中的任何一种方式，对国家的发展方向、国家应当积极推进实现的政策目标，做出明确的规定。

二　宪法追求的是国家政治生活的形式民主化

前文已经论及，非洲国家普遍承认世俗共和政体，所有国家都建立了由国民选举产生的议会。此外，32 个（59.3%）国家的宪法文本规定了各种类型的全民公投程序，可以由全民公投议决的事项也比较宽泛，显示出非洲国家的制宪者对国民政治素质的充分信任和尊重，对实现国家政治生活民主化的坚定决心。① 但是进一步的分析将揭示出，非洲国家的宪法更多的是追求形式上的民主化，民众参与国家政治过程的权利、方式，甚至议会的组成方式，都受到了许多国家宪法的明文限制。

（一）普遍规定宗主国语言作为官方语言表现出对本国文化的不信任

语言是文化和教育活动的载体，对一种语言的态度也表现出对这种语言背后的文化的认同程度。如果一国宪法规定非本地语言作为官方语言，这不可避免地将反映出制宪者对本国文化的不信任。

这种对本国政治文化的不信任态度的确存在于非洲国家的宪法文本中。非洲国家普遍族群构成复杂，而每个族群往往都有自己历史悠久的语言的情况下，49 个（90.7%）非洲国家宪法文本都规定了本国的官方语言或者国家语言（national language），许多国家规定了一种以上的官方语言或国家语言，这反映出非洲国家的制宪者对语言文化问题的重视态度。② 其中 39 个（72.2%）国家的宪法文本，将历史上曾经对本国进行

---

① 这 32 个国家是：刚果共和国、乍得、突尼斯、阿尔及利亚、圣多美和普林西比、纳米比亚、尼日尔、赤道几内亚、贝宁、几内亚比绍、几内亚、塞内加尔、加纳、布基纳法索、科特迪瓦、马里、多哥、毛里塔尼亚、塞拉利昂、喀麦隆、吉布提、乌干达、苏丹、刚果民主共和国、布隆迪、南苏丹、加蓬、安哥拉、埃及、莫桑比克、佛得角和卢旺达。

② 没有在宪法中对官方或者国家语言做出规定的 5 个非洲国家是：厄立特里亚、佛得角、几内亚比绍、加纳、圣多美和普林西比。

殖民的宗主国的语言规定为本国的官方语言。① 在这 39 个国家中，更有 23 个国家的宪法文本仅规定了殖民宗主国语言的官方语言地位，没有提及任何一种具体的本国语言的宪法地位。②

对于在宪法中规定历史上殖民语言作为本国官方语言的现象，人们可以找到许多解释，例如，因为国内族群众多、相互之间不信任，为表示在族群间的中立，只好选择一种外邦语言；殖民语言实际上已经是本国行政系统中长期使用的语言，规定其为官方语言只不过是对现状的承认；本国上层精英为了保护自己对国家的政治、经济和社会生活的垄断地位，有意利用本国大部分民众都不会使用的殖民语言来维护其既得利益。③ 当一种语言不能进入国家正式的宪法实施过程和政治活动，或者最多只能享受次等地位时，这种语言代表的政治文化也将在国家的政治生活中被逐渐边缘化。当在短时间内，这些本地文化在普通民众中依然拥有巨大影响力的时候，宪法中规定的官方语言代表的"宪法文化"与"本地文化"的疏离，最终很有可能使得宪法成为一种异己文化的载体。

（二）对公民的被选举权基于财产状况或教育程度进行限制

22 个（40.7%）非洲国家宪法文本，对于参选国家公职人员，规定了财产状况或者教育程度方面的限制。④ 在欧美国家的宪法发展史的早期，同样存在着基于财产状况和教育程度，限制公民选举权和被选举权的情况，这些限制规定的目的是阻止下层民众借助行使选举权参与到政

---

① 这 39 个国家是：乍得、冈比亚、苏丹、卢旺达、塞拉利昂、肯尼亚、坦桑尼亚、博茨瓦纳、南苏丹、津巴布韦、乌干达、刚果共和国、马拉维、尼日利亚、尼日尔、毛里求斯、斯威士兰、利比里亚、塞舌尔、赤道几内亚、马达加斯加、布基纳法索、纳米比亚、莱索托、多哥、科特迪瓦、马里、加蓬、安哥拉、中非共和国、莫桑比克、赞比亚、喀麦隆、塞内加尔、科摩罗、刚果民主共和国、几内亚、贝宁和吉布提。

② 这 23 个国家是：冈比亚、塞拉利昂、博茨瓦纳、南苏丹、刚果共和国、马拉维、尼日尔、毛里求斯、利比里亚、赤道几内亚、布基纳法索、纳米比亚、多哥、科特迪瓦、马里、加蓬、安哥拉、莫桑比克、赞比亚、喀麦隆、几内亚、贝宁和厄立特里亚。

③ 〔喀麦隆〕梅曼·钦丹等：《非洲的语言与文化认同》，高尹倩译，《国际博物馆》（中文版）2008 年第 3 期，第 40－55 页；〔日〕梶茂树：《非洲的语言与社会》，徐微洁译，《非洲研究》2016 年第 2 卷，第 192－211 页。

④ 这 22 个国家是：肯尼亚、斯威士兰、加纳、冈比亚、苏丹、尼日尔、乌干达、塞拉利昂、坦桑尼亚、尼日利亚、赞比亚、南苏丹、博茨瓦纳、索马里、莱索托、马拉维、南非、纳米比亚、毛里求斯、塞内加尔、津巴布韦和埃及。

治过程中来。① 目前的非洲国家的宪法文本，没有根据财产状况和教育程度直接规定选举权方面的限制，但是这 22 个基于财产状况或教育程度限制被选举权的国家，还是会间接影响到公民选举权的实现，实际上还是一种对公民政治参与的限制性规定。②

（三）议会中存在着受国家元首指定的代表

16 个（29.6%）非洲国家宪法文本对议会组成人员中规定了议会外指定成员，即不是通过议会选举过程产生且不受议会控制的议会组成人员。③ 这些指定代表都是由该国的国家元首，即总统或国王（斯威士兰）任命产生。在规定这些指定代表时，这些国家的宪法很少规定总统任命这些代表的标准和理由，即使规定了，也只是含糊地说应当是杰出人士或者提高议会的代表性。这些内容含糊的规定，赋予了国家元首干涉议会组成的极大权力。这些国家元首往往也同时控制着国家行政机关，并且会更多地考虑行政机关利益，在这种情况下，这些指定代表的产生会为行政机关反向控制议会，提供绝好的制度渠道。

（四）地方自主权受到了宪法文本的忽视

在 54 个非洲国家中，只有埃塞俄比亚、尼日利亚和索马里明确将联邦主义作为国家组织的基本原则。有 27 个（50%）国家的中央议会是由两院组成，即除去由选民直接选举产生的代表院，还会设置专门代表国家内部各领土单元的第二院。④ 第二院的代表选举基本上都是以中央政府

---

① 关于欧美国家宪法发展中，以财产状况和教育程度为标准，限制公民政治参与，尤其是行使选举权和被选举权的情况的论述，可以参见陶文昭《选举权发展的历史审视》，《天津行政学院学报》2010 年第 2 期，第 17 - 23 页；范伟：《美国公民选举权的历史演进》，《改革与开放》2014 年第 21 期，第 42 - 43，第 72 页。

② 有关对被选举权进行限制的实践，这种限制会同时限制公民选举权的情况以及这些限制的设立原因是对国民素质的不信任，对这些问题的讨论，可以参见韩大元、周望舒《试论被选举权享有者的资格限制》，《法制与社会发展》1997 年第 4 期，第 11 - 14 页。

③ 这 16 个国家是：冈比亚、赤道几内亚、马达加斯加、卢旺达、布基纳法索、坦桑尼亚、赞比亚、博茨瓦纳、南苏丹、多哥、莱索托、纳米比亚、喀麦隆、埃及、阿尔及利亚和斯威士兰。

④ 这 27 个国家是：埃塞俄比亚、布隆迪、赤道几内亚、多哥、刚果共和国、刚果民主共和国、加蓬、津巴布韦、喀麦隆、莱索托、马达加斯加、马拉维、毛里塔尼亚、摩洛哥、纳米比亚、南非、尼日利亚、塞内加尔、索马里、利比里亚、南苏丹、布基纳法索、阿尔及利亚、肯尼亚、卢旺达、斯威士兰和苏丹。

以下的第二级政府管辖的领土范围作为选举单位，由该领土范围内的选民直接选举，或者该地区的代议机关间接选举产生，其目的显然是反映国家内部不同地区的特殊利益。此外，一些国家在设置第二院时，其目的不仅仅是更好地体现国家内部不同地区的利益，还希望它能够体现不同族群、不同社会群体，例如青年、妇女、残疾人的利益，这使得非洲国家议会第二院的设置，具有更强的多元主义色彩，而不仅仅是代表地区利益，这反过来也会弱化第二院的地区利益表述功能。

一半的非洲国家都在中央议会中建立了第二院的事实说明，非洲国家的制宪者意识到了回应国家内部各族群多样诉求的需要。如果制宪者认真回应这些诉求，人们有理由期待，在非洲国家的宪法文本中，应当看到许多对地方自主性的保护性规定，至少应当对地方政府的组织制度、中央和地方的关系，在宪法文本中给出一个明确且具有可操作性的制度框架规定。但是，非洲国家的宪法文本在地方政府的组织方面，规定得都非常潦草。

首先，在27个规定了中央议会第二院的国家中，有19个国家赋予了代表院相对于地区院的优势地位。[①] 这种优势地位主要表现为：当议会两院存在不同意见时，代表院只需要通过简单多数就可以压倒第二院的不同意见，这将使得第二院对于代表院的决策过程，只具有延缓作用，不能形成实质制约。在这种情况下，实际上只有8个（14.8%）国家，在国家权力组织结构中，为地方政府提供了专门的强有力的保护机制。这使得地区利益很难在中央政府层面上得到实质性的尊重。

其次，非洲国家的宪法对中央与地方政府之间的权力划分，规定得非常潦草。只有14个（25.9%）国家的宪法文本明文规定了中央与地方政府的立法权分配的问题。[②] 在这14个国家中，尼日利亚、科摩罗、南非、肯尼亚四国更在宪法中规定，所有剩余权力归属中央政府。然而尼日利亚是非洲三个在宪法文本中明确接受了联邦主义原则的国家。至于中央法律的执行、中央与地方的财政资源分配方式、地方政府的组织等

---

① 这19个国家是：埃塞俄比亚、布隆迪、赤道几内亚、多哥、刚果共和国、刚果民主共和国、加蓬、津巴布韦、喀麦隆、莱索托、马达加斯加、马拉维、毛里塔尼亚、摩洛哥、纳米比亚、南非、尼日利亚、塞内加尔和索马里。

② 这14个国家是：尼日利亚、津巴布韦、科摩罗、埃塞俄比亚、南非、加纳、刚果民主共和国、乌干达、肯尼亚、苏丹、南苏丹、圣多美和普林西比、马达加斯加和突尼斯。

事关地方自主权的核心问题，也很少出现在非洲国家的宪法文本中。例如，在非洲国家普遍比较贫穷，中央政府的收入因为依靠国家自然资源出口、国际援助而比地方政府相对宽裕许多的情况下，地方政府的发展离不开中央政府的财政援助。如果宪法想落实对地方自主权的保护，理应明确规定中央政府对地方的扶助义务，但是通过对各国宪法文本的分析表明，只有 13 个（24.1%）国家的宪法文本中，规定了有约束力的中央政府扶助地方地府发展的法律义务。[①]

三 宪法设计高度重视维护国家的政治稳定

（一）采用自卫民主理论

第二次世界大战后，联邦德国基本法首先引入了自卫民主理论，规定宪法的某些条文和原则不可被修改，公民、社团和政党都不得破坏基本法的"自由民主的基本秩序"，否则将会失去相应的基本权利。[②] 基本法第 20 条进一步规定，对于任何企图推翻该秩序的个人，在没有其他救济的情况下，所有的德国人都有权反抗。

自卫民主理论提出后，对世界宪法史的发展形成了深远的影响。积极认同国际社会价值原则的非洲国家宪法，也广泛采取了该理论。36 个（66.7%）非洲国家的宪法文本中，存在着基于自卫民主理论思考规定的条款，并且基本表现为禁止修改宪法的某些原则和条款或者取缔违宪的政党。[③]

在禁止修宪条款中，被提及最多的是政体、领土完整和宗教问题。最受重视的是国家的政体问题，有 19 个国家的宪法文本中禁止修宪涉及

---

① 这 13 个国家是：尼日利亚、肯尼亚、加纳、乌干达、苏丹、埃及、刚果民主共和国、南苏丹、马拉维、摩洛哥、突尼斯、科摩罗和南非。

② 有关联邦德国基本法自卫民主理论及其实践的相关讨论，可以参见程迈《民主的边界——德国〈基本法〉政党取缔条款研究》，《德国研究》2013 年第 4 期，第 4~24 页。

③ 这 36 个国家是：吉布提、阿尔及利亚、摩洛哥、利比里亚、莫桑比克、科摩罗、贝宁、冈比亚、塞内加尔、佛得角、乍得、南苏丹、塞拉利昂、布隆迪、加纳、坦桑尼亚、刚果民主共和国、尼日尔、卢旺达、布基纳法索、马达加斯加、圣多美和普林西比、几内亚、埃及、多哥、赤道几内亚、索马里、纳米比亚、中非共和国、科特迪瓦、马里、毛里塔尼亚、几内亚比绍、刚果共和国、加蓬和突尼斯。

国家的政体性质。① 有 15 个国家禁止修改宪法中规定宗教原则规定，② 这些国家又分为两种情况，阿尔及利亚、摩洛哥、索马里、突尼斯是禁止在修宪过程中改变伊斯兰教在国家的国教地位，其他 11 个国家则禁止在修宪过程中改变国家的世俗国家或者政教分离原则。有 14 个国家禁止会影响到国家领土完整的修宪活动。③ 其他禁止修宪的内容包括基本权利、总统任期、民主政党原则等问题。有 9 个国家的宪法文本还规定了公民针对违宪的组织、个人或者行为的反抗权（贝宁、冈比亚、南苏丹、加纳、坦桑尼亚、布基纳法索、多哥、马里、刚果共和国），在贝宁、冈比亚、南苏丹、加纳、多哥这五国，与这些违宪现象做斗争是公民的宪法义务。

（二）规定强势行政机关

相对于议会，非洲国家的宪法文本对行政机关的设置表现出更加重视的态度。这种重视首先表现在，36 个（66.7%）国家的宪法文本将对行政机关组织和权力配置问题，安排在了对立法机关的规定之前。④ 其次，41 个（75.9%）非洲国家的宪法文本中规定了由公民直接选举产生总统，进一步反映出非洲国家的制宪者们偏爱强势的行政首脑。⑤ 埃塞俄

---

① 这 19 个国家是：阿尔及利亚、贝宁、佛得角、乍得、圣多美和普林西比、科特迪瓦、马里、几内亚比绍、刚果共和国、加蓬、摩洛哥、尼日尔、几内亚、突尼斯、塞内加尔、吉布提、马达加加、赤道几内亚和刚果民主共和国。

② 这 15 个国家是：阿尔及利亚、贝宁、佛得角、乍得、圣多美和普林西比、科特迪瓦、马里、几内亚比绍、刚果共和国、加蓬、摩洛哥、尼日尔、几内亚、突尼斯和索马里。

③ 这 14 个国家是：阿尔及利亚、贝宁、佛得角、乍得、圣多美和普林西比、科特迪瓦、马里、几内亚比绍、刚果共和国、吉布提、马达加斯加、赤道几内亚、科摩罗和布隆迪。

④ 这 36 个国家是：阿尔及利亚、安哥拉、贝宁、博茨瓦纳、布基纳法索、布隆迪、赤道几内亚、佛得角、冈比亚、刚果共和国、刚果民主共和国、吉布提、几内亚、加纳、加蓬、津巴布韦、喀麦隆、科摩罗、科特迪瓦、马达加斯加、马里、毛里求斯、毛里塔尼亚、莫桑比克、纳米比亚、尼日尔、塞拉利昂、塞内加尔、塞舌尔、圣多美和普林西比、斯威士兰、苏丹、坦桑尼亚、赞比亚、乍得、中非共和国。

⑤ 这 41 个国家是：阿尔及利亚、埃及、贝宁、布基纳法索、布隆迪、赤道几内亚、多哥、佛得角、冈比亚、刚果共和国、刚果民主共和国、吉布提、几内亚、加纳、加蓬、津巴布韦、喀麦隆、科摩罗、科特迪瓦、肯尼亚、利比亚、马达加斯加、马拉维、马里、毛里塔尼亚、莫桑比克、纳米比亚、南苏丹、尼日尔、尼日利亚、塞拉利昂、塞内加尔、塞舌尔、圣多美和普林西比、苏丹、坦桑尼亚、突尼斯、乌干达、赞比亚、乍得、卢旺达。

比亚宪法第 71 条规定，议会经 2/3 的多数选举产生总统，这种超多数的规定，无疑也容易产生强势总统。在偏爱强势的行政首脑的同时，这 41 个非洲国家中还有 11 个国家规定，总统可以独立地任命政府组成人员，其中包括总理（如果该国宪法规定了总理的话），而且在这 11 个国家，议会没有以不信任表决的方式罢免政府或者政府组成人员的权力。① 在这 11 个国家以外，多哥、卢旺达、马里的宪法，虽然规定了议会针对政府或者政府组成人员的不信任权，以要求政府或者特定的政府组成人员辞职，但是这一不信任权门槛为 2/3，大大提高了议会要求政府对其负责的难度。赞比亚宪法规定议会只能驳回两次总统的任命决定，到了第三次时，总统对政府组成人员的任命决定将自动生效。赞比亚宪法没有规定议会的不信任表决权。这四国的宪法，实际上也在一定程度上赋予了总统相对独立的政府人事任免权，强化了行政机关的地位。

此外，斯威士兰是君主制国家，国王从议会下院中任命总理，并从两院成员中挑选其他政府组成人员。议会下院同样只能以 2/3 的多数才能通过针对政府的不信任案，迫使政府辞职。

非洲行政机关的强势地位，不仅体现了行政机关相对独立的人事任命权，更体现在行政机关具有的不受议会控制的宪法权力上。有 23 个（42.6%）非洲国家的宪法文本中，规定了行政机关独立于议会控制的权力。其中比较多见的是第一类条文，都是行政立法范围内事项的规定，保证了行政机关相对于立法机关独立的立法权。② 第二类比较常见的权力，是议会不能在指定时间内通过预算案，行政机关有权以行政法令的形式通过第二年的预算案。需要注意的是，这两类规定也存在于目前的法国第五共和宪法文本中，而这 23 个国家，除去赞比亚，都为过去的法国、比利时、葡萄牙和西班牙这些欧洲大陆国家的殖民地。第三类比较常见的行政机关独立权力，是关于紧急状态的权力。第四类权力，则是行政机关独立宣战的权力，如阿尔及利亚、赤道几内亚、刚果共和国、马达加斯加、摩洛哥、尼日尔、赞比亚这七国宪法都赋予了行政机关独立宣战或者使用武装力量的权力。

---

① 这 11 个国家是：贝宁、赤道几内亚、冈比亚、刚果共和国、吉布提、几内亚、津巴布韦、科摩罗、科特迪瓦、马拉维、莫桑比克。

② 这 23 个国家是：阿尔及利亚、贝宁、布基纳法索、布隆迪、赤道几内亚、多哥、佛得角、刚果共和国、几内亚、加蓬、喀麦隆、科摩罗、科特迪瓦、马达加斯加、马里、毛里塔尼亚、摩洛哥、尼日尔、塞内加尔、突尼斯、赞比亚、乍得和中非共和国。

（三）设置强势中央政府

在前文的讨论中我们已经看到，非洲国家的宪法文本规定，对地方政府的组织乃至自主权的保护是不充分的，在地方组织制度的设置、地方自主的保护方面，多语焉不详，在非洲国家的地方政府普遍面临着财政紧张、资源不足的情况下，又没有从制度上保证地方政府有权享有充分的自治资源。通过对非洲国家宪法文本的分析发现，有13个（24.1%）国家的宪法文本中规定了中央政府接管地方政府职权的权力。[①] 8个国家（埃塞俄比亚、喀麦隆、乌干达、刚果民主共和国、尼日尔、莫桑比克、纳米比亚、尼日利亚）的宪法规定，这些中央接管地方职权的决定，需要事先得到全国议会或者议会第二院的批准，5个国家（几内亚比绍、佛得角、安哥拉、肯尼亚、南非）的宪法规定，行政机关可以独立决定是否要按照宪法或者法律的规定，接管地方政府的权力。无论这种具体的程序是如何规定的，地方政府在这些程序中都处于绝对消极、被动的地位，基本上没有事先主张自己的异议的机会，至多只能利用事后的救济程序。

四　高度重视宪法的规范约束力

（一）仅两国未建立宪法审查制度

目前只有利比亚和卢旺达宪法中，没有明文规定宪法审查制度。其中利比亚宪法属于过渡宪法，对于国家组织制度只做出了一些大纲性的规定，具体制度需要等待国家局势稳定下来后，由未来的正式宪法规定。因此实际上，只有卢旺达一国，没有在自己的宪法文本中规定宪法审查制度。

在52个建立有违宪审查制度的非洲国家中，只有几内亚比绍和埃塞俄比亚宪法规定，由中央议会审查各种法律和政府行为的合宪性，实行的是所谓的立法机关审查模式。[②] 其中几内亚比绍议会实行的是一院制，

---

① 这13个国家是：几内亚比绍、埃塞俄比亚、喀麦隆、佛得角、安哥拉、乌干达、刚果民主共和国、肯尼亚、尼日尔、莫桑比克、纳米比亚、尼日利亚和南非。

② 几内亚比绍宪法第56条第5、6项；埃塞俄比亚宪法第83条。

全国代表大会有权决定全国代表大会做出的各种决定、法律和其他法律
文件的合宪性。埃塞俄比亚是非洲大陆三个在宪法中规定了联邦国体的
国家，中央议会中设置有联邦院，根据其宪法第 61 条的规定，联邦院代
表由各州议会或者各州人民直接选举产生。联邦院对各种宪法争议和宪
法解释问题拥有最终决定权。埃塞俄比亚宪法又设立有宪法调查委员会，
该委员会主席和副主席由联邦最高法院的主席和副主席担任，其他 9 名
成员由议会和总统共同决定。宪法调查委员会有权调查各种宪法争议。
如果在普通诉讼过程中发生对某项联邦或者州法律的违宪争议，该审判
法院或者利益相关人可以向宪法调查委员会提交该争议，由该调查委员
会决定是否要提交给联邦院做出最终决定。在普通诉讼过程中产生了宪
法解释的需要时，宪法调查委员会认为没有必要解释时，可以发回原审
法院不允解释，利益相关人可以直接向联邦院上诉；调查委员会也可以
将自己的建议提交给联邦院，由联邦院做出最终的解释。[①] 从这些规定中
可以看到，埃塞俄比亚的立法机关审查模式中，也混合了一些司法机关
审查的因素。

有 31 个（57.4%）非洲国家建立了专门宪法审查机关。[②] 在这 31 个
国家中，对专门宪法审查机关的称谓又分两种：宪法委员会和宪法法院。
有 9 个国家的宪法，将本国的专门宪法审查机关规定为 "宪法委员会"，
这 9 个国家中，除了莫桑比克曾经为葡萄牙殖民地外，其他 8 个国家都为
法国前殖民地。[③] 在 22 个建立有宪法法院的国家中，也不乏法国（如多
哥）、比利时（如布隆迪）、西班牙（如赤道几内亚）前殖民地，这说
明，宪法法院制度，已经超越了不同非洲国家的宗主国法律传统，受到
了更多国家的青睐。当法国的宪法委员会不会接受公民宪法诉愿的时
候，四个非洲国家（吉布提、科特迪瓦、乍得、莫桑比克）的宪法委
员会依然向公民敞开制度救济大门。再考虑到其他 19 个非洲国家规定
由普通法院审理宪法诉讼的情况，进一步显示出非洲国家在宪法司法化

① 见埃塞俄比亚宪法第 82 - 84 条。
② 这 31 个国家是：吉布提、科特迪瓦、乍得、阿尔及利亚、喀麦隆、毛里塔尼亚、塞内
    加尔、莫桑比克、布基纳法索、刚果共和国、加蓬、津巴布韦、南非、尼日尔、苏丹、
    中非共和国、安哥拉、贝宁、刚果民主共和国、摩洛哥、圣多美和普林西比、索马里、
    突尼斯、布隆迪、马里、马达加斯加、赤道几内亚、几内亚、多哥、科摩罗和埃及。
③ 这 9 个非洲国家是：吉布提、科特迪瓦、乍得、阿尔及利亚、喀麦隆、毛里塔尼亚、塞
    内加尔、莫桑比克、布基纳法索。

上的热情。

（二）为公民提供便利的宪法诉愿制度渠道

前文的讨论已经涉及，非洲国家的宪法强烈倾向于将自己定位成整个社会的价值共识基础。这种直接适用的规定，实际上已经打开了在普通法院的诉讼程序中适用宪法的制度之门。在这种宪法普遍约束力的规定之外，还有 43 个非洲国家（79.6%）的宪法文本明确赋予了普通公民发动宪法审查程序即提出宪法诉愿的权利。[①]

只有 10 个国家的宪法既没有规定宪法的普遍力，也没有明文规定公民的宪法诉愿制度。[②] 此外，卢旺达宪法虽然规定了宪法的普遍力，但是在宪法全文中没有明文规定任何宪法审查制度，其中包括公民诉愿程序。这 11 个都是前法国、比利时、葡萄牙殖民地，这些宗主国自身的宪法审查制度，也尚处于发展完善过程中，可能是受到前宗主国制度传统的影响，这些非洲国家的宪法审查制度建设步伐还显得比较滞后。

（三）明文规定宪法审查机关同时具有政治争议裁判权

有 37 个（68.5%）非洲国家的宪法赋予了宪法审查机制解决各种政治争议的权力，尤其是给予政治过程中的少数派，例如议会中的少数代表、地方政府，获得宪法救济的可能。[③] 在这 37 个国家之外，埃及宪法 181 条规定，地方政府之间的权限争议，由省级议会解决。省级议会的权限争议，由国务委员会的法律委员会决定。埃及宪法虽然没有将该

---

① 这 43 个国家是：吉布提、科特迪瓦、乍得、莫桑比克、刚果共和国、加蓬、津巴布韦、南非、尼日尔、苏丹、中非共和国、贝宁、刚果民主共和国、摩洛哥、圣多美和普林西比、索马里、突尼斯、布隆迪、马达加斯加、赤道几内亚、几内亚、多哥、科摩罗、塞舌尔、埃塞俄比亚、纳米比亚、赞比亚、佛得角、南苏丹、坦桑尼亚、冈比亚、肯尼亚、莱索托、利比里亚、乌干达、博茨瓦纳、加纳、马拉维、毛里求斯、尼日利亚、塞拉利昂、斯威士兰和厄立特里亚。

② 这 10 个国家是：阿尔及利亚、埃及、安哥拉、布基纳法索、喀麦隆、利比亚、马里、毛里塔尼亚、几内亚比绍和塞内加尔。

③ 这 37 个国家是：吉布提、科特迪瓦、乍得、莫桑比克、刚果共和国、加蓬、津巴布韦、南非、尼日尔、苏丹、中非共和国、贝宁、刚果民主共和国、摩洛哥、圣多美和普林西比、索马里、突尼斯、布隆迪、马达加斯加、赤道几内亚、几内亚、多哥、科摩罗、塞舌尔、纳米比亚、赞比亚、佛得角、南苏丹、坦桑尼亚、阿尔及利亚、喀麦隆、毛里塔尼亚、塞内加尔、布基纳法索、安哥拉、马里和几内亚比绍。

权力赋予该国的最高宪法法院，但是也可以视作建立了一种政治争议解决机制。需要注意的是，非洲国家宪法审查制度的这种政治争议解决功能，更多地发生在中央政府层面上，对于地方政府利用该机制的规定，非常少见。只有 11 个国家的宪法文本赋予了地方政府向宪法审查机关申诉的权利，这再一次验证了非洲国家宪法对保护地方自主权的轻视态度。①

（四）建立专门的宪法实施监督机关

许多非洲国家的宪法中在专门的宪法审查机关之外，又规定了专门的宪法实施促进与监督机关，明确规定这些机关的使命就是支持民主发展、促进宪法实施、弘扬宪法文化。这样的国家有 24 个（44.4%）。② 考虑到欧洲国家的重要影响力，许多非洲国家的宪法也设置有早就存在于北欧国家的护民官等制度（Ombusman，在非洲国家多称为 public protector），这些制度的存在，还不能称作非洲国家宪法制度设计的特色方面。非洲国家宪法的特色在于，它们根据非洲大陆在民主法治建设过程中面临的各种问题，特别建立了有针对性的宪法实施促进与监督机关。其中最受重视的是"人权委员会"，18 个国家建立有该机关。除去人权委员会，在一些曾经有过严重的种族对立和战争的国家中，宪法还规定了专门促进国家团结和和解的机构，例如，索马里（真相与和解委员会）、布隆迪（国家团结与和解委员会、国家防止并消除种族屠杀、战争罪与反人类罪委员会）、卢旺达（全国团结与和解委员会，全国与种族屠杀行为做斗争委员会）。

结　语

非洲国家的宪法文本既反映出远大的理想，又表现出对本国宪法在实施过程中将遭遇的各种障碍的清醒认识。各国宪法都确立了任务艰巨

---

① 这 11 个国家是：埃及、刚果民主共和国、喀麦隆、科摩罗、马达加斯加、南非、南苏丹、圣多美和普林西比、苏丹、索马里和坦桑尼亚。

② 这 24 个国家是：刚果民主共和国、南非、坦桑尼亚、肯尼亚、刚果共和国、津巴布韦、赞比亚、马拉维、加纳、毛里塔尼亚、马达加斯加、乌干达、尼日尔、索马里、布隆迪、冈比亚、斯威士兰、摩洛哥、多哥、几内亚、南苏丹、苏丹、卢旺达和突尼斯。

的宪法实施目标，同时又表现出对国民素质、政治过程的不信任态度。此时，宪法实施的成功，将需要强大且自觉的推动力量，来落实载明在宪法文本中的价值、目标，将纸面上的规定可以转变成现实中的制度。这既是一个教育国民，也是一个重新塑造国家政治环境的过程，注定是一个长期、坎坷的转变过程。或许正是这种不信任的心态、对未来将面临的巨大困难的担忧中，非洲国家的制宪者表现出了一些看似矛盾的做法，例如，在规定崇高目标的同时，又更倾向于只实现国家政治生活的形式民主化、高度强调国家的政治稳定。

在这一漫长的转变过程中，掌握着最多资源和权力的政府，发挥着重要的推动作用，所以非洲国家的宪法既规定了丰富的经济社会权利，又对国家生活设置了详细的发展目标。不过，政府毕竟只是行使国家权力的代理人，在政府这个制度外壳之内，是在本国政治和社会生活中拥有最大话语权的社会群体、阶层，等等。非洲国家宪法实施的成功，离不开这些群体、阶层忠诚于宪法价值和目标的态度和意愿。

虽然非洲各国宪法都描绘了一些高尚、伟大的价值和目标，但是宪法和法律从来不会因为人们的善良愿望，就足以实现立宪和立法的目标。在道德说教的背后，还需要有切实的利益刺激，驱动行宪执法的当事人，忠实按照宪法和法律的要求采取行动。所以，非洲宪法实施的成功，关键在于各国宪法确定的制度框架，是否会为各种行宪当事人，尤其是掌握政治权力的群体、阶层，创造有利于其利益最大化的制度框架，然后这些当事人才会真正积极按照宪法期待的行为模式活动，反过来强化宪法的现实有效性，形成良性反馈过程。这种良性反馈过程，不会随着规定崇高目标的宪法的颁布，自动产生。这也是任何国家的制宪者始终要面对的难题。即使在宪法颁布实施初期，某些有权有势的行宪当事人基本上认同宪法的价值目标，基本上会按照宪法期待的行为模式活动，但是随着情势的变迁，当这些当事人面对的利益激励环境发生变化，尤其是出现了不利于其利益最大化的情况时，他们是否还能坚守当初的承诺，这些都是不确定的。

正是有这种危险的存在，像非洲在民主法治建设进程上还比较落后的国家，需要做出具有足够前瞻性、预防性的设计。在这方面，非洲国家的制宪者们也的确花费了许多气力，例如，高度强调宪法的规范约束力，建立了各种专门的宪法实施监督机关。但是，这些制度归根结底依然只是形式上、纸面上的，它们的现实约束力，很难随着宪法文本的颁布实施自动产生。这一点，在非洲各国的宪法审查机关的实际权威、各国宪法实施监督机关发挥的真正作用上反映出来。面对着国家发展、民主法治建设、人权保障等方面依然艰巨的任务，虽然非洲国家制宪者们已经付出了艰辛的努力，但是他们的路还远远没有走完。

（责任编辑：李雪冬）

非洲研究　2019 年第 1 卷（总第 14 卷）

第 21 ～ 34 页

乌干达总统年龄限制法案：历程、舆情与困境

李昭颖

【内容提要】非洲许多国家都面临政治权威制度化的挑战，总统权力如何实现和平过渡一直是非洲各国最有争议的问题之一。作为该问题的典型国家之一，乌干达于 2017 年再度修改宪法，并在政党力量失衡、利益集团作用和公民社会受限等因素综合作用下，成功废除宪法第 102（b）条对总统年龄的限制。该法案的通过，意味着现任总统约韦里·穆塞韦尼可以在 2021 年继续参与竞选，并且有望连任至 2031 年，届时他将满 90 岁。乌干达年龄限制法案从宣传酝酿阶段到议会辩论阶段，均不断引起争议，大众舆论对该法案的负面认知和情感判断使得乌干达政治、经济和社会发展面临着严峻的治理危机，如何克服这一困境，完善符合乌干达国情的制度，实现国家现代化建设，值得深入思考。本文主要根据文献分析和抽样访谈的结果，对该法案的背景、历程、舆情和困境进行解读和分析，以促进对乌干达政治现实问题的了解和研究。

【关　键　词】乌干达；宪法修正案；总统年龄限制

【作者简介】李昭颖，浙江师范大学非洲研究院政治学硕士研究生（金华，310000）。

乌干达总统约韦里·穆塞韦尼自 1986 年上台执政至今，对国家发展起到了至关重要的作用，在乌干达面临发展模式转型的今天，其决策更是举足轻重。但是，乌干达宪法第 102 条（b）款规定，年龄不满 35 岁

或大于 75 岁者无资格当选为乌干达总统。据此，现年 73 岁的穆塞韦尼将没有资格参与 2021 年的总统选举。① 于是，2017 年，针对 1995 年宪法部分条款做出修改的综合性宪法修正案应运而生。该法案中最受关注、对乌干达政治局势影响最大的条款便是废除宪法对总统年龄的限制，因此，乌干达舆论广泛称其为"年龄限制法案"（Age Limit Bill）。

一　法案出台的政治环境

乌干达年龄限制法案的出台恰逢非洲多国的"第三任期"问题集中爆发，且集中在乌干达所在的大湖地区，布隆迪、卢旺达、刚果（金）、刚果（布）等国都存在现任总统的连任问题，因而乌干达事态的进展也备受国际社会关注。卢旺达等邻国或成功或失败的案例，不仅为穆塞韦尼谋求连任提供了参照，一定程度上也影响了年龄限制法案的国际舆论环境。非洲的"第三任期"问题既有西式民主与非洲"本土政治"水土不服的原因，是"鞋不合脚"的问题，也是非洲各国民主化进程得到推进所产生的必然现象。② 非洲频发"第三任期"现象既凸显了非洲民主化进程的复杂性与长期性，又与非洲目前仍处于政治、经济与社会转型期，民族国家建构尚未完成，国家能力严重不足等有着密切的关系。③ 因而，虽然国际环境会对国内情势产生影响，但最终决定年龄限制法案走向的还是乌干达国内因素，本文重点对此进行分析。

（一）执政党一党独大

乌干达执政党"全国抵抗运动"（The National Resistance Movement Organization-NRMO，下文简称"抵运"）长期执政，在国家政治中取得一党独大地位，执政基础强大。1962 年，长期受到英国殖民的乌干达取得了独立，但内部权力斗争严重，多次发生政变。政权几次更迭后，伊迪·阿明和米尔顿·奥博特先后推行残暴的独裁统治，导致国内怨声四

---

① "We Need a Referendum on Age Limit," *The Observer*, April 5, 2017.

② 黎文涛：《非洲民主政治转型与安全形势：分析与展望》，《非洲发展报告（2015 - 2016）》，社会科学文献出版社，2016，第 177 - 180 页。

③ 沈晓雷：《透视非洲民主化进程中的"第三任期"现象》，《西亚非洲》2018 年第 2 期，第 124 - 146 页。

起、民不聊生。在此背景下，穆塞韦尼率领乌干达人民抵抗军（Popular Resistance Army）进行了多年游击战争，并不断吸引对政府失望的群众加入其政治组织抵运，最终在 1986 年实现武装夺取政权，由穆塞韦尼本人出任总统。

为了避免此前二十余年的动乱，进一步维系民众在革命时期向其提供的支持，穆塞韦尼以抵运为核心，建立了独树一帜的"运动制"（Movement System）政治体制，即组建联合政府，吸收各党派、各势力精英人物进入内阁，虽然允许各党派存在，但暂时禁止政党活动，以建立全民抵运化的临时性"无党派民主"政治体制。① 这一制度在一定程度上化解了乌干达内部各民族和宗教之间的矛盾，将政治动乱扼杀在萌芽状态，为国家发展创造了稳定的社会环境。同时，数十年的一家独大也为执政党抵运积累了雄厚的政治资本，即使在取消"运动制"的 23 年之后，抵运仍在乌干达政治力量对比中占据绝对优势。在第十届议会中，抵运成员占据 294 个席位，超过总数的 70%，在关键问题上对独立议员的立场也有不小的控制力。② 此外，根据乌干达选举委员会公布的历次选举结果，穆塞韦尼本人的支持率虽有所下降，但仍高于 60%，远胜其他竞争对手（见表 1）。

表 1　乌干达历次总统大选得票概况

日期	候选人数	穆塞韦尼票数/得票率	次高得票人	次高票数/得票率	选民投票率
1996 年 5 月 9 日	3	4458195/74.3%	塞莫格雷雷	1416140/23.6%	72.9%
2001 年 3 月 12 日	7	5088470/69.4%	贝西杰	2029190/27.7%	69.7%
2006 年 2 月 23 日	5	4078677/59.28%	贝西杰	2570572/37.36%	69.19%
2011 年 2 月 18 日	8	5428369/68.38%	贝西杰	2064963/26.01%	59.29%
2016 年 2 月 22 日	8	5971872/60.62%	贝西杰	3508687/35.61%	67.61%

资料来源：乌干达选举委员会历次公布的总统选举投票总表。

---

① 魏翠萍：《从"无党政治"到多党民主——乌干达政治体制演变探析》，《西亚非洲》2009 年第 9 期，第 32 - 38 页。

② 见 Electoral Commission of Uganda, "Gazette List Elected MPs 2016," April 13, 2016. 未包含后续补选结果。

（二）利益集团势力强大

抵运长期执政的结果是，乌干达形成了以总统穆塞韦尼为核心的强大的利益集团。在现实政治中，权力本身就有不断自我巩固的倾向，当个人的权威凌驾于规则和制度之上时，很少有领导人能选择主动让贤，这一现象在政权的开拓者身上尤为常见。穆塞韦尼亦不能免俗，尽管他曾于就职之初表示希望建立一个大众拥有最高统治权的民主国家，但随着利益集团固化与权力边界外溢，他已骑虎难下。[①] 穆塞韦尼为乌干达稳定与发展立下了汗马功劳，对本国政治、军事力量均有极高的掌控力。自 1996 年首次参与总统大选至今，他从未失利，亲人朋友纷纷身居要职，利益关联者更是不计其数。由穆塞韦尼的裙带关系、战争时期的伙伴、同一族群的成员、提拔培养的社会中坚力量，以及在政治经济上受益于政府现行政策的群体共同构成了支持穆塞韦尼谋求"第三任期"的利益集团。这些既得利益集团共同的利益基础是穆塞韦尼继续执政，并对这种共同利益的存在有明确的认知。一旦穆塞韦尼下台，意味着乌干达权力将迎来大洗牌，甚至可能引发严重的政治斗争、社会动荡和经济倒退。在政治上层利益趋向一致的前提下，反对派掌握的资源极其有限，能对穆塞韦尼继续执政意图产生阻碍的，仅有宪法条款的约束。在此次年龄限制法案中，利益集团往往采取院外活动、社会宣传、游行、集会、募捐、一致投票等联合并进的方式，推动议会通过有利于穆塞韦尼谋求第三任期的宪法修正案。[②]

（三）反对力量实力有限

乌干达的公民社会发育不良，反对力量缺乏团结，民心思稳，加上反战情绪被利益集团利用，使得反对力量难以对执政党造成威胁。尽管乌干达存在大量反对取消总统年龄限制的政治团体，但其效力受到团体

---

① 穆塞维尼在 1986 年就任总统时表示："非洲人民、乌干达人民，有权拥有一个民主政府。这不应是来源于任何政权的恩惠，因为拥有最高统治权的正是人民群众，而不是政府。"（"The People of Africa, the People of Uganda, Are Entitled to a Democratic Government. It Is Not a Favour from Any Regime, The Sovereign People Must Be the Public, Not the Government."）见 "Museveni Sworn in as President," *The Times*, January 30, 1986.

② "NRM Supporters in 'Kick Age Limit out of Constitution' Demo," *The Observer*, August 29, 2017.

内部和跨团体间的团结和凝聚力、各团体克服企图压制和削弱其力量的能力，以及他们与执政党的历史关系等若干因素制约。① 乌干达的主要反对力量——民主变革论坛（The Forum for Democratic Change）、民主党（The Democratic Party）、乌干达人民大会党（The Uganda People's Congress）、保守党（The Conservative Party）等各有各的政治主张，在长期争权夺利中形成了不可调和的党际矛盾，党派内部也存在观点分歧与权力斗争，因而无法团结一致组织公民力量，建立反年龄限制法案统一战线。

此外，虽然乌干达目前出现"人心思变"的苗头，但"人心思稳"仍然是主流。乌干达民众曾经历过数十年的动乱，连年内战以及圣灵抵抗军的肆意破坏使得 150 多万乌干达人流离失所，民众迫切希望政治稳定、经济发展，民间反战情绪一直较高，公民社会的效力因此受到极大限制。战后社会重建过程中，虽然少数人占据了多数社会资源引发了新的矛盾，但是大部分民众尚未摆脱对战争的恐惧，这束缚了民众的诉求表达。这种情绪促使民众在执政党推动修改宪法取消总统年龄限制时不愿采取激进的反对行为，甚至担忧反抗举措是否会为自身和国家带来更大的灾祸。②

二　法案出台的历程

虽然年龄限制法案在议会议事程序上耗时不足 3 个月，但回顾该法案出台前后执政党与反对党的角力，可以发现围绕法案背后的问题，即是否支持穆塞韦尼继续连任一事的斗争早在几年前就埋下了伏笔。根据支持和反对力量的角逐重点，该法案的出台过程可以概括为三个阶段。

（一）宣传酝酿阶段

2016 年，穆塞韦尼以 72 岁高龄成功连任，距离下一次选举还有五年，但依据宪法第 102 条（b）款，届时 77 岁的他将无缘参选。早在此

---

① Boniface Dulani, "Democracy Movements as Bulwarks against Presidential Usurpation of Power: Lessons from the Third-Term Bids in Malawi, Namibia, Uganda and Zambia," Stichproben. Wiener Zeitschrift für kritische Afrikastudien Nr. 20/2011, 11. Jg., pp. 115 – 139.

② Collier, P., V. L. Elliot, et al., *Breaking the Conflict Trap: Civil War and Development Policy*, Washington DC, World Bank and Oxford University Press, 2003.

前数年，关于穆塞韦尼有意传位其子穆霍齐·凯尼鲁加巴的传闻时有见报，但利益相关者对其能力的信任度有限，选择支持穆塞韦尼本人继续执政也是情理之中的。

为了循序渐进地实现这一目标，抵运高层频频为修改宪法造势。2016 年 7 月，乌干达克扬宽齐区抵运领导人联名递交请愿书，请求取消宪法对总统年龄的限制。此时，作为事件核心人物的穆塞韦尼本人则以公开声明自己更关注国家发展，不欲讨论年龄限制这等小事的方式，安抚对其修宪意图有所察觉的反对派和民间社会活动家。但实际上，执政党为修宪所做的准备从未真正停歇。经过一年的准备和舆论发酵，2017 年 6 月初，"乌干达宪法综合修正案"出现在《乌干达公报》上，被列为即将公布的法案之一，标志着修宪议程正式启动。① 支持法案的人频繁发起各种宣传活动，抵运党内和内阁的一些重要人物都公开宣布支持穆塞韦尼总统。与之相对，反对派也启动了反修正案运动，多次举行游行示威，有些激进分子甚至采取为穆塞韦尼举办模拟葬礼、在首都坎帕拉张贴大量反修正案海报的形式，表达不满与抵抗。

（二）议会斗争阶段

2017 年 9 月 12 日，277 名抵运议员联名向议会提出取消宪法对总统年龄限制的提案申请。紧接着，伊加拉区议员拉斐尔·马吉耶兹正式起草并递交了包含废除宪法对总统年龄限制条款的宪法修正案草案，议会随即启动对该法案的辩论环节。支持与反对修宪的两派议员矛盾不断升级，甚至影响议事程序正常开展，议会多次因发生暴力事件被迫休会，直至军警介入，以强硬手段维持秩序。②

9 月 27 日，在部分反对派议员被强制带离议会后，该提案迅速通过，随后年龄限制法案进入了公众听证阶段。此时在乌干达 454 名议员中，已有 320 人表态支持年龄限制法案，这一数值几乎与抵运的议会席位持平。③ 这一优势在议会法律和议会事务委员会重组后进一步扩大，其中执

---

① Edris Kiggundu, "Age Limit Bill Now Gazette," *The Observer*, July 3, 2017.

② 见 Maria Wamala, "Day Two of Age Limit Drama," *New Vision*, December 19, 2017。

③ Sadab Kitatta Kaaya, Olive Eyotaru, "Age Limit: NRM Not Sure of Numbers," *The Observer*, October 23, 2017. 其中包括政府部长等无表决权的当然议员，实际有表决权议员共 436 人。

政党成员从 13 人增加到 19 人，他们的立场在审议草案条款时至关重要。① 12 月 20 日，由于大多数反对党议员缺席，乌干达议会先后对年龄限制法案草案进行了两次表决，分别以 317 票支持对 97 票反对和 315 票支持对 62 票反对的压倒性优势通过该法案，并增加了将总统和议员的任期从五年延长至七年，以及重新恢复总统任期不得超过两届的条款。② 12 月 27 日，穆塞韦尼正式签署这一法案，标志着这场三个月的争斗告一段落。

（三）法院审理阶段

虽然执政党在议会获得了胜利，但由此衍生的权力博弈并未停止，年龄限制法案的合宪性以及议会议事过程的合法性受到广泛质疑，随着反对派向乌干达宪法法院递交请愿书，修宪双方在法庭上展开了新一轮交锋。经过半年的审理，2018 年 7 月 26 日，乌干达宪法法院的五名法官正式宣读对年龄限制法案合并请愿书的判决，裁定取消宪法对总统年龄限制合乎宪法；而议会辩论过程中军队进入议会的举动同样并非违宪，因为当时议会内发生了混乱，需要外力介入恢复秩序，这属于议长卡达加在职权范围内的合理举动。但是，法官们否决了法案中将总统和议员任期从五年延长至七年，以及重新引入总统任期限制这两处修改，称其违反议会程序和选举契约，因而判定无效。③ 此后，乌干达法律协会与反对派多次联名上诉，举证修宪过程多处违宪，要求最高法院废除年龄限制法案，维护宪法的合理性。

三　针对法案的舆情状况

从年龄限制法案初现到尘埃落定，乌干达各大媒体都十分关注与之相关的风吹草动，并在法案出台的不同阶段对议员和公民两个群体分别进行了多次民意调查。值得注意的是，不同的群体对年龄限制法案的支持率差异极大，这为观察乌干达政治生态提供了一个很好的视角。

---

① "NRM Beefs up Numbers on 'Age Limit Committee'," *The Observer*, December 1, 2017.

② "How Your MP Voted on the Proposed Age Limit Bill," *African Pearl News*, December 1, 2017.

③ "Court Clears Way for Museveni to Run for Sixth Term," *New Vision*, July 27, 2018.

（一）议员态度

就议会而言，年龄限制法案的支持率一直高于反对率，这一优势贯穿于修宪的整个过程，且存在不断增强的趋势。修宪斗争伊始，平时政治主张高度分散的各反对党议员在这个问题上形成了统一阵线，许多独立议员乃至执政党议员则迫于选民压力，并未明确表示是否支持该法案。因此从最初的对比数据来看，反对阵营的实力不可小觑。然而，随着时间的推移，越来越多的议员顶着选民的反对乃至人身威胁，旗帜鲜明地加入了修宪派，甚至有议员因此被选民袭击身亡。议员们长期浸淫在抵运一家独大的政治氛围中，清楚地明白，自己的职位不仅来源于选民支持，同时也必须建立在抵运的许可之上。一旦他们在这个问题上站在穆塞韦尼总统的对立面，议会将不会再有他们的一席之地，就像在年龄限制法案投票时，以扰乱秩序、着装不规范等理由被强制带离议会的反对派议员那样。①

（二）民众情绪

普通民众对宪法修正案了解有限，反对者居多。根据乌干达民间智库"大湖战略研究所"（The Great Lakes Institute for Strategic Studies）进行的民意调查显示，85% 的乌干达人不支持取消总统年龄限制。这项名为"公民对宪法第 102（b）条修正案的意见"的研究受到公民选举民主联盟（CEEDU）和乌干达治理监督平台（UGMP）的委托，对全国 80 个选区的 50429 名公民进行了抽样调查，调查对象涵盖 22926 名女性和 27503 名男性受访者。其调查结果表明，不同地区的公民对该法案的支持率也不尽相同，其中东部地区反对浪潮最为严重，95% 的公民不支持拟议的年龄限制法案，北部地区 86% 的受访者表示反对，而西部地区的反对率则为 76%，中部地区的反对率最低，但仍有 66%。②

相较非洲其他国家，乌干达的媒体自由度较高，时常发出与官方相悖的言论。由于政府在修宪过程中态度相对被动，大量乌干达公民缺乏

---

① "Age Limit Updates: Magyezi Motion Finally Tabled, Approved," *The Observer*, September 27, 2017.

② "85% of Ugandans Opposed to Age Limit Amendment-survey," *The Observer*, December 9, 2017.

全面获取年龄限制法案相关信息的渠道，主要依赖媒体报道、政治团体的宣传演说了解事态，易受到信息传播者的既有观点诱导。除此之外，社会底层对现有分配方式存在不满，渴望出现一个全新的领导团体推动社会变革，因此，反对派领袖基扎·贝西杰以及格雷戈里·蒙图的支持率逐年上升，前说唱歌手、草根独立议员博比·瓦恩（艺名）也凭借"人民的力量"（people power）这一口号赢得不少拥趸。这些准总统候选人互相争夺竞选票仓，其政党力量亦远不如抵运，唯有以年龄限制剥夺穆塞韦尼参选的可能，才有机会入主总统府，他们无疑是反对年龄限制法案的中坚力量。心知无法在议会与执政党抗衡，反对者选择走民间道路，引导反对修宪的舆论走向，但其社会活动受到警方严格管控，虽然形成了一定规模的反对浪潮，但难以对修宪进程产生决定性影响。

（三）外界舆论

虽然各国政府、媒体和国际组织均对乌干达年龄限制法案有所报道，但因立场受限且不便干预他国内政，其内容往往就事论事，鲜少公开发表对该法案的观点。在年龄限制法案出台过程中，乌干达警方多次逮捕反对派成员。对此，美国驻乌干达大使黛博拉·马拉克曾公开敦促各方摒弃暴力，表示乌干达人民有责任和平表达观点，而政府也有责任保护人民的言论自由和集会自由，但她并未对法案本身做任何评价。① 然而，不发表评论本身就是一种表态。相较官方层面的谨言慎行，活跃在乌干达的外国公民的态度更为明朗。对他们而言，年龄限制法案顺利通过，彰显了穆塞韦尼和执政党对国家的控制力，使其进一步建立对乌干达未来几年稳定局势以及政策持续性的信心，这些有利于外国公民在乌投资、经商、生活的利好使其对年龄限制法案态度友好。同时，也有人质疑取消宪法对总统年龄的限制，实质上是鼓励总统终身制，有违民主原则，且政治决策与民意背离并非长远之计，可能会为将来埋下动荡的隐患，他们认为有穆加贝在政局动荡中下台的前车之鉴，穆塞韦尼更应该选择合适的时机实现权力的平稳过渡。②

---

① "U. S. Concerned over Uganda's Age Limit Debate Chaos," *Africa News*, September 29，2017.
② 观点源于 2018 年 9 月笔者在乌干达调研时对当地多位中国商人的访谈和调查问卷结果分析。

四　取消年龄限制面临的困境与思考

取消总统年龄限制作为乌干达对民主制度的一种新探索，自然面临不小的阻力，不应该一味地以刻板眼光批判而无视其带来的积极影响，历史对其的最终评价将着眼于该法案出台后乌干达政府的治理绩效和国家建设成果。为落实该法案的积极作用，必须先厘清乌干达政府当前所面临的执政困境，并通过该法案的出台，探寻解决之道。

通过年龄限制法案引发的争议，乌干达政府面临的困境已具象化，方便政府对症下药。舆情分析显示，在是否取消宪法对总统年龄的限制一事上，民众观点与精英阶层观点背道而驰，这种政治上层与下层分离的倾向说明乌干达的社会矛盾处于发酵状态。目前穆塞韦尼政府的民意基础较薄弱，但其一贯注重团结政治和军事精英，对社会控制力较强，使得社会各阶层不易爆发剧烈冲突，分歧的实质并非穆塞韦尼继续连任与否，其根源在于民众的基本诉求得不到满足。

回顾历史，穆塞韦尼带领乌干达逐渐走出内战泥潭，实现政治稳定、经济平稳增长，这些政绩使其获得了民众支持。但是，尚未建立坚实的发展基础的乌干达对外部援助依赖性较强，受国际经济形势影响较大。尽管乌干达经济总量逐年提高，但从人均 GDP 水平、绝对贫困人口数量、就业情况等方面看，乌干达实际上"有增长欠发展（或无发展）"。[1] 与此同时，快速增长的年轻人口并未亲历解放战争，缺乏继续支持抵运的情感共鸣，加之西方媒体对穆塞韦尼长期执政有违民主原则的攻讦，使得乌干达政府的民意基础不断削弱。[2] 因此，乌干达政府面临的治理困境并不是一个单纯的政治问题，需要结合乌干达的经济与社会因素进行思考。

其一，低附加值的经济发展无法满足民众的物质文化需求，社会矛盾尖锐。具体而言，穆塞韦尼执政至今，乌干达农业现代化程度仍然很低，受自然环境限制较大，在遭遇自然灾害时甚至不能确保本国供给，

---

① 李雪冬：《从乌干达"管窥"非洲经济发展》，《经济》2018 年第 23 期，第 54–56 页。

② A. Reuss, K. Titeca, and T. W. Quarterly, et al., "When Revolutionaries Grow Old: The Museveni Babies and the Slow Death of the Liberation," *Third World Quarterly*, 2017.

而大量涌入的难民又给其增加了额外的负担，使得乌干达民众的粮食安全问题更为严重。同时，乌工业发育不良，仅能提供一些初级产品，许多生活必需品大量依靠进口，导致民众生活所需的一些物资价格居高不下。此外，乌干达基础设施较为落后，电力短缺现象普遍，交通状况不佳，这些问题不仅困扰着人民的日常生活，而且严重制约了本土企业的生产和经营能力，形成恶性循环。但即使在整体贫困的乌干达，仍有少数掌握资源的既得利益者，通过原材料出口、垄断性经营和其他方式积累了大量财富，居民贫富差距体现得非常直观，激化了社会矛盾。欠发达、不均衡的社会经济限制了乌干达底层民众的生活水平，但信息化和全球化时代不断赋予他们与本国富裕阶层和其他国家居民生活相比较的机会，使他们的物质需求和文化追求处在较高层次。二者之间的巨大落差直接影响民众对政府的满意程度，甚至将贫困归因于穆塞韦尼政府的不作为，因此他们逐渐收回对穆塞韦尼政府的认同，渴求出现新的领袖和政府以打破社会格局，改善自己的生活水平。正如克劳斯·丹宁格提出的那样，与基础设施的距离（经济机会少，政府投资稀缺）、资产不平等（社会紧张）、经济作物的存在（可征用的财富）以及较低的人力资本水平（利用"正规"经济机会的能力）都会增加内乱的倾向。①

其二，人口急剧增长，失业问题严重，引发社会动荡。据统计，目前乌干达人口总数约为 4400 万，人口增长率约为 3.28%，人口结构相当年轻化，48.05% 的人口年龄不足 15 岁，69.15% 的人口低于 25 岁，95.45% 的人口在 55 岁以下。② 大量的年轻人口在为国家带来潜在的人口红利的同时，也可能成为掣肘社会发展的阻力，使国家落入"马尔萨斯陷阱"。③ 乌干达普通民众拥有的土地原本就捉襟见肘，土地私有制导致土地日益集中到少数大地产手中，而不断增长的新生人口又进一步降低了人均可获得耕地，导致农业家庭的粮食产出难以满足日渐增加的粮食需求。大量无地可耕也无力负担高等教育费用的年轻人涌向城市寻求工作机会，但乌干达尚未形成足够规模的第二、第三产业，无力吸收过于

---

① K. Deininger, "Causes and Consequences of Civil Strife: Micro-level Evidence from Uganda," *Oxford Economic Papers*, 2003, Vol. 55, No. 4, pp. 579 – 606.

② Uganda Demographics Profile 2018, www. indexmundi. com.

③ 马尔萨斯提出两个级数的理论：人口增长是按照几何级数增长的，而生存资料仅仅是按照算术级数增长的，多增加的人口总是要以某种方式被消灭掉，人口不能超出相应的农业发展水平。

庞大的求职人群。同时，在教育资源不充分的环境下培养出来的劳动力素质偏低，无法很好地适应难度较高的职位要求，使得乌干达就业率维持在较低水平。[①]

人口问题一方面拉低了乌干达居民收入水平，进而限制政府税收和内需规模，阻碍市场经济发展；另一方面，随着失业率和贫困率的上升，越来越多无法稳定就业的年轻人成为社会不安定因素。他们不仅是反对派的最大票仓，往往也是反对取消年龄限制的激进团体，众多年轻人聚集在城市中，动辄以影响社会秩序的极端方式宣泄对执政党、政府以及穆塞韦尼的不满。[②] 大量缺乏稳定雇佣和经济关系约束的人群还对社会安全产生威胁，近年来乌干达犯罪率呈显著上升态势，而政府的处理态度极为强硬，国家暴力机关与反对团体多次发生流血冲突，进一步引发民众不满。

其三，政府公信力下降，民主程序受质疑。当前乌干达政府的发展政策更侧重交通、能源、通信等公共基础设施建设领域，但这些项目耗时较长，而且资金来源在很大程度上依赖外国援助和政府预算拨款，在造成政府赤字严重、债务负担不断增加的同时，短期内并不能化经济增长数据为经济发展动力。更糟糕的是，行为不端的公职人员借机牟利、贪污腐败现象横生，不仅影响政策效力与经济发展，更使得乌干达政府公信力受损，激起民怨。[③] 尽管众人皆知陈旧固化的政治体制和系统需要革新以适应新的机遇和挑战，但穆塞韦尼和抵运在位三十余年，统治阶层不断扩张自身的权力边界，又加强了维护旧制度和分配方式的力量，给改革增添不少阻力。乌干达一些媒体对政府态度也并不友善，《警戒者报》（*Daily Monitor*）、《观察者报》（*The Observer*）等报纸上时常转载国际组织对乌干达政府侵犯人权的报告和相关人士的批评，大肆报道政府对反对派的残酷打压等，这些负面言论对乌干达政府的权威造成了严重

---

① C. P. Lakuma, R. Marty, and A. Kuteesa, "Survival Analysis of Regional Unemployment in U-ganda: Evidence from the Uganda National Panel Survey (UNPS)," *African Development Review*, Vol. 28, No. 1, 2016, pp. 140 – 154.

② Karugonjo, Peter Magelah, Barbara Ntambirweki, "Youth Unemployment and Job Creation in Uganda: Opportunities and Challenges," Report of Proceedings of the 49th Session of the State of the Nation Platform, Advocates Coalition for Development and Environment, No. 26, 2014.

③ Helen Epstein, "The Cost of Fake Democracy," *The New York Review of Books*, May 16, 2016.

损伤。

面对不断激化的社会矛盾，穆塞韦尼也对自身的困境有所认知，并积极寻求破局方法。在继续保持谨慎但扩张性的财政政策和稳健的货币政策的同时，将公共投资支出作为支持乌干达经济转型的关键。乌干达宏观经济政策聚焦于遏制通胀压力、提高汇率稳定，支持运输和能源等重要基础设施项目，同时控制经常性支出，并将国内资源动员增长提高0.5个百分点。① 出于对发育阶段的本土企业的保护，政府出台了多份中小企业发展政策，通过提高外国企业的准入门槛，鼓励本土企业能占据更多的市场份额，以提高税收在国内生产总值中的占比。虽然乌干达在提高人口素质方面取得的成效有限，但该国第二期国家发展计划（NDP II）中已经纳入了全部的可持续发展目标，其中也包括提高人力资本。穆塞韦尼亦多次公开发表讲话，强调政府发展旅游业的决心，并鼓励民众在咖啡等传统经济作物之外发展渔业等新兴农业，促进家庭生产商业化，推动劳动力积极创业。穆塞韦尼制定的政策符合乌干达国情和国家利益，但是受到国内收入减少、公共支出增加、机构能力和治理能力低下、公共财政和投资管理体制薄弱等不利条件的限制，实践效果有待提升。

随着年龄限制法案获得通过，乌干达短期内出现政治动荡的可能性极低，各方利益冲突仍在控制范围内，这为乌干达国家发展创造了稳定的内部环境。穆塞韦尼在长期执政过程中，不断完善一种充满乌干达特色的、接近党政军合一的发展模式，使得领导权相对集中，在很大程度上避免了乌干达再度陷入数十年前的政治清算和内耗。同时，现政权积累了丰富的治理经验，有利于决策高效化和政策持续性，推动国家高速发展。2018年上半年经济增长率超过7%，很好地印证了这一点。② 随着年龄限制法案的通过，乌干达国内持续半年的紧张对峙情绪逐渐消弭，政府政策更侧重于有利于自主性发展、改善民生的长期规划，公共基础设施项目顺利实施，民众消费需求日益旺盛，外国投资者对乌干达投资评价与热情有所回升，加之较为良好的自然条件和国际经济环境，种种因素共同推动着乌干达经济蓬勃发展。

正如穆塞韦尼所言，目前乌干达面临的问题不是谁来当总统，而是如何带领乌干达走向现代化。通过合法手段修改宪法，取消总统年龄限

---

① African Economic Outlook（AEO）2018, African Development Bank, 2018.

② Monetary Policy Statement for October 2018［R］, Bank of Uganda, 2018 – 10 – 03, p. 1.

制是一把双刃剑,应当尽可能发挥其积极影响,推动有利于国家发展的政策而非拘泥于民主形式和利益集团斗争。为进一步增强自身的合法性基础,更好地实现国家稳定和可持续发展,乌干达政府应充分重视社会动员,认识到民众切实的物质文化需求,拓宽官方与民间的交流渠道,积极推动政府服务转型,并通过宣传、教育等方式引导民众有序参与政治。唯有解决生产力水平低下和人民缺乏摆脱贫困的手段这两个基本问题,才能持久有效地降低贫困率和失业率,为国家长期发展注入澎湃的动力。为此,乌干达政府需要加快从粗放型人口增长模式向优生优育的人口增长模式转变,积极推动教育全覆盖目标的实现和技术创新,提高劳动力素质和劳动生产率,并为更多劳动力创造就业机会。

(责任编辑:周军)

非洲研究　2019年第1卷（总第14卷）
第35－52页
SSAP © , 2019

非正式地方治理机构与族群内部的冲突管理：对坦桑尼亚东北部塔里梅区库里阿地方治理的反思

〔坦桑尼亚〕伊曼纽·雅各布·基翁多
里亚布委内·姆塔哈布阿　彼得·安东尼·寇泊卡

【内容提要】本文探究了坦桑尼亚东北部塔里梅（Tarime）专区库里阿（Kuria）传统的地方治理机构如何影响该地区族群内部冲突管理，旨在理解非正式地方治理机构的惯例和决策对族群内部冲突管理的影响。本文采用质性研究的民族志方法收集信息，采取系统思维理论（STT）分析库里阿现有族群内部冲突的治理问题。研究发现，塔里梅的各库里阿社区（氏族）普遍拥有非正式治理机构，这些机构已是该地区文化和历史的一部分。库里阿非正式地方治理机构对族群内部冲突的影响为消极影响与积极影响并存：可能会引发冲突，也可能在管理族群内部冲突方面发挥重要作用，即使这些机构存在局限性，它们在非正式方法解决地区冲突方面仍有其合理之处。然而，尽管非正式地方治理机构在管理族群内部冲突方面具有优势，但在该地区调解冲突的进程中，这些机构的潜力尚未得到充分利用。因此，本文建议认可非正式地方治理机构在处理塔里梅区库里阿族内冲突中的作用，并将其视为正规机制的一部分。

【关　键　词】冲突管理、族群内部冲突、非正式治理机构

【作者简介】伊曼纽·雅各布·基翁多，坦桑尼亚多多马大学政治学博士研究生、坦桑尼亚国立尼雷尔博物馆馆长，里亚布委内·

姆塔哈布阿，坦桑尼亚多多马大学、教育学院、高级讲师、博士；彼得·安东尼·寇泊卡，坦桑尼亚多多马大学社会科学学院政治学与公共管理系教授。

引 言

坦桑尼亚绝大多数地区相对和平与稳定，甚至被视为非洲的和平之岛[①]，但在部分地区，仍存在独特的族内冲突（Intra-ethnic conflicts）个案。马拉省级地区（Mara region）的塔里梅专区（Tarime district）在相当长的时间里族内冲突不断，这些冲突往往是因为各氏族之间的不信任和斗争。这种现象有损坦桑尼亚在国际社会中作为动荡非洲大陆上"和平绿洲"的形象。[②]

在塔里梅专区，库里阿氏族之间的冲突已司空见惯，给个人及地区和国族的一体化带来了巨大影响。[③] 如从1992年至2006年，基拉人（Wakira）和安查里人（Waanchari）之间的冲突就迫使300多个安查里人家庭背井离乡。[④] 而同一时期，族群内部冲突就造成了17人死亡，77人受伤，130座房屋烧毁以及81英亩的农作物被毁。[⑤] 据观察，在基拉人、安查里人和伦稠卡人（Warenchoka）的氏族冲突中，每年都会有6个人

[①] Mmuya M. , and Maundi M. O. A. , *Manual on Addressing Conflict in Tanzania for Project Agenda 2000 for Democratic Culture in Tanzania*, Dar es Salaam: Friedrich Ebert Stiftung, 2002, p. 3.

[②] Hirschler K. , "Tanzania in Transition-Violent Conflicts as a Result of Political and Economical Reforms," in Iddy R. , *Ethnic Conflict in Tarime District from the Late Pre-colonial Period to the Present*, (Unpublished M. A. Dissertation) University of Dar es Salaam, 2007.

[③] The African Team, "The MP to Forward the Case to international Community," *The African*, September 2006, p. 4; Masakija J. , *Assessment of Socio-Economic Impact of Inter-Clan Conflicts on Women from Kurya Ethnic Group in Tanzania: A Case Study of Tarime District*, Unpublished M. A. Dissertation (Development Studies), University of Dar es Salaam, 2011.

[④] Mahende G. A. , "Are We the Same or Different? The Impact of Ethnic Group Categorization on Inter-clan Conflicts in Tanzania," *Developing Country Studies: The International Institute for Science, Technology, and Education* (IISTE), Vol. 2, No. 11, 2012.

[⑤] Iddy R. , *Ethnic Conflict in Tarime District from the Late Pre-colonial Period to the Present*, (Unpublished M. A. Dissertation) University of Dar es Salaam, 2007.

失去生命。① 已经采取的众多冲突解决方案都无济于事。尽管在坦桑尼亚和世界范围内，族内冲突造成了各种影响，但在和平与冲突的主题研究中其受到的关注仍旧不多。② 因此，不论在发达国家，还是在发展中国家，有关族内冲突的研究文献都极其匮乏。③ 支持这个观点的学者④认为，尽管关于民族政治的著作颇多，但族群政治（Ethnopolitics），氏族政治（Clan politics）并不是冲突解决研究或学术讨论的重点，因此政治精英们也往往认为这种研究不利于民族团结，从而导致了关于族性和族群冲突的研究极为罕见，甚至被忽视。国际民族宗教调解中心（ICREM）同样认为，迄今为止，有关冲突解决的主流研究在很大程度上，依赖源自西方文化和机制的理论、原则、模式、方法、过程、案例、实践和文献体系，从而忽视了历史上的古代社会或当今社会中的传统管理者，如国王、女王、酋长、村长以及基层和世界各地的本地领袖等，所运用的调解与解决争端、恢复正义与和谐、促进不同选区、社区、地区以及国家和平共处的制度和争端解决体系。传统统治者同时也是基层和平的守护者，但其在解决冲突和促进和平方面所具备的丰富知识与智慧长期以来受到国际社会的忽视。⑤

①　Mahende G. A. , "Are We the Same or Different? The Impact of Ethnic Group Categorization on Inter-clan Conflicts in Tanzania," *Developing Country Studies*：*The International Institute for Science, Technology, and Education* (IISTE), Vol. 2, No. 11, 2012.

②　Stavenhagen R. , *Ethnic Conflicts and Their Impact on International Society*, UNESCO, Blackwell Publishers UK, 1998; T. E. Miedema, *Violent Conflict and Social Capital in Ethnically Polarized Developing Countries*, Ph. D. Thesis, University of Toronto, 2010; Joshua, S. , *Politics and Conflicts*：*A Study of Ebiraland*, *Nigeria* (1977 – 2007), Ph. D. Thesis, Covenant University, Ota, Nigeria, 2013; Warren T. C. and Troy, K. K. , "Explaining Violent Intra-EthnicConflict: Group Fragmentation in the Shadow of State Power," *Journal of Conflict Resolution*, Vol. 59 (3), 2015, pp. 484 – 509.

③　Joshua S. , *Politics and Conflicts*：*A Study of Ebiraland*, *Nigeria* (1977 – 2007), Ph. D. Thesis, Covenant University, Ota, Nigeria, 2013; T. E. Miedema, *Violent Conflict and Social Capital in Ethnically Polarized Developing Countries*, Ph. D. Thesis, University of Toronto, 2010.

④　Jerman H. , *Between Five Lines*：*The Development of Ethnicity in Tanzania with Special Reference to the Western Bagamoyo District*, Uppsala: NordiskaAfrickainstitutet, 1997; Ryan S. , "Explaining Ethnic Conflict: The Neglected International Dimension," *Review of International Studies*, Vol. 14, Issue No. 3, 1988, pp. 161 – 177.

⑤　ICERM (International Centre for Ethno-Religious Mediation), Annual International Conference on Ethnic and Religious Conflicts Resolution and Peace Building, "Conference Synopsis," 2018.

尽管已有研究已经表明正式和非正式地方治理机构在社区冲突管理方面发挥的作用，但仍旧欠缺对非正式地方治理机制在管理塔里梅专区部落之间冲突方面所发挥作用的研究。[①] 因此，本文揭示的库里阿传统地方治理机制对塔里梅专区族内冲突管理的影响的研究，对拓展族内冲突动态发展具有重要意义。下文将分为四个部分来具体展开：第一部分针对包括研究方法及研究材料的获得的过程进行厘清，同时明确理论框架；第二部分针对本文涉及的相关概念进行介绍；第三部分针对研究分析的结果进行展示；最后一部分进行讨论与总结。

一　研究过程与理论框架

（一）研究过程

本研究在塔里梅专区进行，该地区位于坦桑尼亚东北部，是马拉省级地区的六个下属专区之一，北部（跨 - 马拉和库瑞亚地区，Trans-Mara and Kurya district）与肯尼亚接壤，东部是塞伦盖蒂地区（Serengeti），西部是罗里亚地区（Rorya），南部是穆索马（Musoma）。[②] 本研究着重考察音楚古分区（Inchugu division）的三个选区（Ward）：姆维玛（Mwema）、苏苏乌尼（Susuuni）和芮给切利（Regicheri，原"尼亚马拉加 nyamala-ga"）。选择这一地区是因为自 20 世纪 60 年代以来，该地区的库里阿族群内部发生了多次氏族间冲突，造成了大量人员死亡、财产损失以及人民彼此互不信任的情况。

---

① Boege V. , "Traditional Approaches to Conflict Transformation-Potentials and Limits," *Berghof Research Centre for Constructive Conflict Management*, 2006, pp. 1 – 21; Lutz G. , and Linder W. , "Traditional Structures in Local Governance for Local Development," University of Berne, Switzerland Institute of Political Science, 2004; Mushemeza E. D. , "Good Governance and its Relationship with Peace and Stability in East Africa," A Paper Presented to the 2nd East African Conference on Good Governance for Sustainable Integration, Stability and Development 19th – 20th August 2010, Nairobi, Kenya, 2010; Mutisi M. , "The Abunzi Mediation in Rwanda: Opportunities for Engaging with Traditional Institutions of Conflict Resolution," *Policy and Practice Brief Knowledge for Durable Peace*, ACCORD, Issue No. 12, 2011; Sharma K. C. , "The Role of Traditional Structures in Local Governance for Local Development: The case of Botswana," World Bank Report, 2004.

② TDC, Tarime District Council's Development Report (Unpublished), 2015.

　　本研究归属于民族志范畴的研究，因此，收集数据时采用的是定性方法。研究中所用的数据收集方法和工具包括有深度访谈、焦点小组讨论、文件综述和观察法。此外，反身性田野笔记①、磁带录音机和照片也都不断用作重要的其他数据来源。在田野调查中，研究人员使用了有目的的抽样和更具体的雪球抽样方法，来识别重要信息提供者：那些拥有丰富信息的个人和具有专门知识或观点，从而对获得主位视角尤其重要的人②，根据目的抽样法被挑选为我们的信息人；在被采访的关键信息人将协助提供在他们看来对所调查话题具有一定了解的知情人士，采取这样滚雪球的方式来识别这些人士并进行进一步调查直到获得足够所需资料为止。文本分析方法用来检索记录信息，尤其是和平会议的备忘录，地区安全委员会的备忘录，报纸和政府政策文件。观察所获得的信息用来识别和确认中心小组讨论，采访中所获得的信息，以及来自重要信息提供者的信息。访谈都会用数字语音记录仪进行录音，经过转写，并从斯瓦希里语和/或其母语（库里阿语）翻译成英语。

　　对来自访谈、中心小组讨论、文本分析和观察的数据进行总结并成为内容分析③的材料，从中提取重要信息构成研究的主体与子题。田野调查所获数据按主题进行分类，并与具体研究目的和构成主题和分主题的各研究问题进行匹配。研究人员对可能影响个人判断的个人偏见作出解释，运用三方确认、深描、还原翻译等方法来确保研究的效度。因此本研究数据信度的获取是对数据进行逻辑推断中获得，并且在准确描述现象中得以实现。

---

① 研究人员在从事民族志及定性研究资料数据收集中，不断地记录自己所见所闻，并将自己的经历和思考的记录下来。参见 Groenewald T., "Ethnographical Research Design Illustrated," *International Journal of Qualitative Methods*, Vol. 3, No. 1, 2004; Coolican H., *Research Methods and Statistics in Psychology*, Great Britain: J. W. Arrowsmith, (4th ed.), 2004。

② J. P. Gall, M. D. Gall and W. R. Borg, *Applying Educational Research: A Practical Guide* (Fifth ed.), Boston, M. A: Pearson Education, Inc., 2005; M. Patton, *Qualitative Evaluationand Research Methods*, C. A.: Sage, Newbury Park, 1990.

③ 内容分析涉及书面、影像和声音数据信息，以便根据研究的主题和目标，确定并总结出具体信息。参见 Creswell J. W., *Research Design: Qualitative, Quantitative, and Mixed Methods Approaches*, London: Sage publications, 2008; Bogdan R. C., and Biklen S. K., *Qualitative Research for Education: An introduction to Theories and Methods* (4th ed.), New York: Pearson Education Group, 2003, pp. 110 - 120。

（二）理论框架

为了分析非正式地方治理机构对塔里梅地区族内冲突的影响，本研究以系统思维理论（STT）为指导。该理论被认为是分析解决难题的最有力工具，特别是在涉及复杂问题、反复发生的问题以及确定能产生根本变化的高杠杆干预措施的问题上。① 系统思维理论作为一个分析工具，不仅能理解促进、维持或影响冲突的因素，认识导致冲突的模式，并能揭示导致冲突的潜在因素。尤其是在政治学与和平研究领域，系统思维理论一直被用来分析各种冲突，考察影响冲突的过程、冲突组成部分，或者各利益相关方（受到影响或影响其进程的个人、团体和机构），以及识别在饱受战争蹂躏的社会中，形成社会—政治—经济转型的结构性力量。②

从制度思维的角度来看，民族冲突和族内冲突，从来都不是由单一原因造成的，而是由多重原因造成的结果。冲突因多重引发因素的相互作用而产生，因此，分析任何冲突都应考虑到冲突的原因是多方面、错综复杂、相互连通并相互关联的。冲突的产生原因可从历史因素、传统和习惯信仰体系，延伸到治理方式不当的问题。其他因素可能是部族或民族主义的兴起，即民族群体根据部族基础组织起来，以获得自豪感或保证部族的安全。因此，分析族内冲突时，人们很容易发现，冲突是相互关联的多重因素的结果。运用系统思维理论有助于找出库里阿部族内冲突持续存在的彼此关联的产生因素。

二　冲突管理、族内冲突与非洲非正式（传统）地方治理机构

（一）冲突管理与族内冲突

冲突管理是国际关系学科中一个较为宽泛的概念，是指尽可能避免冲

---

① D. Aronson，"Introduction to Systems Thinking，" 1996，https：//www. the-registry. org，最后下载日期：2016 年 10 月 10 日。

② V. Dudouet，"Transitions from Violence to Peace：Revisiting Analysis and Interventions in Conflict Transformation，" *Berghof Report*，No. 15，2006，http：//conflictrecovery. org/bin/berghof_ 20nov2006. pdf，最后下载日期：2016 年 6 月 13 日。

突，以及在冲突发生时，尽可能快速和顺利地解决冲突，为此所制定的计划。伯顿认为，冲突管理是通过采取措施，来改善环境，让彼此合作与有价值的关系来控制冲突各方行为，即预防冲突的冲突遏制手段。[①] 贝斯特认为，冲突管理是一个采取各种措施，以及通过与冲突各方合作，来减少冲突的消极和破坏能力的过程。[②] 有些时候，它与冲突控制相似，并涵盖不同阶段，积极处理冲突的整个过程，其中包括为防止冲突发生所作出的积极努力。[③] 同时，冲突管理还涉及谈判、调解、仲裁以及和解等手段。

一般而言，冲突管理不仅包括减少冲突的负面影响，还包括促进其正面影响的过程。因此，本文中所使用的"冲突管理"首先在于承认人类事务中冲突的必然存在，但并不是所有冲突都能得到解决，参与者所能做的，就是对冲突进行控制和管理。鉴于冲突管理自身的复杂性，有学者指出，有效的冲突管理权力不能仅限于正式的国家机构，成功管理冲突和拓宽和平建设战略需要让非政府人员和非正式机构参与进来[④]。在冲突管理中纳入非正式地方治理机制的做法，根植于各种社会类型之中，它更加灵活便捷、费用低廉且简单易行，相比之下，正式的治理机构则被认为僵化、生硬、自上而下、成本高昂，并且耗费时间。[⑤]

作为本研究的焦点，族内冲突（Intra-ethnic conflict）也被称为氏族间冲突（Inter-clan conflict）。族内冲突在本文中是指同一个族群内部各个群体间的交互而引起的冲突。"族内冲突"还被用来解释发生于同一族群

① J. Burton, *Conflict Resolution and Prevention*, London: Macmillan Press, 1990.

② S. G. Best, "The Methods of Conflict Resolution and Transformation," in Best S. G. (ed), *Introduction to Peace and Conflict Studiesin West Africa*, Ibadan: Spectrum Books, 2012.

③ J. T. Ikyase, and C. J. Olisah, "Sustainable Conflict Management Mechanism in Africa: Issues and Challenges for Development," *International Journal of Humanities and Social Science*, Vol. 4, No. 7, May, 2014.

④ J. Adam, B. Verbrugge, and D. V. Boer, "Hybrid Systems of Conflict Management and Community-level Efforts to Improve Local Security in Mindanao," Conflict Research Group, Ghent University, 2014, http://www.lse.ac.uk/internationalDevelopment/research/JSRP/downloads/JSRP13, 14th April 2017; Menkhaus K., "The Rise of a Mediated State in Northern Kenya: The Wajir Story and Its Implications for State-building," *Africa Focus*, 2008, Vol. 21, No. 2, pp. 23 – 38; J. P. Lederach, "Building Peace: Sustainable Reconciliation in Divided Societies," Washington DC: United States Institute of Peace, 1997.

⑤ J. Adam, B. Verbrugge, and D. V. Boer, "Hybrid Systems of Conflict Management and Community-level efforts to Improve Local Securityin Mindanao," Conflict Research Group, Ghent University, 2014, http://www.lse.ac.uk/internationalDevelopment/research/JSRP/downloads/JSRP13. AdamVerbruggeBoer. pdf, 最后下载日期：2017 年 4 月 14 日。

（Ethic group）或部落（Tribe）内部的不同氏族（Clan）之间的冲突。冲
突可以是重大的社会、政治、经济、文化、宗教、领土或语言问题所产
生的争端。① 因此，族内冲突与氏族间冲突这两个概念可以交换使用，可
用来表示属于同一族群内部的不同氏族之间发生的冲突。②

对于族内冲突，非洲从来都未能幸免。总体上，非洲一直是世界上
冲突的高发地，冲突也因此成为非洲发展的最大威胁之一。③ 据报道，非
洲的族内冲突主要发生在以下几个国家，如尼日利亚、肯尼亚、南非共
和国、索马里和南苏丹。自古以来，肯尼亚就遭受族内冲突，这些冲突
方多是来自同一个主体族群下属的不同氏族或者分族群。近年来，此类
冲突案件更是频发。④ 比如发生在埃尔贡山区（Mt. Elgon）的索伊（Soy）
（又被称为赛梅克，Semek）和莫索普（Mosop），也称为朵洛博（Ndorobo）
氏族之间，就发生了长时间的土地冲突暴力。⑤

（二）非正式（传统）地方治理机构的概念

传统地方治理机构与非正式地方治理机构因为具有相同的含义和背
景，在本文中经常互换使用。长期以来，非正式（传统）治理机构属于

---

① M. C. Psiwa, E. K. Bor, and Sorre B. M. , "Intra-Clan Conflicts and Household Livelihoods in Kopsiro Division, Bungoma County, Kenya," *International Journal of Science and Research* (*IJSR*), 2014.

② K. Menkhaus, "The Rise of a Mediated State in Northern Kenya: The Wajir Story and Its Implications for State-building," *Afrika Focus*, 2008, Vol. 21, No. 2, pp. 23 – 38; Masakija J. , *Assessment of Socio-Economic Impact of Inter-Clan Conflicts on Women from Kurya Ethnic Group in Tanzania: A Case Study of Tarime District (Unpublished)*, M. A. Dissertation, University of Dar es Salaam, 2011.

③ K. Govender, and Y. Ngandu, "Towards Enhancing the Capacity of the African Union inmediation," Addis Ababa: ACCORD, 2010.

④ Kakai P. W. , *History of Inter-Ethnic Relations in Bungoma, Mt. Elgon and Trans Nzoia Districts, 1875 – 1997*, Ph. D. Thesis, Nairobi: Kenyatta University, 2000; D. M. Kungu, R. Omari, and S. Kipsang, "A Journey into the Indigenous Conflict Management Mechanisms among the Abakuria Community," Kenya: The Beautyand the Beast. *European Scientific Journal*, 2015, Vol. 11, No. 16; A. K. Sikuku, *The Land Question and Intra-ethnic Conflict in Squatter Enclaves of Mount Elgon Region, Western Kenya*. Unpublished Thesis, Masinde Muliro University-CDMHA, 2011.

⑤ J. Baumann, "The Mount Elgon Conflict in Kenya," *UCDP*, 2011, http://www.ucdp.uu.se/gpdatabase/info/Ken% 201. pdf, Site visited 10/01/2016; C. Mung'ou, "The Role of Non-State Actors in Enhancing Peace Building Among Women in Mount Elgon Region, Kenya," *Journal of African Conflicts and Peace Studies*, 2018, Vol. 4, Issue No. 1, Peace Building.

人类学研究领域的一个中心话题，其在政治学研究中虽然不是新问题，但是却没能很好地概念化。[①] 对非正式治理机制的研究最早出现在 20 世纪 80 年代。当时，对各种新领域的研究纷纷出现，人们也认识到，社会和政治参与者对各种"正式和非正式"机制有不同的反应；而在现实中，各种非正式法规和制度都显著甚至是系统地影响着正式机构的作用。[②] 而好的制度分析也需要学者扩大分析范围，把正式和非正式机构也都囊括进来。

传统体系或者非正式的地方治理机制（传统领导方式）源于殖民地之前的治理形式，因其具有的与传统权威形式的不同，其治理机制存在着中心化与去中心化的差异。[③] 根据埃伯巴赫等学者的说法，传统的地方治理制度或机构，通常被称为本土的、历史的，由于其往往被看做本土的自然性或历史性，所以往往被当做某种古老权威的延续，因此也能够获得其合法性。[④]

传统的治理制度是指各种本土的政治体系，体系中首先存在有可追踪地有记录地任命的领袖，同时这些领袖又能够根据本地的法律和习俗来行使权威。[⑤] 拥有强大的非正式（传统）治理制度和机构的关键，在于保护当地人民的习俗和传统，并用当地的法律和习俗为工具，管理本地人民内部或之间所发生的冲突。[⑥] 阿富尔认为，传统治理体系和机构或其权力部门，在非洲生活中占有重要作用，并且历史上存在于一些非洲国

---

① G. Helmke, and S. Levitsky, "Informal Institutions and Comparative Politics: A Research Agenda," *Working Paper*, No. 307, *The Hellen Kellogg Institute for International Studies*, 2003.

② G. Helmke, and S. Levitsky, "Informal Institutions and Comparative Politics: A Research Agenda," *Working Paper*, No. 307, *The Hellen Kellogg Institute for International Studies*, 2003.

③ IDRC (International Development Research Center), "Reconciling Africa's Fragmented Institutions of Governance: A New Approach to Institution Building," Report on the first Planning Workshop. Kempton Park, Gauteng, South Africa, 2009, http://www. hsrc. ac. za/en/research-data/ktree-doc/2575, 最后下载日期：2016 年 1 月 16 日。

④ K. Eberbach, A. Kubera, N. L. Okoth, and A. Watanabe, International Meeting Process for debate and proposals on Governance: The Southern African perspectives-Polokwane (South Africa), Institute for Research and Debate on Governance, Pretoria South Africa, 2009, http://www. institut-gouvernance. org/en/ouvrage/fiche-ouvrage-26. html, 最后下载日期：2016 年 12 月 10 日。

⑤ K. E. Orji, and S. T. Olali, "Traditional Institutions and their Dwindling Roles in Contemporary Nigeria: The Rivers State Example," in T. Babawale, A. Aloa, and B. Adesoji, *The Chieftaincy Institution in Nigeria*, Lagos: Concept Publication Ltd. , 2010.

⑥ K. Nweke, "The Role of Traditional Institutions of Governance in Managing Social Conflicts in Nigeria's Oil-Rich Niger Delta Communities: Imperatives of Peace-Building Process in the Post-Amnesty Era," *British Journal of Arts and Social Sciences*, 2012, Vol. 5 No. 2.

家的政治形态当中，这些权威体现了对非洲人民文化、传统、惯例和价值观的传承，同时也是早期社会组织和治理形式的体现。①

传统权威（非正式地方治理机构）有助于解决冲突，因为它们通常调停个人之间的冲突并解决他们之间的争端。② 传统治理机构中，解决冲突包括通过谈判，缩小分歧，并实现争端各方之间的和解，这种方式在西方通常被称为替代性争端解决机制。③ 尽管传统治理机构在解决民族冲突方面具有重要意义，但并不具有普遍适用性，而是具有其特定的适用环境，所用方法在不同社会环境中存在巨大的差异。④

三　库利阿传统治理机构在冲突管理中的作用与影响

（一）库利阿非正式／本土地方治理机构的历史

生活在塔里梅的库里阿人有着自己的治理制度（社会组织和领导制度），在德国 1886—1918 年间占领坦噶尼喀（Tanganyika）之前就已经存在。库里阿人是基于亲属关系或氏族和年龄组制度组织起来的。每个年龄组都由部族的仪式领袖及未成人的舞蹈领头者管理，但仍然与氏族领袖捆绑在一起。⑤ 氏族是由"欧穆甘比"（Omugambi）和一个通常被称为"因查阿玛"（Inchaama）的长老理事会来管理。⑥ 世袭的酋长或领袖制度

① F. E. Afful, *Traditional Authorities and Governance: A Case Study of Komenda Traditional Area*, Master's Thesis. University of Cape Coast: Ghana, 2010.

② G. Lutz, and W. Linder, "Traditional Structures in Local Governance for Local Development," University of Berne, Switzerland. Institute of Political Science, 2004, https://pdfs. semantic-scholar. org/c353/6f685bd86656589cacaec83d301eeeca9c17. pdf, 最后下载日期：2016 年 4 月 1 日。

③ International Institute for Democracy and Electoral Assistance (IDEA), "Customary Governance and Democracy Building: Exploring the Linkages," Stockholm Sweden, IDEA Publication. , 2011.

④ M. Mutisi, The Abunzi Mediation in Rwanda: Opportunities for Engaging with Traditional Institutions of Conflict Resolution, Policy and Practice Brief Knowledge for Durable Peace, ACCORD, 2011, Issue No. 12, www. accord. org. za, 最后下载日期：2016 年 1 月 16 日。

⑤ Iddy R. , *Ethnic Conflict in Tarime District from the Late Pre-colonial Period to the Present* (Unpublished M. A. Dissertation), University of Dar es Salaam, 2007.

⑥ Chacha G. N. , *Historiaya Bakuriana Sheriazao*, East Africa Literature Bureau, Dar es Salaam, 1963.

在库里阿是不存在的。① 欧穆甘比由长老理事会选举产生。要获选欧穆甘比的人必须是一个伟大的战士，并具有足够的领导能力的男性。欧穆甘比的作用是保卫人民，并带领他们抗敌入侵。欧穆甘比与因查阿玛合作，为该地区的冲突各方处理争端，并担任仲裁者的角色。② 因查阿玛（长老理事会）由每个部族分支的库里阿氏族长老组成，是最高权力机构，其作用是管理具体地区内的库里阿氏族分支。

德国人当初管理该地区时，给每个族群或氏族都任命了首领。③ 这种做法改变了先前的社会组织体系。在被殖民之前，欧穆甘比由长老理事会（因查阿玛）选举产生。殖民干预让它成为一个直接委任的职位。长老理事会的作用受到被压制。酋长的委任或解职都无须再征求族人的意见。1961 年坦噶尼喀和之后的坦桑尼亚独立致使库里阿社区的传统治理体系再一次发生了变化。

独立后的坦桑尼亚将当地酋长和其他传统领袖制度视为民族一体化和民族团结的障碍。因此，在 1963 年，坦桑尼亚政府（当时的坦噶尼喀）废除了本国的酋长制，这样做对塔里梅专区的酋长领地或氏族领袖的存在造成了影响。在后殖民融合政策的新安排中，酋长领地被割裂，成为分区（Division）以共同组成塔里梅专区（District），接受专区官员的领导。④ 每个分区又被进一步划分成了不同的选区（Ward），每个选区内部又被分成村庄（Villiage）。因此，这使得从殖民地时期所运用的地方领袖头衔从欧穆甘比或酋长改为分区秘书（分区执行长官）、选区执行长官，村执行长官或村主席。然而，独立后所采用的新行政结构并没有彻底改变塔里梅氏族的组成和分布，也没有改变个体身份认同和族群认同。⑤ 在

---

① International Institute for Democracy and Electoral Assistance (IDEA)，"Customary Governance and Democracy Building：Exploring the Linkages," Stockholm Sweden, IDEA Publication, 2011.

② International Institute for Democracy and Electoral Assistance (IDEA)，"Customary Governance and Democracy Building：Exploring the Linkages," Stockholm Sweden, IDEA Publication, 2011.

③ Chacha G. N.，*Historiaya Bakuriana Sheriazao*，East Africa Literature Bureau, Dar es Salaam, 1963.

④ Iddy R.，*Ethnic Conflict in Tarime District from the Late pre-colonial Period to the Present* (Unpublished M. A. Dissertation)，University of Dar es Salaam, 2007.

⑤ R. Iddy，*Ethnic Conflict in Tarime District from the Late Pre-colonial Period to the Present* (Unpublished M. A. Dissertation)，University of Dar es Salaam, 2007；B. A. Rwezaura，*Social and Legal Change in Kuria Familly Relations*，Ph. D. Thesis, The University of Warwick, School of Law, 1982；G. N. Chacha，*Historiaya Bakuriana Sheriazao*，East Africa Literature Bureau, Dar es Salaam, 1963.

独立后时期，氏族继续决定着个人和族群的身份。

（二）库里阿的传统治理机制与冲突管理

访谈和中心小组的讨论结果显示，从殖民之前到独立之后一直就存在的库里阿传统治理制度和机构，随着时间的推移发生了变化。现代化、社会的需求以及机构本身的效率问题，促进了治理机构的变化。通过讨论和访谈，不少治理机构被挖掘出来，在库里阿族群的基层地方事务治理方面，发挥着显著和重要的作用。然而，在当代，由于殖民时代到独立后时代所发生的行政变革，导致此类机构的受欢迎程度下降，甚至根本不被需要。下面，我们讨论本研究中所提到的几个传统治理机构。

1. 梦者（欧蒙查玛）

目前研究结果表明，过去，欧蒙查玛（Omunchama）或"梦者"（Dreamer）就像是先知。他们往往接受先人的托梦，并将这些启示告知长老理事会。而后，长老理事会将决定哪些应向公众公开，哪些信息仅限于长老理事会（Iritongo）。在库里阿氏族中，这种制度已不再流行，但在田野报告人看来，其意义如下：

> 梦者就像先知。他们通过梦境，接受来自祖先的信息。每一个梦都夹杂着对该区问题的解决方法，或者是社区必须做出的反应。梦的内容可能是保护氏族不被敌对氏族入侵，或者保护牲畜不受敌对氏族或组织团伙的偷盗；还可能是保护氏族成员免受饥荒，并提供来自祖先的，以确保口粮安全的明确的做法。有些梦是关于健康、安全和对氏族的保护。其他类型的梦境会预示氏族未来将面对的事件。这会对社区成员提出预警，预防未来可能发生的事件，以及提醒成员应该或不应该做什么［访谈：2016 年 10 月 20 日，库比特雷尔（Kubiterere）］。

2. 长老理事会（伊里同构/阿玛同构）（Iritongo/Amatongo）

研究结果表明，长老理事会（伊里同构 Iritongo）由氏族分支的成员所委任的代表组成，他们被赋予在基层管理地方社群事务的责任。这些机构（伊里同构）曾经非常有名，也很重要，因为在殖民之前，它们在库里阿族群中就发挥着极其重要的作用。然而，它们的合法性和受欢迎程度随着时间的推移发生了变化，但在 20 世纪 80 年代，由于库里阿地区牲口盗窃等相关的犯罪行为十分猖獗，它们倒非常受欢迎。研究还发现，伊里同构还负责讨论并提供解决所在区域所存在问题的方案，同时它们还是解决和预防部落冲突而开展与其他部族沟通的枢纽。

　　研究结果显示，每个氏族（伦稠卡、基拉和安查里）都有自己的长老理事会，负责处理个人、家庭之间的严重争端，并管理个人、家庭之间，和族内或是氏族之间，或氏族内部发生的冲突。履行该职责时，伊里同构通常会与其上级机构（因查玛）合作，与敌对氏族或社区召开和平会议，目的是拟订和平协定。这些协定会在伊里同构的监督下执行，如 20 世纪 80 年代安查里人和基拉人之间达成的不成功的协定。伊里同构还负责对社区成员向他们报告的各种事项开展调查工作。调查工作往往会与颂古颂古（Sungusungu）（治安部门）联手，目的是逮捕罪犯、被告或嫌疑人。伊里同构开展的调查，旨在确保司法公正，以及确保对某些案件的判决尽可能客观。调查期间，颂古颂古在伊里同构的指示下，有时候会对被告进行鞭笞或殴打，而且很多时候会致其受伤。

　　颂古颂古所采取的惩罚性调查手段，只是获取证据的一个手段，迫使被告坦白。研究发现，从 20 世纪八九十年代开始，伊里同构在协助政府实施去除武装的计划中发挥了非常重要的作用，有位知情人士是这样描绘当时的情形的：

　　　　伊里同构非常强大。在 1980 年代和 1990 年代牲口盗窃非常猖獗的时期，伊里同构通过传统的宣誓，实际帮助解除了偷牛贼的武装，他们把自己的武器交给了伊里同构。伊里同构帮助实施的这些举措至少遏制了偷牛行为的发生，避免氏族之间的争斗［访谈：2016 年11 月 10 日，恩仁恩艾睿（Ng'ereng'ere）］。

　　但是，伊里同构被指责煽起冲突，原因在于它们有权招募在自己控制下的颂古颂古（传统民兵），向他们发号施令。牲畜被盗后所采取的调查，俗称为跟踪足迹（Kufuata Nyayo）的行动中，伊里同构的一些指令会被指责为煽动冲突。有时候，民兵在追踪被盗牲口的过程中，会进入敌对氏族的境内，从而遭遇阻拦。而这种阻拦，在多数时候，会导致氏族之间的对抗。据知情者提供的信息显示，在 1980 年和 21 世纪初时，由于索要被盗牲口时遭遇阻挠，安查里人多次与伦稠卡人发生冲突。谈到这一事件时，科昂盖拉（Kiongera）的一位知情人是这样讲的：

　　我们的颂古颂古过去经常与伦稠卡人和基拉人打战。你知道，伦稠卡人和基拉人与我们敌对，已经有相当长的时间了。伦稠卡人作为我们的世仇，居住地分布在坦桑尼亚境内以及肯尼亚边境上，因此他们有时候会阻挠我们的颂古颂古追踪被盗牲口，尤其是牛群正向肯尼亚方向移动，并正经过伦稠卡地界的时候。这种现象已存在多年，并多次引发我们和伦稠卡人之间的战争［焦点小组讨论，2016 年 8 月 10 日，科昂盖拉］。

　　同样，伊里同构地位下降的同时，作为伊里同构治安部门的颂古颂古的信任度和合法性也在恶化。但是库里阿社区对传统机构所提供服务的需求，仍十分旺盛，因此，伊里同构的消亡为加强因查阿玛［恩查阿玛（Nchaama）］的力量铺平了道路。

3. 仪式长老理事会或者因查阿玛（恩查阿玛）

　　对库里阿族传统治理机构的历史研究中发现，长老理事会或因查阿玛（Inchaama）是一个非常强大的治理机构，历史悠久，与库利阿群的历史相当。因查阿玛是管理社区传统事务的中央权力组织，包括管理库里阿族际与族内冲突。我们的研究结果表明，因查阿玛的成员并不是由社区成员挑选产生的，成员是通过世袭，或通过恩查阿玛（Nchaama）现有成员的提名，才能获得该职位。我们的研究还发现，恩查阿玛的职能类似于现代政府中的情报部门。有时候，族群成员可通过展示完成恩查阿玛所委托的若干任务，并表现良好，才能获得提名。恩查阿玛成员的选拔标准和条件，或者品质被重要知情人士描述如下：

　　恩查阿玛招募成员有自己的程序，因此它不是由部族成员中选拔产生的职位，这和选拔伊里同构（Ritongo）的情形不一样。恩查阿玛成员需要满足其现有成员决定的一些既定标准和品质。例如，任何人在经过严格审查，并确保获聘之后会勤勉和有效地履行其职责之后，才可从其氏族成员中选拔出来。有时候，将被招募的目标成员可能被恩查阿玛的现有成员指派，去执行一项秘密任务；完成任务之后，方可加入团队［访谈：2016 年 7 月 29 日，恩仁恩艾睿］。

　　研究结果还表明，恩查阿玛发挥着传统司法机关的职责，群众可向他们报告小偷、偷牛贼和杀人犯的罪行，由他们来听证，并伸张正义。恩查阿玛审理该案的过程中，那些不认罪的人将被迫发誓，在库里阿语中被普遍称为"伊科吉霍热"（Ikihore）（科霍热 kihore）。研究发现，恩查阿玛运用发誓来审理案子，非常有效地控制了自20世纪80年代起至今在塔里梅专区猖獗的偷牛事件。这种控制同时还与非法持有火器的抢劫得以控制有关。利用灵力和社区赋予它们（因查阿玛）的信任，恩查阿玛开展秘密调查，查明哪些人非法持有火器，哪些同频繁发生的抢劫事件密切相关。在查明后，被控犯罪或非法持有火器的人被传唤到恩查阿玛面前，他们有机会证明自己是无罪的，或承认非法持有火器并参与抢劫等犯罪活动。因此，为了避免被诅咒，或者避免在精神领袖面前宣誓，多数非法持枪的人会主动把枪支交给警察和精神领袖，尤其是在政府宣布大赦期间更是如此。一位知情者这样描述恩查阿玛在司法行政中所起的作用时候说道：

> 任何被怀疑为罪犯的人都被传唤到仪式领袖理事会（恩查阿玛）面前。审理的第一天，原告有机会向恩查阿玛解释他的申诉，或对被告/嫌疑人提出控诉。原告提交诉状之后，嫌疑人要求解释被指控的状况，看看是不是能证明自己清白还是有罪。这次审理之后，如果被告证明有罪（承认自己犯罪），恩查阿玛作出裁决，根据所犯罪行的性质，对被定罪人进行惩罚。惩罚包括支付罚款，将罪犯从其氏族中除名，并迫使其移徙到外地（谋杀案件尤其如此）。罚款通常与被盗牛的数量挂钩，但被告要赔偿更多，大致如下：（一）受害人或原告得到的牛的数量比被盗走的更多；（二）一定数量的牛交给仪式领袖理事会；（三）一定数量的牛交给村行政机关，出售所得资金，用于资助一些村级发展项目。在这过程中，受害人受益，这就是原告为什么更喜欢到这些机构提起诉讼，而不是到正式的司法机构，因为相关利益人最终会因为赔偿而受益［访谈：2016年8月1日，科昂盖拉］。

研究发现，恩查阿玛在冲突管理和解决方面发挥了重要作用，为各冲突氏族搭建对话平台，仪式领袖理事会的成员开会讨论，导致当前冲突的原因，最终就结束冲突达成一致。对话和调解一旦成功举行，他们就会举行传统和解仪式，其中包括歃血为盟确立友谊或关系，即交战双

方检验双方血液的混合，同意成为生死朋友，发誓互不伤害。这种以和
解为目的，将交战双方的鲜血混合在一起的现象，被库里阿人称为"伊
姆玛"（Imuma）。另一种传统和解做法要用到妇女，即一个氏族的妇女
与交战对方氏族的妇女交换婴儿，进行喂养。根据传统，这是宽恕、和
解和成为一体的表现，因此，人们期望这两个部族将永远不会再交战，
因为他们已经成为一体。① 另外，恩查阿玛还鼓励年轻人与自己部族以外
的人结婚，这样每个部族与外族结婚的人就会越多，更多血液就会混合
在一起，从而彼此的敌意就会减少，因为每个氏族中都会有很多姻亲。

　　研究结果让我们进一步认识到，从 2003 年初到 2012 年，当塔里梅区
域遭遇激烈的氏族斗争，传统领袖所开展的和平解决活动得到了政府机
构，如地方政府和警察部队等机构在交通和食品方面的支持，因为传统
领袖经常要造访农村地区。这些支持让传统领袖能在村庄里，与库里阿
社区和传统领袖召开联席会议，消除氏族之间的误解。这种现象表明，
地方政府需要与其他非政府人员合作，这样他们能恢复先前的机制，让
传统领袖频频造访不同的村子，组织与该社区人民的会议，评估当地的
和平与安全状况。

四　讨论与结论

　　库里阿传统治理制度的历史表明，从前殖民时代一直到独立后，该
制度早已存在。研究表明，库里阿传统的治理制度代代相传，被认为库
里阿传统和文化的一部分。但由于现代治理制度（殖民和独立后）的影
响，机构、权力和运作模式一直因时而变。政权的更迭并没有消除本地
族群对该制度的信任，也没有削弱该制度对库利阿族群的重要性，因为
这已经是库里阿传统和文化习俗的重要部分。

　　坦噶尼喀（现为坦桑尼亚）继承了按照族群边界划分进行治理的体
系。独立之后，致力于实现民族团结和一体化的坦桑尼亚将基于族群体
的治理视为发展的阻碍，并将其废除。尽管存在各种新的现代化的安排

---

① 　D. M. Kungu, R. Omari, and S. Kipsang, "A Journey into the Indigenous Conflict Management
Mechanisms among the Abakuria Community, Kenya: The Beauty and the Beast," *European
Scientific Journal*, 2015, Vol. 11, No. 16.

和政治治理制度的诸多变化，库里阿传统治理体系（机构）并没有消失，而是沉寂下来以寻求族群合法性，因此仍然颇具影响力。这种情形让库里阿传统治理制度能与现代政治治理制度平行存在，发挥作用，也因此深得库里阿社区的尊重和信任。

本文研究表明，尽管国家制度让司法与惩罚联系起来，而传统机构则寻求统一这些要素，根据族群共同价值观的要求，给予受害人救济或赔偿。传统领袖对被定罪罪犯施加的罚款，旨在创造正义、和谐和社会福祉。很多时候，传统治理制度冲突管理关注的价值观，与成文法律框架内所形成的价值观不同，强调赔偿与和解，而不是惩罚和报复。① 传统治理方式，特别运用发誓或伊科吉霍热（Ikihore）。是库里阿族群中最受信赖的做法之一。这种做法确保原告或受害人得到赔偿，被告（罪犯）得到相应的惩罚。从研究结果可以看出，尽管传统机构缺乏强制性手段来实施裁决，因为它们没有获得政府的法律支持，警察和监狱都不受它们支配，但它们仍然能够维持社会的秩序。

鉴于传统治理制度所固有的权力和影响，必须指出，任何旨在制定冲突管理战略的干预措施，都必须让传统领袖参与，这是因为库里阿人仍然信任传统治理机构，他们更愿意让自己的冤屈由恩查阿玛等传统治理机构来伸张。因此，族群成员对传统领袖的信任表明他们更值得族群成员的信任与尊重，这让他们的道德权威变得合法，他们的存在也有了充分的理由。因此，地方政府领导与传统领袖进行合作就显得很重要，因为他们能在基层协助各种发展项目的推进。自古以来，非洲传统领袖在各社区活动方面发挥了非常大的影响。环境保护中，他们运用各种禁忌和惩罚措施，发挥了相当的影响力。他们在不同地方，在动员社区成员确保粮食安全方面，也发挥了重要作用。因此，基层政府领导有必要加强与传统领袖建立积极的关系。

总之，本研究认为尽管传统治理机构［仪式长老理事会"恩查阿玛"和仪式长老委员会"尼亚孟博（nyamumbo）"］在运作中存在不足，例如缺乏宪法保护或政府的正式授权，以及正式治理机构对其不信任等，但在基层群众中，他们作用巨大，影响深远；在解决影响库里阿基层人民的问题时，他们比现代治理机构更受尊重，反应更快。然而，尽管它们

---

① Cross-Cultural Foundation of Uganda（CCFU），"Culture in Governance Does it Work？Four U-gandan Experiences"，2010.

在社区中发挥了力量和作用，但它们的经验并没有充分纳入库里阿的冲突管理行动之中。因此，现代（政治的）治理体系没能有效地及时吸收传统领袖在冲突管理方面的经验，这正是冲突存在以及冲突管理低效的原因。

（陈倩瑜译，祝亚雄、雷雯校；责任编辑：雷雯）

经济与发展

非洲研究　2019年第1卷（总第14卷）
第55-67页
SSAP ©, 2019

非洲殖民地的政府干预与经济作物生产的兴起

李鹏涛　王　萌

【内容提要】　殖民地政府极力推动非洲殖民地经济作物生产。不过，殖民地经济作物生产能否成功，不只是殖民地干预的结果，更与这一经济作物生产是否迎合非洲当地社会的利益诉求密切相关。在非洲小农经济占主导地位的西非殖民地，经济作物生产的兴起主要是非洲农民主动性的结果，例如加纳的可可经济。在东非和南部非洲殖民地，尽管经济作物生产的出现离不开殖民政府干预，但是这一经济作物生产能否取得成功同样也与当地非洲农民能动性密切相关。

【关　键　词】　殖民统治；政府干预；经济作物生产；单一经济；"依附论"

【作者简介】　李鹏涛，副研究员，浙江师范大学非洲研究院（金华，321004）；王萌，浙江师范大学非洲研究院研究生（金华，321004）。

殖民统治时期，非洲经济作物生产取得重要发展，这构成了殖民时代非洲经济变革的重要内容。殖民者提出"剩余出路理论"（vent for surplus theory），用以解释一些非洲殖民地经济作物生产的起源，这一观点强调殖民当局通过修建公路、建立市场以及引入货币等方式，为闲置的非洲劳动力提供了有利可图的出路。按照这一观点，经济作物出口的增长只是因为之前闲置的非洲劳动力被投入到之前未被利用的土地之上。①

---

① 参见 A. G. Hopkins, *Economic History of West Africa*, London：Longman, 1973。

这一流行叙述抹杀了非洲社会的能动性，而突出强调殖民地政府在非洲经济变革中的主导作用。[①] 然而，随着非洲经济社会史研究的日益深入，这一观点受到极大挑战。相关研究强调，殖民地政府试图推动和控制殖民地经济作物生产，但是非洲农民并非殖民政策的被动接受者。殖民地政府干预成功与否取决于很多因素，其中一个重要因素是社会能动性。殖民地政府的经济政策能否取得成功，其中一个关键因素是这些政策能否适应非洲社会的利益诉求。某些殖民地经济作物生产的兴起，甚至是非洲农民在殖民地政府极力阻挠的情况下推动形成的，这方面的著名案例包括 20 世纪初加纳可可种植业的兴起。[②] 本文主要以英属非洲殖民地为中心展开论述，首先讨论殖民地政府推动经济作物生产的主要动机，然后分析殖民地政府所采取的主要手段及其局限性，最后重点探讨非洲社会在经济作物生产方面的历史能动性，以期深入分析非洲殖民地政府干预在经济作物生产兴起过程中所扮演的复杂角色，深刻认识非洲单一经济的历史起源。[③]

一　殖民地政府推动经济作物生产的基本动机

殖民地国家积极推动非洲殖民地的经济变革，主要是为了促进资本

① Gerald K. Helleiner, *Peasant Agriculture*, *Government and Economic Growth in Nigeria*, Home-wood: Richard D. Irwin, 1966; R. Szereszewski, *Structural Changes in the Economy of Ghana*, *1891 – 1911*, London: Weidenfeld & Nicolso, 1965.

② 这方面的研究有很多，参见 Polly Hill, *The Migrant Cocoa-farmers of Southern Ghana*: *A Study in Rural Capitalism*, Oxford: James Currey, 1997, pp. 15 – 17; Gareth Austin, *Labour*, *Land and Capital in Ghana*: *From Slavery to Free Labour in Asante*, *1807 – 1956*, Rochester: University of Rochester Press, 2005; Corey Ross, "The Plantation Paradigm: Colonial Agronomy, African Farmers and the Global Cocoa Boom, 1870s – 1940s," *Journal of Global History*, Vol. 9, No. 1 (2014), p. 59.

③ 经济史一直是我国非洲史研究的重要领域之一，涌现出大量的重要研究成果，如：《非洲通史》（何芳川、宁骚等主编，华东师范大学出版社，1995）和《殖民主义史（非洲卷）》（郑家馨主编，北京大学出版社，2000）。近年来国内学界关于非洲经济史研究的引介，主要参见舒运国、刘伟才《20 世纪非洲经济史》（浙江人民出版社，2013）；舒运国：《国外非洲史研究动态述评》，《上海师范大学学报》（哲学社会科学版）2015 年第 6 期；张忠祥：《20 世纪非洲史学的复兴》，《史学理论研究》2012 年第 4 期；张瑾：《非洲经济史研究的历程和视角》，《学术探索》2015 年第 6 期；舒运国：《非洲人口史研究评析》，《上海师范大学学报（哲学社会科学版）》2017 年第 4 期；李鹏涛：《非洲经济史研究的新动向》，《史林》2019 年第 1 期。

主义形式的生产和交换，从而满足帝国本土所要求的殖民地财政自给自足。殖民主义导致非洲的农业生产与贸易模式急剧重构。19 世纪末殖民统治确立后，殖民统治需要推行强制性的经济秩序，产生出足够多的税收以支撑殖民地政府，而重要手段是鼓励面向出口的经济作物生产。殖民地政府最初依靠的是前殖民时代的出口商品，例如，尼日尔三角洲的棕榈油、桑给巴尔的丁香。不过，这些作物产量较少，并且很多地区在殖民征服之前没有种植经济作物的经历。气候炎热、距离遥远以及地形特点都阻碍了非洲农民的剩余产品生产。殖民地政府急需税收基础，因此积极推动适应特定殖民地环境状况的经济作物生产。只要能够增加殖民地国库收入，殖民地政府愿意尝试种植任何经济作物，并且鼓励任何生产方式。殖民地政府依赖于非洲当地税收，而非帝国本土财政，从而使得它们以这种直接方式与非洲人的生产和交换紧密结合起来，从而导致殖民地国家在一定程度上"相对独立"于帝国本土。① 无论是殖民部还是殖民地政府，它们都并非单纯的帝国本土商业利益的工具。殖民地政府通常有着自身利益，有时甚至是与帝国本土政府的意图截然不同。殖民地政府希望非洲臣属生产那些回报最高的产品，因为这能实现应税收入最大化，也最有利于殖民统治。例如，尽管英国政府希望尼日利亚北部的农民种植棉花，但是当大多数农民决定种植花生时，尼日利亚殖民当局并未阻拦。而且，在帝国本土压力已经消失的情况下，一些殖民地政府仍然热衷于从事经济作物生产。

按照殖民者的流行观念，生活在农村地区的非洲人过着自给自足的生活，无法对眼前的需求和机会做出判断和回应。殖民地政府将这些农村地区视作未开发的劳动力储备地和农业生产地，必须由外来刺激才能实现发展。"传统的"维持生计生产和农民生产的显著区别，反映出殖民者关于"落后"非洲经济活动的认知。这一认知是非历史的，因为忽视了前殖民时代东非沿海、埃塞俄比亚以及索科托哈里发国的社会经济状况，特别是大规模的土地所有制、土地租赁、市场导向生产等基本特征。在尼日利亚北部，既有的农业体系为殖民时代花生生产奠定了基础。在东非沿海地区，尤其是斯瓦西里沿海地带，前殖民时代出口导向的种植

---

① John Lonsdale, and Bruce Berman, "Coping with the Contradictons: The Development of the Colonial State in Kenya, 1895 – 1914," *The Journal of African History*, Vol. 20, No. 4 (1979), p. 490.

园和分成制农业体系转变为殖民时代的出口种植体系。① 英国殖民者试图将维持生计的非洲农民转变为出口导向的农民，这是一个十分复杂的过程，殖民地政府会采取劝说甚至强制措施。将非洲"维持生计"的农业生产者转变为农民，并且推动他们种植某些经济作物，这既增加了政府税收，同时也将非洲人变成"经济人"，也就是商品消费者和生产者。南罗得西亚土著事务部的一位官员总结道："如何才能刺激非洲土著工作？答案是为（土著）创造尽可能多的需求，诱导他采用现代耕作技术，并且使他远离酒瓶。"②

非洲殖民地政府试图确定经济作物种类、价格以及市场控制机制。在已经融入世界经济体系之中的西非沿海社会，殖民经济政策试图推动这些地区更大程度地融入世界市场。在有着经济作物生产传统的地区，殖民地政府推广经济作物生产的尝试，可能威胁到现存的生态、经济与社会平衡，同时导致非洲社会以牺牲粮食作物为代价来增加出口作物生产。因此，殖民地政府扩大经济作物生产的尝试不一定取得成功，很多非洲生产者仍然维持较少剩余产品的生产模式，这些非洲人成为殖民者干预的主要目标，目的是将维持生计的非洲生产者纳入殖民地出口经济之中。③

二　殖民地国家干预非洲经济作物生产的主要手段

殖民地政府采取多种手段来推动非洲经济作物生产。在殖民统治时代早期，交通运输业发展成为推动非洲农村社会变革的主要力量；20世纪二三十年代，非洲乡村地区开始汽车运输，经济作物生产扩展至全球贸易以往难以达到的地区，并且为农村地区创造商业机会，推动了农作物生产发展。不过，单独这一点并不足以推动非洲生产者进入殖民出口

---

① Paul Tiyambe Zeleza, *A Modern Economic History of Africa*, Vol. 1, the Nineteenth Century, Dakar: Codesria Book Series, 1993, pp. 8 – 9.

② Timothy Burke, *Lifebuoy Men*, *Lux Women*: *Commodification*, *Consumption and Cleanliness in Modern Zimbabwe*, Durham: Duke University Press, 1996, p. 86.

③ Moses E. Ochonu, "Africans and the Colonial Economy," in Martin S. Shanguhyia, and Toyin Falola, eds., *The Palgrave Handbook of African Colonial and Postcolonial History*, New York: Palgrave Macmillan, 2018, p. 125.

经济生产体系之中。为了吸引非洲生产者放弃维持生计生产，并且推动市场导向的非洲生产者增加产量，殖民经济决策者通常采取多种手段。

第一，动用强制手段推动经济作物生产。在坦噶尼喀，甚至在东非战役还未结束时，仓促成立的"占领区政府"已经迫不及待地鼓励维多利亚湖地区的棉花生产。"一战"后，在饥荒造成严重伤亡的情况下，英国仍然鼓励饥荒地区的棉花出口。① 坦噶尼喀出口作物剑麻、咖啡和棉花的国际市场价格下跌，殖民地经济陷入严重的危机。殖民政府鼓励南部沿海地区的棉花种植，而阻挠面向市场的水稻生产，因而导致水稻大量依靠进口。英国殖民政府还鼓励中部地区的花生和谷物种植，而阻碍原有的畜牧业发展。② 在西非地区，非洲农民早在 19 世纪已经开始商品生产，他们通常是以家庭为单位进行经济作物生产，这在一定程度上是作为粮食作物生产的补充。欧洲人争夺贸易商路控制权，将棕榈油和花生运送到沿海地区。在没有白人移民或者矿业开采行业的地区，殖民地政府鼓励非洲农民生产。

殖民地政府借助非洲社会权力结构来实现推动经济作物生产的目的。酋长和殖民者在推动经济作物种植方面有着一定的共同利益。酋长们迫使臣属生产政府所要求的经济作物类型，以维持自身在殖民地社会中的特权地位。倘若达不到配额目标，则会被剥夺酋长身份。葡萄牙殖民者在安哥拉和莫桑比克采取强制性的殖民地农业经济生产，建立国家主导的殖民地经济，依靠强制的大规模面向出口的棉花和甘蔗种植。③ 英国、法国和德国在"一战"前试图建立种植园，并且鼓励本国公民在西非殖民地建立种植园和白人移民农业。这些早期的种植园试验失败，推动了

①　Gregory Maddox, "Mtunya: Famine in Central Tanzania, 1917 - 1920," *The Journal of African History*, Vol. 31, No. 2 (1990), pp. 181 - 198.

②　Dennis M. P. McCarthy, *Colonial Bureaucracy and Creating Underdevelopment: Tanganyika, 1919 - 1940*, Ames: Iowa State University Press, 1982, pp. 5 - 52; Thomas Spear, *Mountain Farmers: Moral Economies of Land and Agricultural Development in Arusha and Meru*, Berkeley: University of California Press, 1997, pp. 158 - 172; Deborah Fahey Bryceson, *Food Insecurity and the Social Division of Labor in Tanzania, 1919 - 1985*, New York: St. Martin's Press, 1990, pp. 71 - 75.

③　Allen Isaacman, *Cotton Is the Mother of Poverty: Peasants, Work, and Rural Struggle in Mozambique, 1938 - 1961*, Portsmouth: Heinemann, 1995; Gervase William Clarence-Smith, *Slaves, Peasants and Capitalists in Southern Angola, 1840 - 1926*, Cambridge: Cambridge University Press, 1979.

殖民地政府重新将非洲生产者转变为出口导向的农民，并且增加那些从事出口农业生产的非洲人的生产能力。[1] 英国在苏丹也积极推动棉花生产，主要通过“杰济腊（Gezira）灌溉计划”。棉花非常适合大多数自给自足的非洲小农生产，由农民家庭成员提供廉价劳动力，主要是棉球成熟时的采摘工作。而且，在耕种和加工之间并不存在必然联系，原棉可以运送到全国各地的轧棉作坊。苏丹棉花主要在新近灌溉土地上种植；这里的棉花是由私人公司苏丹种植辛迪加（Sudan Plantations Syndicate）的小农租户种植，而公司提供加工、销售和技术服务，实际收益由种植者、公司和政府共同分享，政府则主要负责大型灌溉工程。然而，如同很多其他地区的殖民地一样，依赖于单一作物使得苏丹容易受到全球市场变化的影响，这在20世纪30年代大萧条时期表现得极为明显。[2]

第二，禁止非洲人种植某些经济作物。在白人移民殖民地，殖民地政府扩大经济作物生产的努力主要针对白人农场主。按照殖民地政府政策，这些白人农场主构成殖民地经济作物种植的基础，殖民当局试图确保农场的非洲劳动力供应，并且阻止那些仍然拥有小片土地的非洲人与白人农场主发生竞争。肯尼亚殖民政府颁布法律阻止非洲土地所有者种植咖啡、茶叶和其他作物，规定这些只能由白人移民种植。[3] 殖民当局在南部和东部非洲的移民殖民地采取类似政策。这一状况与西非的小农经济殖民地形成鲜明对比。非移民殖民地并不存在白人移民农场主，殖民当局鼓励非洲农民重组生产手段，主要生产可可、花生、棕榈油、棉花和芝麻等经济作物。

生产咖啡这一最赚钱的农作物需要土壤和气候条件的完美结合，乌干达的厄尔贡山、肯尼亚的阿伯德尔山脉和坦噶尼喀的乞力马扎罗山区和梅鲁地区较为适宜，因此这些地区的经济逐渐变得繁荣，而在埃塞俄比亚高原的咖啡价值因为质量控制不充分而下降。就咖啡而言，规模和

---

① Marion Johnson, "Cotton Imperialism in West Africa," *African Affairs*, Vol. 73, No. 291 (1974), pp. 178 - 187; Richard Roberts, *Two Worlds of Cotton: Colonialism and the Economy in French Sudan, 1800 - 1946*, Stanford: Stanford University Press, 1996; Richard Roberts and Allen Isaacman, eds., *Cotton, Colonialism and Social History in Sub-Saharan Africa*, Portsmouth: Heinemann, 1995.

② Richard Reid, *A History of Modern Africa*, Chichester: Willey-Blackwell, 2012, p. 199.

③ Tabitha Kanogo, *Squatters and the Roots of Mau Mau, 1905 - 1963*, Athens: Ohio University Press, 1987.

组织问题更为含糊不清。当地的罗布斯塔（robusta）咖啡已经在非洲多个地区经济中占有重要地位，而这通常依靠非洲小农就可以生产。然而，更值钱的高山咖啡所需要的加工流程使得较大的生产单位拥有更大优势。不过，这一优势也并非决定性的，厄尔贡山和乞力马扎罗山麓的非洲咖啡种植者的成功表明，咖啡可以实现非洲当地人生产。肯尼亚和安哥拉的欧洲种植园主实际控制垄断，主要是因为他们的政治权力，而不是更高的经济效率。在肯尼亚，基库尤人和坎巴人在咖啡种植园劳作，他们迅速熟悉咖啡耕作技术，他们也希望自己种植咖啡，但是殖民地政府对于非洲人种植咖啡做出极严厉的限制，以免影响到白人经济作物种植。20 世纪 50 年代，在咖啡国际市场价格波动的情况下，肯尼亚殖民地政府为保住自己的税收，同时也是为了在"茅茅运动"背景下安抚非洲人，开始允许非洲小农种植咖啡。[①] 事实证明，在殖民地政府放开对于非洲人咖啡生产的限制之后，非洲人的咖啡生产极富成效，严重冲击了欧洲人在咖啡生产领域的主导地位。[②] 同样是咖啡生产，相邻殖民地坦噶尼喀和乌干达主要为非洲小农生产所主导。"一战"后，坦噶尼喀的咖啡种植发展迅速。乞力马扎罗山和梅鲁山麓的白人移民利用这一地区与蒙巴萨港之间的肯尼亚铁路，开始大量种植咖啡。与此同时，当地非洲人也开始种植咖啡，并将山麓的公共牧场变成咖啡农场。1923 年，在英国殖民官员和农业技术专家鼓励下，非洲人一共种植了 30 万株幼苗。坦噶尼喀的白人移民也试图像肯尼亚白人那样阻挠非洲人种植咖啡，却并未成功，这主要是因为非洲人咖啡种植极为成功并且得到英国殖民官员支持。到 1933 年，非洲人一共拥有大约 600 万株咖啡，乞力马扎罗山区 1/3 的非洲人家庭种植咖啡，坦噶尼喀一半以上的咖啡是由非洲人种植。[③] 在布科巴地区，为充分利用该地咖啡种植的发展潜力，地区官员在 1919 年至 1922 年推行咖啡强制种植计划。20 世纪 20 年代初的咖啡价格高涨刺激非

① David Hyde, "'Paying for the Emergency by Displacing the Settlers': Global Coffee and Rural Restructuring in Late Colonial Kenya," *Journal of Global History*, Vol. 4, No. 1 (2009), pp. 81 - 103.

② Nicholas E. Makana, "Metropolitan Concern, Colonial State Policy and the Embargo on Cultivation of Coffee by Africans in Colonial Kenya: The Example of Bungoma District, 1930 - 1960," *History in Africa*, Vol. 36 (2009), pp. 315 - 329.

③ Andrew Coulson, *Tanzania, A Political Economy*, Oxford: Oxford University Press, 2013, p. 76.

洲农民大规模种植咖啡。① 在乌干达，殖民地政府同样并未阻挠非洲小农的咖啡生产，因为乌干达"没有白人移民的存在，不像肯尼亚白人那样急需土著劳动力"。②

第三，市场控制手段。殖民地政府时常授予特定商人群体以商品销售权。这些商人大多是移民群体，在东非是印度次大陆居民，在西非则是中东或者地中海居民。这些控制措施并未有效阻止非洲人从事贸易活动，却压制了付给农民的价格。作为回应，非洲农民支持建立合作社，以实现对于他们所销售农作物的更大程度的控制。在英属和法属非洲殖民地，殖民地政府广泛设立销售局，设定农作物销售的最高和最低价格，当价格过低则提供补贴。在尼日利亚北部殖民地，欧洲产品购买者和利凡特公司、亚洲和非洲商人推出提前付款和收成抵押，使得非洲农民欠下农产品收购者大量债务，也使得农民必须持续参与经济作物生产。农产品收购者向农民预先付钱，让他们在旱季支付税收。农民抵押他们的收成，然后被迫在旱季再次抵押产品。这样一种设计使得非洲农民陷入持续贫困。③

第四，征收人头税。很多地区的非洲人最初可以以实物形式缴税，然而殖民地政府很快要求以现金形式缴税，而这只能是通过经济作物生产或者外出务工来获得。19 世纪末 20 世纪初，这些新需求往往导致生存危机，特别是在降雨量和环境条件变化的情况下。农村非洲人家庭需要年轻人增加农作物生产，或者销售更多牲畜。总体而言，这些经济活动的回报较低，其中大部分被收税人收走。面对殖民地国家的要求，非洲家庭发生剧烈变革。很多地区的经济作物生产是由非洲男性主导，时常也是殖民地政府积极鼓励的。粮食作物生产则几乎完全是非洲妇女的责任。这些对于非洲妇女经济机会的限制，与殖民地"土著法"条件下对

---

① Kenneth R. Curtis, "Cooperation and Coopation: The Struggle for Market Control in the Bukoba District of Colonial Tanganyika," *The International Journal of African Historical Studies*, Vol. 25, No. 3 (1992), p. 507.

② Nicholas E. Makana, "Metropolitan Concern, Colonial State Policy and the Embargo on Cultivation of Coffee by Africans in Colonial Kenya: The Example of Bungoma District, 1930–1960," *History in Africa*, Vol. 36 (2009), pp. 323.

③ Robert Shenton, *The Development of Capitalism*, London: James Curry, 1986; Michael Watts, *Silent Violence: Food, Famine and Peasantry in Northern Nigeria*, Berkeley: University of California Press, 1983; Moses Ochonu, *Colonial Meltdown: Northern Nigeria in the Great Depression*, Athens: Ohio University Press, 2009.

于非洲妇女地位所做的限制是相符的。到"一战"时，战时需求、资源有限性，再加上殖民地政府试图限制非洲人的流动性，以及殖民政府无法将粮食运送到发生饥荒的地区，这些因素导致粮食匮乏和饥荒的大规模爆发。[①]

三　非洲社会在殖民地经济作物生产方面的能动性

　　成功的经济作物生产是一系列因素共同作用的结果。环境和地理因素、外部世界的需求、政府鼓励、税收货币化以及铁路和公路修建等因素都发挥了重要作用，尤其值得注意的是非洲农民所扮演的重要角色。[②]由于非洲人对于市场机会的回应以及殖民政府所面临的资源限制，因此非洲社会的主动性成为非洲殖民地经济变革的主要推动力。20世纪二三十年代，非洲小农经济主导着热带非洲大部分地区的经济作物生产，主要包括西非棕榈油、可可、棉花，东非的棉花、咖啡、糖、剑麻和茶叶。以下分别选取尼日利亚西部、黄金海岸以及东非的乌干达等典型案例，以揭示非洲社会在经济作物生产方面的能动性。

　　殖民时代西非经济增长主要是由非洲移民劳工、可可农民、花生收购者和公路运输者所推动的。非洲农民以各种方式回应殖民时代全新的需求和机会，从而极大地改变了非洲农村地区的基本面貌。西非的非洲小农经济蓬勃发展，在很大程度上推动了英国内部政策辩论越来越有利于黄金海岸和尼日利亚发展成为"非洲小农"殖民地。尽管殖民政府试图对于非洲人的经济作物种植加以引导和限制，但是非洲社会并非被动接受者。例如，在尼日利亚北部地区，英国殖民者试图推动棉花大规模种植。这里的棉花种植已经有数百年历史，而且气候和土壤条件也适合棉花种植，因此英国人坚信大规模商业种植棉花能够获得成功。1912年，通向卡诺的铁路通车，主要是为了推动卡诺周边地区的棉花生产。英国棉花种植者协会在尼日利亚北部建立棉花加工厂，并分发种子和肥料。然而，棉花并未随之大规模出现。农民更愿意种植花生，因为花生价格

①　Gregory Maddox, "Njaa: Food Shortages and Famines in Tanzania between the Wars," *The International Journal of African Historical Studies*, Vol. 19, No. 1 (1986), pp. 17 – 34.

②　Robert M. Maxon, *Going Their Separate Ways: Agrarian Transformation in Kenya, 1930 – 1950*, London: Associated University Press, 2003, pp. 19 – 23.

要高于棉花，而且即便是歉收或者遇到其他灾祸也可以食用。1912 年，尼日利亚北部发生严重饥荒，饿死约 3 万人。在此之后，种植花生的农民越来越多，而种植棉花的越来越少。英国殖民者未曾预料到，原本为了运输棉花而修建的铁路，却为花生运输提供了便利。英国人为刺激一种商品作物生产而修建的铁路，却导致另一种农作物的发展。① 正如非洲史学家约翰·托什所指出的，殖民时代"经济作物种植的成功，依赖于经济作物与已有的粮食作物生产之间的关系"，经济作物生产对于粮食作物生产的影响是"复杂的，时常是阻碍的"。② 种植剩余的粮食作物要比经济作物更具吸引力，更能满足非洲民众的生计所需。

在黄金海岸等西非大西洋沿海地区，前殖民时代到殖民时代有着很大的历史延续性。殖民地国家在推动社会经济变革方面作用极为有限。非洲经济作物种植的实际效果与殖民者的意图在很多时候并不重合，甚至大相径庭。最重要的经济作物生产大多是在殖民地政府不经意情况下出现的，例如黄金海岸的可可经济。19 世纪 80 年代，黄金海岸开始种植可可，并且在不到一代人时间里成为世界最大的可可生产国。黄金海岸的可可出口始于 1891 年，不到 20 年时间产量达到 4 万吨，迅速成为世界最大的可可产地。到 1923 年，黄金海岸的可可产出为 20 万吨，到 20 世纪 30 年代中期超过 30 万吨。③

黄金海岸的可可经济兴起，并不是由于殖民政府的财政压力所致，因为黄金海岸的税赋水平并不比周边殖民地高出太多。另外，尽管欧洲贸易公司在可可经济发展方面扮演了重要角色，但是非洲社会的能动性更为重要。19 世纪、20 世纪之交，欧洲殖民官员并未料到非洲人会种植这样一种需要多年时间才能有回报的经济作物。采用外来资本和最新农业技术的现代种植园被认为是开发热带地区"未经使用的"土地、面向世界市场生产的最有效工具。④ 然而，事实证明大规模生产的效率极低。

① 埃里克·吉尔伯特、乔纳森·T. 雷诺兹：《非洲史》，黄磷译，海南出版社，2007，第 297 页。
② John Tosh，"The Cash-Crop Revolution in Tropical Africa：An Agricultural Reappraisal，"*African Affairs*，Vol. 79，No. 314（1980），p. 80.
③ Gareth Austin，"Mode of Production or Mode of Cultivation：Explaining the Failure of European Cocoa Planters in Competition with African Farmers in Colonial Ghana，" in Clarence-Smith，ed. ，*Cocoa Pioneer Fronts since 1800：The Role of Smallholders，Planters and Merchants*，New York：Palgrave Macmillan，1996，p. 154.
④ Corey Ross，"The Plantation Paradigm：Colonial Agronomy，African Farmers and the Global Cocoa Boom，1870s – 1940s，"*Journal of Global History*，Vol. 9（2014），p. 50.

这一时期黄金海岸的可可产量大幅增加主要是由于小农生产，采用土地密集型的混合耕作技术。当地阿夸佩姆人早在 19 世纪已经向欧洲商人出售野生橡胶和棕榈油。到 19 世纪末，这些产品的价格日渐下降，阿夸佩姆人开始寻找新的适合种植的经济作物。可可种植需要清理出大片土地，清除灌木丛需要大批劳动力，而可可树需要 15 年时间才能成熟。因此，可可种植代表着对于未来的投资。阿夸佩姆人种植可可还面临的挑战是，这一地区的人口极为稠密；因此，很多种植者向西迁徙到人口密度较低的阿基穆（Akim）地区，向当地的阿基穆人购买土地。阿夸佩姆人最初利用家庭劳动力，后来也雇用劳动力来清除土地，并雇用搬运工将可可运至沿海地区。阿夸佩姆人中间逐渐出现农民资本阶层。[1] 非洲农民主动接受了可可生产所带来的机遇，而殖民地政府只是事后予以认可。黄金海岸殖民政府决定支持土著农民，这是可可繁荣的结果，而非可可繁荣的原因。尽管铁路建造使得很多地区的经济作物生产成为可能，但是黄金海岸的库马西－阿克拉铁路直到 20 世纪 20 年代初才发挥影响，到这时非洲生产者已经推动可可生产的急剧扩张。铁路所起到的作用，只是将可可运至沿海港口。

在东非和南部非洲的大部分地区，经济作物生产在 19 世纪以前一直较为落后。19 世纪以来，殖民主义和资本主义扩张极大地推动了东非内陆地区的经济作物生产。殖民地政府强制非洲农民生产某些农产品。在肯尼亚和罗得西亚等白人移民殖民地，尽管殖民地政府试图迫使非洲人转变为雇佣劳动力，但是非洲小农经济非常有活力，他们抓住了经济作物和粮食作物生产所提供的机遇。[2] 例如，德属东非农民的棉花强制种植是"马及马及起义"的重要诱因。尽管英国殖民者所采取的强制手段通常并没有那么严苛，但是东部和南部非洲殖民地经济作物生产的启动离不开强制，譬如棉花。棉花在英国进口原料中占有特殊地位，英国棉纺

---

①　Richard Reid, *A History of Modern Africa*, Chichester: Willey-Blackwell, 2012, p. 198.

②　A. I. Nwabughuogu, "From Wealthy Entrepreneurs to Petty Traders: The Decline of African Middlemen in Eastern Nigeria, 1900 – 1950," *The Journal of African History*, Vol. 23, No. 3 (1982), pp. 365 – 379; Gareth Austin, and C. Ugochukwu Uche, "Collusion and Competition in Colonial Economies: Banking in British West Africa, 1916 – 1960," *Business History Review*, Vol. 81 (2007), pp. 1 – 26; A. G. Hopkins, "Economic Aspects of Political Movements in Nigeria and the Gold Coast, 1918 – 1939," *The Journal of African History*, Vol. 7, No. 1 (1966), pp. 133 – 152.

织业将热带非洲视作潜在的市场和原料供应地。从 1902 年开始，英国棉花种植协会在非洲殖民地积极传播"棉花福音"。① 例如，"一战"前夕，乌干达南部棉花生产迅速扩张，成为非洲殖民地经济作物种植的成功案例。在乌干达殖民地政府鼓励下，干达酋长阶层接纳棉花种植。不过，乌干达棉花种植发展反映出布干达人自身的社会和文化观念。干达社会是高度竞争性的，而棉花计划提供了个人发展机遇。在乌干达的兰吉地区，在前殖民时代已经生产出剩余农作物，主要是芝麻用于同布尼奥罗进行贸易。棉花是在 1909 年引入这一地区，它的推广是以牺牲芝麻生产为前提的，因此直至 20 世纪 20 年代初兰吉农民才开始接受棉花种植，因为芝麻市场到这时已经衰退，棉花收购价格上涨。② 20 世纪 20 年代，欧洲种植园主大量进入乌干达，主要从事咖啡和橡胶种植。③ 乌干达的非洲农民农业与欧洲人种植园农业得以共存。棉花作为主要经济作物，1920 年占到乌干达对外贸易的 90%，而咖啡作为第二大出口作物只占 2%。乌干达殖民政府意识到非洲农民棉花生产的重要性，但并未排斥资本主义生产。乌干达殖民政府不愿意欧洲移民在非洲棉花生产较成熟地区开办种植园。在布干达和东部省等主要的棉花产区，殖民地政府不愿意为了咖啡和橡胶而阻止非洲农民的棉花生产，这两种作物产量相对较低。④ 非洲农民生产的棉花从 1905—1906 年的 1089 英镑增至 1910—1911 年的 165412 英镑。到 1920 年前后，乌干达已经排除了大规模发展种植园经济的可能性，而是沿着非洲小农经济道路发展。⑤ 对于乌干达殖民地政府来说，税收的增加极大降低了乌干达对于帝国拨款的依赖程度，而这有助于乌干达殖民地政府实现财政自给自足。

---

① Grace Carswell, "Food Crops as Cash Crops: The Case of Colonial Kigezi, Uganda," *Journal of Agrarian Change*, Vol. 3, No. 4 (2003), pp. 521 – 551.

② John Tosh, "Lango Agriculture during the Early Colonial Period: Land and Labour in a Cash-Crop Economy," *The Journal of African History*, Vol. 19, No. 3 (1978), pp. 415 – 439.

③ E. A. Brett, *Colonialism and Underdevelopment in East Africa: The Politics of Economic Change, 1919 – 1939*, New York: NOK Publishers, 1973.

④ Christopher P. Youé, "Peansants, Plants and Cotton Captitalists: The 'Dual Economy' in Colonial Uganda," *Canadian Journal of African Studies*, Vol. 12, No. 2 (1978), p. 165.

⑤ C. Ehrlich, "The Uganda Economy, 1903 – 1945," in V. Harlow, and E. M. Chilver, eds, *History of East Africa*, Vol. 2, Oxford, 1965, pp. 409 – 413, 423 – 429; R. van Zwanenberg, and A. King, *An Economic History of Kenya and Uganda, 1800 – 1970*, London: Macmillan, 1975, p. 64.

四　小结

　　非洲殖民地政府积极推动殖民地经济作物生产，既是为了满足帝国本土的需要，同时也是由于受到殖民地财政自给自足原则的限制。然而，尽管殖民地政府试图推行某种类型经济作物的种植，但是这一意图能否成功实施，则要取决于很多因素，尤其是非洲当地农民的能动性。在非洲小农经济占主导地位的西非殖民地，经济作物生产的兴起主要是非洲农民主动性的结果，例如加纳的可可经济。在东非和南部非洲殖民地，尽管经济作物生产的出现离不开殖民政府干预，但是这一经济作物生产能否取得成功，同样也与当地非洲农民能动性密切相关。这也充分表明，尽管殖民统治在非洲十分残暴，但是它们的力量也存在一定的局限性，因此只能在有限程度上推行其意图。殖民统治的残暴性与其力量的有限性并行不悖，在很多情况下，恰恰是因为其力量的有限，因而愈加强暴专横。①

（责任编辑：周军）

---

① 埃里克·吉尔伯特、乔纳森·T. 雷诺兹：《非洲史》，黄磷译，海南出版社，2007，第 297 - 298 页。

非洲研究　2019年第1卷（总第14卷）
第 68－80 页
SSAP ©，2019

区域一体化对非洲各国区域内出口和国民福利的影响[*]

——基于国家边界消除的效应模拟

王　霞

【内容提要】本文在结构引力模型中引入边界变量构建基准模型和反事实模型，使用贸易政策一般均衡效应分析和泊松伪极大似然（PPML）估计法对非洲区域一体化的贸易和福利效应进行模拟。结果表明：非洲区域一体化情形下，非洲各国区域内出口和国民福利都有显著增长；非洲大国的区域内出口增长幅度相对较大；非洲小国国民福利的改善相对较大；非洲各国消费者福利尤其是生产者的福利都有明显改善。区域一体化对实现所有非洲人的繁荣具有重要意义。

【关 键 词】结构引力模型；一般均衡效应；非洲区域一体化；经济效应；边界消除

【作者简介】王霞，讲师，浙江师范大学经济管理学院（金华，321004）。

---

* 本文系"浙江省社会科学界联合会研究课题成果"重点课题"基于内生增长理论的基础设施投资增长效应研究——制度环境下新南非基础设施投资的开放增长模型"（课题编号：2014Z073）的阶段性成果。

一 研究背景

尽管从 2000 年以来非洲区域内贸易占非洲大陆 GDP 的比重已经有明显增长，但这一比重相较美洲、亚洲和欧洲的区域内贸易份额仍然很低。[①] 从图 1 可以看到，非洲内、外贸易在拉动非洲经济增长方面仍具有很大的改善空间。2017 年 7 月 11 日，联合国非洲经济委员会（UNECA）非洲能力发展部部长史蒂芬·卡林吉（Stephen Karingi）在 WTO 以援促贸的主题会议上强调指出，造成非洲区域内贸易份额较低的主要原因是非洲国家间存在着各种沟通壁垒。[②] 非洲联盟、非洲开发银行和联合国非洲经济委员会于 2016 年首次发布《非洲区域一体化指标报告》，该报告指出"非洲区域一体化"使各种资源可以在全非洲范围内自由流动，具体是指货物可以实现更便利地跨国界的流动；人们借助运输、能源、电信等基础设施可以实现更普遍地跨国界的沟通；劳动力、资本和生产可以实现更自由地跨国界流动。[③] 可见，非洲区域一体化的目标正是要消除非洲国家间的各种沟通壁垒，本文的影响模拟中用"国家边界消除"[④] 来描述非洲区域一体化的终极目标。

非洲区域经济一体化是 20 世纪 50 年代末"去殖民化"浪潮以来非洲最伟大的政治创新。[⑤] 2015 年 6 月，非洲最有影响力的三个区域经济共同体（RECs）——东南非共同市场（COMESA）、东非共同体（EAC）和南部非洲发展共同体（SADC），签署三方自贸协定，宣告覆盖大半个

① UNECA, Assessing Regional Integration in Africa: Innovation, Competitiveness and Regional Integration, 2016, pp. 2 – 3.

② UNECA, "Boosting Intra-African Trade Crucial to Africa's Development Says ECA's Stephen Karingi," https://www.uneca.org/stories/boosting-intra-african-trade-crucial-africa's-development-says-eca's-stephen-karingi, 最后下载日期：2017 年 7 月 14 日。

③ AU, AfDB, UNECA, Africa Regional Integration Index Report 2016, Integration Matters.

④ J. McCallum, "National Borders Matters: Canada—U.S. Regional Trade Pattern," *American Economic Review*, 1995, Vol. 85, No. 3, pp. 615 – 623; James E. Anderson, and Eric van Wincoop, "Gravity with Graritas: A Solution to the Border Puzzle," *American Economis Review*, 2003, Vol. 93, No. 1, pp. 170 – 192.

⑤ World Economic Forum, https://www.weforum.org/agenda/2016/05/this-is-the-crucial-next-step-in-africas-regional-integration.

非洲大陆的共同市场开始形成；2018 年 3 月 21 日，在卢旺达首都基加利举行的非盟峰会上 44 个非洲联盟成员国签署了"建立非洲大陆自由贸易区协定"（AFCFTA）。[①] 这是非洲区域一体化进程中两个重要的里程碑事件，对促进非洲区域内贸易和非洲国家内源性发展具有重要意义。

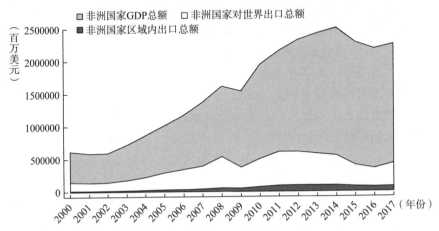

图 1　非洲区域内、外出口总额与非洲国家 GDP 总额

资料来源：IMF DOTs 数据库；World Bank WDI 数据库。

目前非洲区域一体化的经济效应研究主要通过使用各种拓展引力模型，对非洲大陆内的南部非洲发展共同体（SADC）、西部非洲经济共同体（ECOWAS）、东部和南部非洲共同市场（COMESA）等次区域协定的贸易效应进行分析，这些工作丰富了非洲大陆内、外贸易的研究。[②] 在非洲各国积极推进非洲大陆自由贸易区（AFCFTA）建设背景下，超越次区域贸易协定从整个非洲大陆层面研究区域一体化的经济效应变得很有必要。本文借鉴安德森和温库普的结构引力模型，海德和麦尔贸易政策一

---

① 此次峰会上另有 6 个非洲联盟成员国签署了"基加利宣言"，承诺在必要的国事磋商后签署"非洲大陆自由贸易区协定"。

② C. Carrère, "African Regional Agreements: Impact on Trade with or without Currency Unions," *Journal of African Economies*, 2004, Vol. 13, No. 2, pp. 199 – 239; R. Longo, and K. Sekkat, "Economic Obstacles to Expanding Intra-African Trade," *World Development*, 2004, Vol. 32, No. 8, pp. 1309 – 1321; A. Geda, and H. Kebret, "Regional Economic Integration in Africa: A Review of Problems and Prospects with a Case Study of COMESA," *Journal of African Economies*, 2008, Vol. 17, No. 3, pp. 357 – 394; S. Afesorgbor, and P. Bergeijk, "Measuring Multi-Membership in Economic Integration and Its Trade Impact: A Comparative Study of ECOWAS and SADC," *South African Journal of Economics*, 2015, Vol. 82, No. 4, pp. 518 – 530.

般均衡效应的 PPML 分析方法，以 53 个非洲国家（南苏丹除外）为样本，模拟了"国家边界消除"对非洲各国的经济效应。[①] 本文结构如下：第一部分是研究背景，第二部分介绍理论基础，第三部分构建基准模型并对相关变量及数据来源进行解释；第四部分对相关结果开展讨论；第五部分是政策启示。

二　理论基础

国家 i 与国家 j 的双边贸易流量受到国家 i 与其他所有国家（除国家 j 外）开展贸易活动的平均阻力的影响，安德森和温库普将这种平均阻力称为"多边阻力"，多边阻力越大，国家 i 与国家 j 的双边贸易量越大。[②] 基于固定替代弹性（CES）效用函数，安德森和温库普构建了结构引力模型：

$$X_{ij} = \frac{Y_i E_j}{Y} \left(\frac{t_{ij}}{\Pi_i P_j} \right)^{1-\sigma} \tag{1}$$

式（1）表示除出口国产值（Y_i）、进口国支出（E_j）和世界总产值（Y）外，双边贸易量（X_{ij}）的主要影响因素是相对贸易壁垒（$\frac{t_{ij}}{\Pi_i P_j}$），即双边贸易壁垒（t_{ij}）相对出口国和进口国多边阻力的乘积（$\Pi_i P_j$）。

其中 $P_j = \left[\sum_i (\alpha_i p_i t_{ij})^{1-\sigma} \right]^{\frac{1}{1-\sigma}}$，表示进口国 j 的消费者价格指数，由国家 j 与其他所有贸易伙伴国的贸易成本决定的，可以作为衡量进口国多边阻力的指标，称为内部多边阻力（IMRs）；在出口国市场出清条件下（即 $X_i = \sum_j X_{ij} = Y_i$）可以得到出口国 i 的多边阻力，即外部多边阻力

---

① J. E. Anderson, and E. Wincoop, "Gravity with Gravitas: A Solution to the Border Puzzle," *NBER Working Paper*, 2001, No. 8079; K. Head, and T. Mayer, "Gravity Equations: Workhorse, Toolkit, and Cookbook," in G. Gopinath, E. Helpman, and K. Rogoff (eds), *Handbook of International Economics*, 2014, Vol. 4, No. 6, pp. 131 – 195.

② J. E. Anderson, and E. Wincoop, "Gravity with Gravitas: A Solution to the Border Puzzle," *NBER Working Paper*, 2001, No. 8079; K. Head, and T. Mayer, "Gravity Equations: Workhorse, Toolkit, and Cookbook," in G. Gopinath, E. Helpman, and K. Rogoff (eds), *Handbook of International Economics*, 2014, Vol. 4, No. 6, pp. 131 – 195.

（OMRs）。OMRs 和 IMRs 表示如下：

$$\Pi_i^{1-\sigma} = \sum_j \left(\frac{t_{ij}}{P_j}\right)^{1-\sigma} \frac{E_j}{Y} \tag{2}$$

$$P_j^{1-\sigma} = \sum_i \left(\frac{t_{ij}}{\Pi_i}\right)^{1-\sigma} \frac{Y_i}{Y} \tag{3}$$

根据海德和麦尔的研究，本文引入生产价格（4）和支出等式（5）构建结构引力模型体系（方程组 1—5），这是本文解释区域一体化政策效应的理论基础。[①]

$$p_i = \left(\frac{Y_i}{Y}\right)^{\frac{1}{1-\sigma}} \frac{1}{\alpha_i \, \Pi_i} \tag{4}$$

$$E_i = \varphi_i \, Y_i = \varphi_i \, p_i Q_i \tag{5}$$

三 变量解释和数据来源

本文使用描述非洲国家地理位置的变量 $\ln dist_{ij}$，$cntg_{ij}$ 和描述国家边界的变量 $BRDR_{ij}$ 作为非洲国家区域内双边贸易成本（t_{ij}）的代理变量，代入结构引力模型（1）构建反事实模拟的基准模型。考虑到非洲区域内出口存在大量零值以及出口数据的异方差性，OLS 估计会产生偏差，泊松伪极大似然（PPML）估计结果相对更为准确，因此本文将基准模型构建为 PPML 形式：[②]

$$X_{ij} = \exp\left(\pi_i + \chi_j + \beta_1 \ln dist_{ij} + \beta_2 cntg_{ij} + \beta_3 BRDR_{ij}\right) + \varepsilon_{ij} \tag{6}$$

双边出口额（X_{ij}）表示出口国 i 对进口国 j 的出口量；出口国固定效应（π_i）控制了结构引力模型中的外部多边阻力（Π_i）和出口国产出（Y_i）；进口国固定效应（χ_j）控制了内部多边阻力（P_j）和进口国支出（E_i）；边界变量（$BRDR_{ij}$）为外生变量，控制了除地理因素（$\ln dist_{ij}$，

① K. Head, and T. Mayer, "Gravity Equations: Workhorse, Toolkit, and Cookbook," in G. Gopinath, E. Helpman, and K. Rogoff (eds), *Handbook of International Economics*, 2014, Vol. 4, No. 6, pp. 131 – 195.

② J. Santos Silva, S. Tenreyro, "The Log of Gravity," *The Review of Economics and Statistics*, 2006, Vol. 4, No. 6, pp. 641 – 658.

$cntg_{ij}$）外其他所有导致国内贸易和跨国贸易差异的影响因素：跨国贸易时，$BRDR_{ij}$取值为 1；国内贸易时，$BRDR_{ij}$为 0。

考虑到数据的覆盖范围，反事实模拟使用的是 2016 年的截面数据。为了描述边界效应，双边出口额（X_{ij}）既包括跨国贸易，也包括国内贸易。2016 年的双边出口数据来自 IMF DOTs 数据库。从 IMF DOTs 数据库搜集整理了 53 个非洲国家对世界出口额；从世界银行 WDI 数据库搜集53 个国家的 GDP 数据；借鉴安德森等的处理方法，本文用非洲各国GDP 减去其对世界出口总额，得到非洲各国国内出口额。$dist_{ij}$和$cntg_{ij}$数据来自 CEPII 数据库；鉴于非洲国家人口主要是集聚分布且集聚区较为分散的特点，$dist_{ij}$使用的是以双边人口聚集区的相对人口数作权重的加权值。

四　方法与结果讨论

借鉴安德森等的三步估计法[1]，下面分别对基准模型和非洲区域一体化情形（令边界变量等于 0）进行 PPML 估计，通过对估计结果的比较分析研究非洲区域一体化对非洲各国区域内出口和国民福利的影响。

（一）基准情形

反事实模拟选取赞比亚作为多边阻力的标准化参照国。按照安德森等的三步估计法，第一步得到基准模型的 PPML 结果为：

$$X_{ij} = exp\,(\dot{\pi}_i + \dot{\chi}_j - 1.050 ln dist_{ij} + 1.229 cntg_{ij} - 4.808 BRDR_{ij}) + \dot{\varepsilon}_{ij}$$
$$\underset{(0.150)^{***}}{} \quad \underset{(0.290)^{***}}{} \quad \underset{(0.397)^{***}}{} \tag{7}$$

式（7）可以看到，与海德和麦尔[2] Meta 分析得到的距离变量和接壤变量的中位数估计值 -0.89 和 0.49 相比，非洲区域内贸易受地理因素的影响稍大，距离效应估计参数约为 -1.050，表示非洲国家间的地理距离

① J. E. Anderson, M. Larch, and Y. V. Yotov, "Estimating General Equilibrium Trade Policy Effects: GE PPML," *CESifo Working Paper Series*, 2015, No. 5592.
② K. Head, and T. Mayer, "Gravity Equations: Workhorse, Toolkit, and Cookbook," in G. Gopinath, E. Helpman, and K. Rogoff (eds), *Handbook of International Economics*, 2014, Vol. 4, No. 6, pp. 131 - 195.

每增加 10% 双边出口额平均减少 10.50%；接壤变量的估计参数约为
1.229，表明是否接壤对非洲国家双边出口的影响非常重要，接壤国家的
双边出口额平均高出 241.78%。[①] 控制地理因素后，非洲大陆内国家边界
对区域内贸易的影响很大并且非常显著，边界变量的估计参数约为
-4.808，表示其他条件不变情况下，边界使非洲国家双边出口额平均减
少近 1 倍。[②] 这与联合国非洲经济委员会的预测一致，即"非洲大陆自由
贸易区有望通过取消非洲内部间贸易进口税促进非洲内部间贸易额提高
53.2%，如果非关税壁垒也减少，非洲内部间贸易额有望提升一倍。"[③]

根据法利推导的引理 1[④]，产出、支出给定时，根据出口国和进口国
固定效应的估计值 $\hat{\pi}_i$，$\hat{\chi}_j$ 可以得到两国的多边阻力 OMRs 和 IMRs：

$$\hat{\Pi}_i^{1-\sigma} = \frac{Y_i E_R}{exp\ (\hat{\pi}_i)} \qquad (8)$$

$$\hat{P}_j^{1-\sigma} = \frac{E_j}{exp\ (\hat{\chi}_j)\ E_R} \qquad (9)$$

将式（7）估计得到的固定效应估计值 $\hat{\pi}_i$ 和 $\hat{\chi}_j$ 代入式（8）和式
（9），可以得到基准情形下非洲各国的外部和内部多边阻力；双边贸易成
本可以表示为

$$\hat{t}_{ij}^{BLN} = exp\ (-1.050 \ln dist_{ij} + 1.229 cntg_{ij} - 4.808 BRDR_{ij}) \qquad (10)$$

将 $\hat{\pi}_i$，$\hat{\chi}_j$，$\hat{t}_{ij}^{BLN}$ 带入等式（10）中可以得到基准情形下非洲国家双边
出口的估计值，$\hat{X}_{ij}^{BLN}$；按照出口国将双边出口量进行加总，可以得到基准
情形下非洲各国的区域内出口总量，$\hat{X}_i^{BLN} = \sum_j \hat{X}_{ij}^{BLN}$。

（二）非洲区域一体化情形：有条件的一般均衡效应分析

"有条件的一般均衡（CDLGE）"效应是指保持出口国 i 产出（Y_i），

---

① ［exp（$\hat{\beta}_2$）-1］×100 = ［exp（1.229）-1］×100 = 241.78%.

② ［exp（$\hat{\beta}_3$）-1］×100 = ［exp（-4.808）-1］×100 = -99.18.

③ 44 个非洲国家签署成立非洲大陆自由贸易区协议，2018-03-24，观察者网，http://
baijiahao.baidu.com/s? id = 1595775019020194111&wfr = spider&for = pc，最后下载日期：
2018 年 6 月 8 日。

④ T. Fally，"Structural Gravity and Fixed Effects," *Journal of International Economics*，2015，
Vol. 97, No. 1, pp. 76-85.

进口国 j 支出（E_j）和世界总产出（Y）不变时，除上述直接影响外，两国间贸易政策调整还会引起多边阻力（Π_i，P_j）的变化，继而引起两国与包括两国在内的所有国家（其他国家用 m 表示）双边贸易量的变化。

保持式（7）中距离效应和接壤效应不变，令 $BRDR_{ij}$ 等于 0，表示非洲区域一体化消除了国家边界使得跨国贸易和国内贸易的贸易成本相同，构建非洲区域一体化的反事实模型：

$$X_{ij} = \exp(\pi_i^{CFL} + \chi_j^{CFL} - 1.050\ln dist_{ij} + 1.229 cntg_{ij}) + \varepsilon_{ij}^{CFL} \tag{11}$$

其中 π_i^{CFL}，χ_j^{CFL} 表示非洲区域一体化情形下出口国和进口国的固定效应。

按照安德森等的三步估计法①，第二步对反事实模型进行分析。根据模型（11）可以得到非洲区域一体化情形下的双边贸易成本：

$$\hat{t}_{ij}^{CDL} = \exp\left(-1.050\ln dist_{ij} + 1.229 cntg_{ij}\right) \tag{12}$$

从式（12）可以看到地理因素的差异导致不同非洲国家间双边贸易成本的不相同，将双边贸易成本（$\hat{t}_{ij}^{CDL}$）取对数令其系数等于 1，反事实模型（11）可重构为：

$$X_{ij} = \exp(\pi_i^{CDL} + \chi_j^{CDL} + \ln \hat{t}_{ij}^{CDL}) + \varepsilon_{ij}^{CDL} \tag{13}$$

对式（11）进行 PPML 估计，可以得到进口国和出口国固定效应的估计值 $\hat{\pi}_i^{CDL}$ 和 $\hat{\chi}_j^{CDL}$；将 $\hat{\pi}_i^{CDL}$，$\hat{\chi}_j^{CDL}$，$\hat{t}_{ij}^{CDL}$ 代入模型（13）可以得到 CDL 分析结果：非洲一体化情形下双边出口的估计值为 $\hat{X}_{ij}^{CDL}$；各国区域内出口总量为 $\hat{X}_i^{CDL} = \sum_j \hat{X}_{ij}^{CDL}$。

（三）非洲区域一体化情形：完全一般均衡效应分析

"完全一般均衡"（FULLGE）效应是指保持出口国 i 产量水平（Q_i）不变（即禀赋约束），同时将出口国产品出厂价格（p_i）、产出（Y_i）和进口国 j 支出（E_j）内生化，分析两国间贸易政策调整及其引起的多边阻力（Π_i，P_j）的变化，所导致的出口国产品出厂价格（p_i）及出口国产出、进口国支出（Y_i，E_j）的变化，继而引起两国与所有其他国家（包括两国在内）双边贸易量的变化。这种影响是循环的，可以表示为：

---

① J. E. Anderson, M. Larch, and Y. V. Yotov, "Estimating General Equilibrium Trade Policy Effects: GE PPML," *CESifo Working Paper Series*, 2015, No. 5592.

$$t_{ij} \rightarrow (\Pi_i, p_j) \rightarrow p_i \rightarrow (Y_j, E_j) \rightarrow (\Pi_i, p_j) \rightarrow p_i \rightarrow (Y_j, E_j) \rightarrow (\Pi_i, p_j) \rightarrow \cdots \rightarrow (X_{ij}, X_{im}, X_{jm})$$

$$\underbrace{}_{\text{1 次循环}} \quad \underbrace{}_{\text{2 次循环}} \quad \cdots\cdots$$

　　安德森等的三步估计法的第三步对反事实模型进行完全一般均衡效应分析。禀赋条件（Q_i 不变）约束下，完全一般均衡效应分析要将出口产品出厂价格（p_i）、出口国产出（Y_i）和进口国支出（E_j）内生化。价格（p_i）内生化要求考虑不同国家产品之间的替代弹性（σ），研究中通常将其取为 7，但非洲国家工业制造水平普遍低下，区域内贸易产品以初级工业品和农产品为主，这些产品的替代弹性较大，反事实模拟中对替代弹性取值为 8、10、12等情况进行了模拟，$\sigma = 12$ 的模拟结果具有相对较好的现实解释力。

　　非洲区域一体化使双边贸易成本发生变化，双边贸易成本的变化引起多边阻力的变化，引起出口国产品出厂价格的变化；出口国产品出厂价格的变化会引起出口国产出及其作为进口国时支出的变化，出口国产出和进口国支出的变化又会引起多边阻力的变化，最终形成循环影响机制。实证中产出、支出的估算方式导致反事实模拟的影响机制与理论影响机制有所区别，模拟机制可表示为：

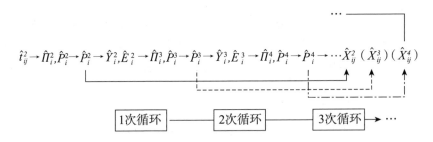

　　使用迭代方式模拟上述循环。若迭代次数为 s 次，反事实模型可以构建为：

$$\dot{X}_{ij}^{s-1} = \exp\left(\pi_i^{FULL} + \chi_j^{FULL} + \ln t_{ij}^2\right) + \varepsilon_{ij}^{FULL} \tag{14}$$

　　对式（14）进行迭代估计得到出口国和进口国固定效应的 PPML 估计值 π_i^{FULL} 和 χ_j^{FULL}；代入式（8）和式（9）可以得到多边阻力 Π_i^{FULL} 和 $\dot{P}_j^{FULL}$；非洲国家双边出口的估计值为 $\dot{X}_{ij}^{FULL}$；各国区域内出口总额是 $\dot{X}_i^{FULL} = \sum_j \dot{X}_{ij}^{FULL}$。

（四）估计结果分析

表 1 列示了根据上述步骤得到的非洲区域一体化情形与基准模型的比较结果，可以用来分析区域一体化对非洲各国贸易和生产的影响。

表 1　区域一体化情形下非洲各国出口、产出和价格的变化率

非洲国家	出口	产出	消费价格	生产价格	非洲国家	出口	产出	消费价格	生产价格
埃及	5120.96	2.87	2.09	5.02	刚果民主共和国	873.41	32.35	− 6.49	23.76
南非	5115.00	5.30	− 2.27	2.92	冈比亚	823.78	40.13	− 9.94	26.20
摩洛哥	4931.48	10.72	− 3.68	6.64	利比里亚	823.09	39.89	− 12.55	22.33
毛里求斯	3706.30	3.55	5.06	8.79	马拉维	807.33	31.40	− 6.34	23.07
突尼斯	3493.88	17.68	− 7.06	9.38	喀麦隆	806.83	43.42	− 12.59	25.36
尼日利亚	3381.48	4.82	0.55	5.40	索马里	796.16	37.79	− 8.96	25.45
阿尔及利亚	3269.84	10.48	− 1.93	8.34	布隆迪	795.83	29.04	− 4.28	23.52
苏丹	2777.49	17.29	− 3.42	13.28	乍得	775.24	42.25	− 11.99	25.19
斯威士兰	2630.51	41.46	− 20.80	12.04	圣多美和普林西比	720.62	31.28	− 5.91	23.53
安哥拉	2587.81	11.43	0.21	11.66	布基纳法索	693.62	28.67	− 3.27	24.47
科特迪瓦	2574.25	18.42	− 5.12	12.35	马里	682.94	27.68	− 2.17	24.90
埃塞俄比亚	2548.06	11.91	0.05	11.97	毛里塔尼亚	650.29	39.54	− 8.72	27.37
肯尼亚	2223.29	16.75	− 2.79	13.48	塞舌尔	647.48	13.02	11.85	26.41
加纳	1750.90	19.30	− 3.10	15.61	赞比亚	563.28	26.19	0.00	26.19
乌干达	1669.49	23.50	− 5.59	16.59	吉布提	494.79	49.11	− 12.60	30.32
坦桑尼亚	1618.92	22.73	− 4.84	16.79	多哥	479.28	44.87	− 11.22	28.62
塞拉里昂	1615.68	21.84	− 7.01	13.29	贝宁	452.70	57.74	− 16.34	31.97
塞内加尔	1585.57	13.37	1.95	15.58	尼日尔	426.47	59.09	− 16.93	32.16
佛得角	1532.26	26.58	− 7.06	17.65	利比亚	417.61	67.90	− 21.98	31.00
马达加斯加	1525.37	20.52	− 2.54	17.47	中非共和国	416.75	48.47	− 13.45	28.50
卢旺达	1416.70	20.22	− 2.56	17.15	博茨瓦纳	318.42	43.41	− 7.35	32.86
几内亚	1226.76	35.48	− 11.91	19.34	科摩罗	302.47	29.86	2.26	32.79
津巴布韦	1149.92	29.51	− 7.26	20.10	莫桑比克	270.99	50.20	− 11.03	33.63
赤道几内亚	1112.49	31.32	− 9.17	19.28	纳米比亚	262.32	42.47	− 5.05	35.28

续表

非洲国家	出口	产出	消费价格	生产价格	非洲国家	出口	产出	消费价格	生产价格
加蓬	978.50	27.78	-5.93	20.20	莱索托	211.79	54.33	-11.47	36.63
刚果共和国	900.12	35.00	-9.79	21.79	厄立特里亚	13.27	83.53	-18.10	50.31
几内亚比绍	895.84	30.72	-6.34	22.43					

图 2 根据非洲各国的产出规模（产出对数值）绘制了非洲各国区域内出口增长率的散点图，描述了区域一体化对非洲各国区域内出口的影响。

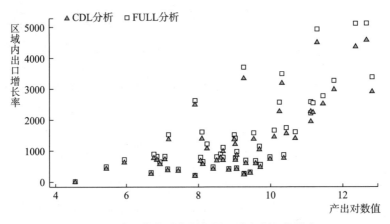

图 2　区域一体化对非洲各国区域内出口的影响

从图 2 可以看到：（1）区域一体化对非洲各国区域内出口增长的拉动作用非常显著。相比有条件的一般均衡效应分析，完全一般均衡效应框架下区域一体化对非洲各国区域内出口的促进作用更为显著。原因如卡林吉在 WTO 以援促贸的主题会议上所讲的"非洲国家现存边界是非洲区域内出口增长的主要障碍"，[①] 边界消除对拉动非洲区域内贸易具有非常显著的积极影响。（2）区域一体化对非洲各国区域内出口增长的贡献有较大差异。完全一般均衡效应框架下厄立特里亚区域内出口增长约为13.27%，而埃及、摩洛哥、南非等国的区域内出口增长率则达到 5000%左右（详见表 1）。（3）区域一体化对非洲各国区域内出口的促进作用和非洲各国的产出规模间存在显著的正相关关系：在非洲区域一体化影响

---

① 本文在基准情形下得到的边界效应的估计参数为 -4.808，表示现存边界使非洲国家间双边出口额平均减少近 1 倍，这为史蒂芬·卡林吉的观点提供了数据支持。

下，产出规模较大的非洲国家区域内出口增长相对更大，非洲小国区域内出口增长相对较小。

图3显示了用非洲各国实际GDP的变化衡量非洲区域一体化的福利效应，并进一步将福利效应分解为消费者价格效应（用 − IMR 的变化来衡量）和生产者价格效应（用出厂价格的变化来衡量），以更清晰地描述区域一体化对非洲各国国民福利的影响。

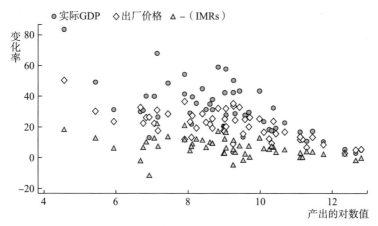

图3　区域一体化对非洲各国产出和价格的影响

从图3可以看到：（1）区域一体化对非洲各国国民福利的增长有显著的积极影响。区域一体化使非洲国家实际GDP平均增长约30%，53个非洲国家中有25个国家实际GDP增长率超过30%（见表1）。（2）区域一体化对非洲各国福利的影响差异较大。厄立特里亚、利比亚、尼日尔、贝宁、莱索托、莫桑比克等国实际GDP增长超过50%；而埃及、毛里求斯、尼日利亚、南非等国实际GDP增长较小，增长率分别为2.87%、3.55%、4.82%、5.30%（见表1）。（3）区域一体化对非洲各国福利增长的积极影响和各国的产出规模存在显著的负相关关系（见图2），即非洲小国的福利增长相对较大，而非洲大国的福利增长相对有限。可能的解释是由于落后小国从区域内贸易开放中获得的福利更大，而相对发达的大国拥有较大的国内市场，从贸易开放中获益相对有限。[①] 结合图2，可以推断消费者价格效应是非洲小国福利增长的主要原因；图3可以看

---

① C. Arkolakis, A. Costinot, and A. Rodríguez-Clare, "New Trade Models, Same Old Gains?", *NBER Working Paper*, 2009, No. 15628.

到非洲小国消费者价格的变化对其实际 GDP 的增长贡献更大；表 1 可以看到区域一体化使利比亚、斯威士兰、厄立特里亚、尼日尔、贝宁等非洲小国的消费者价格下降均超过 15%，非洲大国消费者价格的下降幅度普遍较小甚至一些国家消费者价格是上升的。（4）区域一体化对非洲各国消费者尤其是生产者的福利改善有明显的积极影响。图 3 可以看到，区域一体化使非洲各国生产者价格普遍上升消费者价格普遍下降，生产者价格增长幅度普遍大于消费者价格的下降。

五 结论

通过上述影响模拟，可以看到非洲区域一体化对非洲各国区域内出口增长有显著的拉动作用，为史蒂芬·卡林吉的观点——非洲国家间的各种沟通壁垒是制约区域内贸易发展的主要原因，提供了有力的量化支持。

非洲区域一体化对非洲各国贸易、福利的影响与非洲各国的产出规模存在显著的相关性。具体表现为：区域一体化有利于增强非洲大陆内部对非洲大国产品的消化能力，从而更大幅度地拉动了非洲大国区域内出口的增长；降低了非洲小国国民消费品的价格，对改善非洲小国国民福利有更显著的积极影响。另外，对非洲各国生产者和消费者的福利改善都有非常明显的积极影响。正如卢旺达总统卡加梅在 2018 年 3 月 21 日非洲联盟首脑特别会议开幕式上说的，"成立非洲大陆自贸区，实现非洲内部自由贸易和人员自由流动将为所有非洲人创造繁荣"。[1] 无论是非洲大国还是小国，无论是非洲国家的生产者还是消费者都能从区域一体化中受益，区域一体化对促进非洲区域内贸易发展，实现所有非洲人的繁荣具有重要意义。

（责任编辑：张巧文）

---

① 非洲国家签署成立非洲大陆自由贸易区协议，2018 年 3 月 22 日，新华网，http://www.xinhuanet.com/2018 – 03/22/c_1122577944. htm，最后下载日期：2018 年 6 月 8 日。

非洲研究　2019 年第 1 卷（总第 14 卷）

第 81－94 页

南非标准化发展研究：历程、
特征与路径*

张巧文

【内容提要】 提升标准化开放水平是推动"一带一路"建设和形成全面开放新格局的要求。南非作为"一带一路"重要端点，在非洲尤其是南部非洲标准制定中具有决定性话语权，认识、把握南非标准化开展情况、同南非开展标准化国际合作对中国技术、产品、服务进入南非和其他非洲国家市场十分关键和必要。本文根据 6407份南非国家标准，总结了南非标准化工作的特点与趋势，剖析了南非"赶超型"标准化战略的重点任务和发展路径，并提出中南标准化合作的对策建议。在与南非开展标准化合作中，作者建议制定南非专项计划和政策措施，完善标准化合作政策环境，推动共同制定国际标准，加强两国标准化人才交流及能力建设，扩大标准信息共享，鼓励企业参与南非标准制修订工作。

【关　键　词】 标准化战略；国际化标准合作；南非；"一带一路"

【作者简介】 张巧文，博士，浙江师范大学经济与管理学院、中非国际商学院讲师（浙江金华，321004）。

---

* 本文受浙江省 2011 协同创新中心研究项目（项目编号：15FZZX12YB）、金砖国家标准化（浙江）研究中心项目（项目编号：KYH06Y18203）、浙江省教育厅一般项目（项目编号：Y201840678）资助。

一　引言

"一带一路"建设是中国实现经济转型升级和引领经济新常态的重大举措，而标准"走出去"是中国"一带一路"建设发展的助推器，是互联互通的机制保障。[①] 早在 2015 年 10 月，推进"一带一路"建设工作领导小组就发布了《标准联通"一带一路"行动计划（2015—2017）》，该计划明确了以推动中国标准走出去，全面对接和服务"一带一路"建设。2017 年 12 月，《标准联通共建"一带一路"行动计划（2018—2020 年）》发布，该计划明确提出要加强同金砖国家、非洲等发展中国家的标准化合作。

南非作为金砖国家的成员，是非洲经济发展最成熟的国家，是中国在非洲最大的贸易和投资伙伴。[②] 不同于其他非洲国家，南非的标准化工作起步早，标准体系健全，有一套成熟的经验，在南部非洲发展共同体和非洲标准制定中具有决定性话语权，众多非洲国家标准以及区域标准就以南非标准为模板，甚至照搬。南非现行国家标准多达 6500 份，但基本沿用欧洲和国际标准体系，没有包含中国元素，这使得中国企业在走进南非以及其他非洲国家时会遇到诸多问题，在项目竞争过程中难以取得优势。随着中南、中非关系提质升级，认识、把握南非标准化工作开展情况、同南非开展标准化国际合作对中国企业、技术、产品、服务进入南非和其他非洲国家市场变得十分关键和必要。2018 年 9 月召开的中非合作论坛北京峰会通过的《中非合作论坛——北京行动计划（2019—2021 年）》中多处提及中非交往中要加强标准化合作，其中明确指出"中方将加强同非洲国家在标准和计量领域的交流与合作，支持非洲国家提升标准和计量能力建设"。[③] 本文正是对该现实背景的回应。

---

① 《习近平出席"一带一路"国际合作高峰论坛开幕式并发表主旨演讲》，新华网，2017 年 5 月 14 日，http://www.xinhuanet.com/world/2017-05/14/c_1120969571.htm，最后下载日期：2017 年 10 月 20 日。

② 《中国同南非关系》，中华人民共和国外交部，http://www.fmprc.gov.cn/web/gjhdq_676201/gj_676203/fz_677316/1206_678284/sbgx_678288/，最后下载日期：2018 年 7 月 5 日。

③ 《中非合作论坛——北京行动计划（2019-2021 年）》，中华人民共和国外交部，2018 年 9 月 5 日，https://www.fmprc.gov.cn/web/zyxw/t1592067.shtml，最后下载日期：2018 年 9 月 15 日。

二　南非标准化的历史沿革

南非重视标准化工作，虽然尚未在国家层面直接使用"标准化战略"这一字眼，但从一系列国家规划中不难发现南非已然将标准化发展上升至国家战略层面。南非在《2030 年国家发展规划》（National Development Plan 2030，NDP）、《南非国家工业政策框架》（National Industrial Policy Framework，NIPF）以及《工业政策行动计划》（Industrial Policy Action Plan，IPAP）等一系列国家重要规划中均涉及标准化有关内容以及强调了对开展标准化工作的重视。其中《2030 年国家发展规划》强调各领域项目在实施中要融入标准化理念、建立标准化体系。① 《南非国家工业政策框架》中提到工业提升项目要特别注重"标准、质量、认证、计量"。② 《工业政策行动计划》强调了对标准化、检测、计量、认可、认证和合格评定的关注和支持，也强调了遵守国际标准的重要性。③

南非贸工部是负责南非标准化、计量与合格评定的政府部门，基于由标准、质量保证、认可和计量机构（Standardisation，Quality Assurance，Accreditation and Metrology Institutions）组成的技术基础单位开展相关工作，包括南非标准局（South African Bureau of Standards，SABS）、南非强制规范国家监管局（National Regulator for Compulsory Specifications，NRCS）、南非国家计量院（National Metrology Institute of South Africa，NMISA）和南非国家认可体系（South African National Accreditation System，SANAS）。其中，南非标准局是南非的国家标准化机构，代表南非参加国际、区域标准化活动。南非标准局是国际标准化组织（ISO）和国家电工委员会（IEC）的国家成员体，并与国际电信联盟（ITU）、欧洲标准委员会（CEN）、欧洲电信标准化协会（ETSI）及美国材料与测试协

---

① National Planning Commission RSA，"National Development Plan 2030，" National Planning Commission RSA，August 15，2012，https：//www. gov. za/sites/default/files/NDP-2030-Our-future-make-it-work_r. pdf. ，最后下载日期：2017 年 12 月 13 日。

② "National Industrial Policy Framework，" The dti RSA，2017，http：//www. dti. gov. za/industrial_development/docs/NIPF_r2. pdf. ，最后下载日期：2018 年 3 月 18 日。

③ "Industrial Policy Action Plan 2017/28 – 2019/20，" The dti RSA，June 13，2017，https：//www. thedti. gov. za/parliament/2017/IPAP_13June2017. pdf. ，最后下载日期：2018 年 3 月 15 日。

会（ASTM）等众多国际和区域间组织保持着密切联系。南非标准局目前拥有现行标准 6500 余项，每年制定约 500 余项新标准。[①]

南非标准化发展历史久远，但相关研究较少，参考资料尚不充分，本文根据南非标准化发展中的重要事件，将南非标准化发展归纳为以下四个阶段。

（一）萌芽阶段

在南部非洲大陆，早在受阿拉伯和西方世界影响之前，黑人土著就已经在应用标准的理念。部落建筑以及独有的栅栏村庄（kraal）就是案例之一，当时关于标准化应用的案例还包括短标枪（assegai）和沙卡·祖鲁（Shaka Zulu）长型盾牌的应用。而西方标准随着 1651 年西方人到南非而随之引入。[②]

（二）形成和初步发展阶段

南非以黄金之国、世界矿库而闻名，是世界上五大矿产国之一。南非大规模的标准化工作与其矿产的开发和利用有紧密的关系。南非正式的标准化始于 19 世纪和 20 世纪更替之时，以 1886 年在维特沃特斯兰德（Witwatersrand）发现金矿为标志。[③] 当时金矿开采量增长，开采技术日益成熟。矿业的发展带动了相关机械设备的进口，南非当时就意识到需要对这些机械设备进行标准化。1897 年，南非的采矿、化工和冶金协会就当地和海外金锭检测出现差异的现象进行了分析，而该举措推动了金矿冶炼、取样和检测等标准方法的产生与发展。1905 年，为了推动黄金贸易，德兰士瓦省（Transvaal，1910—1994 年南非的一个省，现已不存在）矿业协会成立专门的委员会来负责机械和其他材料的标准化工作。这个委员会依次成立了八个分技术委员会，但之后由于发挥的作用有限

---

① "Standards Overview," SABS, https：//www. sabs. co. za/Standardss/index. asp. , Accessed, 2018 - 9 - 28.

② J. Okiror, *The Impact of Standardization（Public and Industry）on Product Innovation，Market Access and Foreign Trade：With Specific Reference to South Africa*, Master diss. , University of Western Cape, 2007.

③ J. Okiror, *The Impact of Standardization（Public and Industry）on Product Innovation，Market Access and Foreign Trade：With Specific Reference to South Africa*, Master diss. , University of Western Cape, 2007.

而停止运行。

（三）快速成长阶段

南非有着 300 多年白人种族主义统治历史，在此期间，英国等殖民主义国家对南非的标准化工作产生了巨大的影响。1909 年，南非材料标准化委员会成立，是第一个在南非成立的标准化机构。一年后，工程标准委员会成立，其业务范围就包括化工检测。这些举措最终推动了 1918 年英国工程标准协会南非分支机构的成立，并于 1931 年更名为英国标准学会南非分支机构。在 1932 年渥太华会议之后，英国标准学会南非分支机构解散，取而代之的是 1934 年成立的南非标准学会（South African Standards Institute，SASI），南非标准学会随即成为南非政府唯一承认的标准化机构。1944 年 1 月 11 日，国会原则上批准成立标准局；1945 年，《标准法》颁布实施，同年，南非标准局成立；1947 年，南非标准局成为 ISO 的创始成员。SASI 在南非标准局成立之初与之共同运营了一段时间，并于 1951 年解散。该阶段，标准化制度和机构不断建立和持续完善，为标准化工作的全面发展提供了机制保障。

（四）全面发展阶段

1993 年新《标准法》实行，新《标准法》确立南非标准局是南非国家标准唯一制定和发布机构。1994 年 4 月，南非新政府成立，种族隔离结束，并于 1995 年作为创始国加入世界贸易组织（WTO）。在此背景下，南非标准局为做好服务贸易、工业和公众的工作，启动以市场化为原则，以符合 WTO 要求为导向的标准法修改工作。[①] 2001 年，南非贸工部基于对标准、质量保证、认证与计量的研究成果，提出将技术法规与标准分离管理的思路。2008 年，现行版《标准法》实施，同时《强制性规范国家监管法》正式颁布，南非标准局原下属的监管部门成为一个独立机构，即国家强制性规范监管机构（National Regulator for Compulsory Specifications，NRCS），负责涉及公共安全、健康和环境保护的强制性规范的管理与维护。[②] 该阶段，发布的标准数量和技术涉及领域日益增多。

---

① 刘春青：《南非标准化的改革与发展》，《标准科学》2014 年第 7 期，第 76－80 页。

② 中国标准化研究院：《国际标准化发展研究报告》，中国质检出版社，2011。

三　南非标准化的时序和领域变化特征

为全面准确了解南非标准化发展情况，笔者手工搜集、整理、分析了南非标准局发布的标准报告，共获得 6407 份现行国家标准数据（截至 2017 年 8 月）。笔者总结了南非标准化发展的特点与趋势，主要体现在时序上的变化和技术领域上的差异。

（一）标准数量总体呈先升后降的趋势

南非开展标准化工作历史长远。早在 1957 年南非就已经发布了化工技术领域（ICS：71. 100. 50）的标准，这正与当时产业发展需求相适应。但直至 1994 年新南非成立之前，南非标准化工作发展缓慢，发布的标准数量少（见图 1）；在新南非成立初期，标准数量有所增加，呈现小幅波动，但仍维持在较低水平，直到 2003 年出现大幅增长，且在之后几年里保持了较高的水平，并在 2008 年达到峰值。南非经济在 2003—2007 年增长势头强劲，年均增长 5%，南非经济发展状况与标准数量变化趋势具有一定相关性，经济发展推动了标准化工作的开展，同时 2008 年颁布实施的新《标准法》也为南非标准化发展营造了良好的环境。

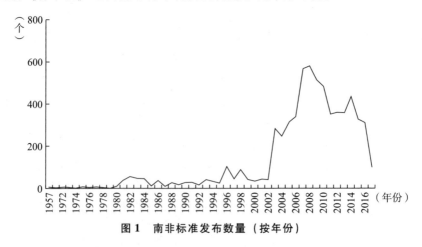

图 1　南非标准发布数量（按年份）

但图 1 同时显示，南非近几年发布的标准数量总体呈下降趋势。笔者总结为两方面原因：一是越来越多的标准解决方案由国际层面联合开发，而南非标准局在国际标准领域尚未扮演具有重大影响力的角色；二是南非社会多元化的发展状况对标准化活动提出了更高要求，而南非目前仍然缺乏相应能力来应对复杂的标准化活动。

（二）标准涉及技术领域日益丰富

在2003年之前，南非标准技术领域分布不均衡，集中在矿业等传统产业技术领域，众多技术领域标准得不到发展，这与南非经济发展的失衡具有密切关系。随着产业门类日益增多，经济日趋多元化，以及标准发布数量的增多，自2003年起南非标准涉及的技术领域日渐丰富，呈现多个技术领域共同发展、齐头并进的良好态势（见图2）。

同时，通过研究南非《工业政策行动计划》，笔者发现南非目前及未来一段时间内重点关注以下行业：汽车行业、纺织行业、农产品加工业、铁路运输设备、塑料和化妆品行业、选矿业、矿山设备、商业流程外包服务、影视行业、绿色产业、船舶制造业、航天和国防行业、电子技术产业。南非经济多元化发展态势势必带动相关技术领域的标准发展，中国未来一段时间同南非开展经贸合作及标准化国际合作过程可以对上述领域进行重点关注。

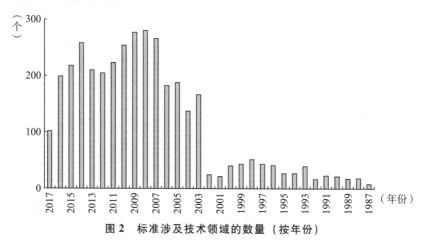

图2　标准涉及技术领域的数量（按年份）

（三）标准集中在信息技术、装备制造、化工、造船、纺织等产业

按照国际标准分类法（ICS）一级分类来看，标准发布数量前五位的领域分别是29 - 电气工程领域（999件），91 - 建筑材料和建筑物（747件），13 - 环保、保健与安全（655件），35 - 信息技术、办公机械设备（555件）和33 - 电信、音频和视频技术（525件），见图3。

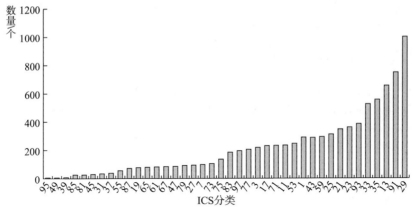

图 3　标准数量分布（按技术领域）

　　具体而言，标准数量发布前十位所属专业技术领域的子类分别是：字符集和信息编码（35.040），土方工程、挖掘、地基构造、地下工程（93.020），纺织物（59.080.30），土木工程综合（93.010），电缆（29.060.20），电磁兼容性综合（33.100.01），螺栓、螺钉、螺柱（21.060.10），塑料管（23.040.20），易爆环境用电气设备（29.260.20），起重机（53.020.20）。

　　同时，根据近十年来南非标准涉及技术领域的数量和前三名技术领域可以发现，南非标准重点技术领域为信息技术产业、装备制造业、化工产业、造船业、纺织业等（见表 1）。上述领域是南非长期重点发展的领域，中国在与南非开展经贸合作过程中应给予特别关注。

表 1　技术领域数量及其前三名技术领域（2006 年至 2017 年 8 月）

年份	涉及领域数量	前 3 名技术领域
2017（1 - 8 月）	102	35.240.50 [8]；25.040.40 [7]；29.260.20 [6]
2016	199	33.060.20 [14]；35.240.70 [13]；35.040 [13]
2015	218	33.100.01 [24]；53.020.30 [13]；97.200.50 [12]
2014	258	35.040 [25]；33.100.01 [20]；53.100 [15]
2013	210	35.040 [24]；53.100 [19]；97.140 [13]
2012	204	29.035.20 [30]；29.035.01 [30]；33.200 [26]
2011	223	11.080.20 [13]；73.060.10 [12]；25.220.40 [11]
2010	254	43.060.40 [25]；23.040.20 [22]；35.040 [21]
2009	277	35.040 [41]；35.240.60 [22]；33.100.20 [17]
2008	280	47.080 [40]；35.040 [23]；35.100.05 [18]；71.100.80 [18]

续表

年份	涉及领域数量	前 3 名技术领域
2007	266	59. 080. 30 ［40］；53. 020. 20 ［30］；71. 100. 80 ［25］
2006	182	91. 100. 10 ［18］；33. 100. 01 ［14］；71. 100. 30 ［12］

注：［ ］内数字代表标准的数量。

（四）南非标准与国际/区域标准协调性不断增强

南非是众多国际和区域标准组织的成员（见表 2），其国际标准和国外先进标准采标数量和程度自 2003 年开始不断上升。从国际标准和国外先进标准采标数量可以发现，南非与国际/区域标准协调数量在 2008 年及之后两年达到峰值，这与 2008 年新《标准法》的颁布不无关系。新《标准法》明确提到要紧跟国际标准发展趋势，对标国际先进标准。需要说明的是，由于受南非标准数量发布先升后降的趋势，国际标准和国外先进标准采标数量也呈现类似分布（见图 4）。

表 2　南非参与的国际/区域标准化组织（部分）

国际组织	区域组织
IEC 国际电工委员会	EBU 欧洲广播联盟
IEEE 电气和电子工程师协会	ETSI 欧洲电信标准化协会
ISO 国际标准化组织	CEN 欧洲标准委员会
ITU 国际电信联盟	CENELEC 欧洲电工标准化委员会
ASTM 美国材料与测试协会	UN/ECE 联合国欧洲经济委员会
WSSN 世界标准服务网络	STADSTAN 南部非洲发展共同体标准化合作组织

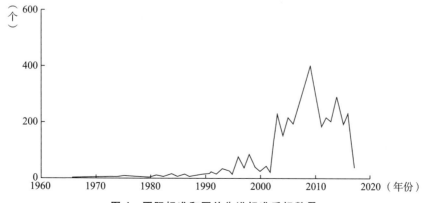

图 4　国际标准和国外先进标准采标数量

同时，与南非标准协调最紧密的前 5 类标准分别是 ISO 标准、IEC 标准、EN（欧洲标准）、ISO/IEC 标准、ETSI 标准。南非较高的国际采标程度，特别是与欧洲标准的高协同度加大了中国标准进入南非的难度。

四　"赶超型"战略：任务与路径

在对南非标准发展历程及现状梳理基础上，把握南非未来标准化工作的重点，有助于中国在同南非开展标准合作时有的放矢。南非在国家经济发展战略中明确了将国家标准化、计量、质量和认可活动作为本国经济发展、增强竞争力、市场准入和区域一体化的重要技术基础。近几年南非标准局的文件中也多次出现"战略"一词，并制订了南非标准局的战略发展计划，南非已然将标准化工作上升到战略层面。南非标准化工作强调通过服务国内和区域引领，实现赶超全球的目标。综上，笔者将南非标准化战略界定为"赶超型战略"。本节剖析了这一"赶超型"战略的重要任务以及发展路径，为明确中南标准化合作的方向和内容提供参考。

（一）重要任务分解

近年来，尤其是自第一份《工业政策行动计划》发布以来，南非标准化工作不断革新与充实，并且迅速在全行业展开。根据南非标准局的战略发展计划以及 2008 版《标准法》《2030 年国家发展规划》《工业政策行动计划》等国家层面规划对标准化提出的要求，南非标准化工作的重要任务可以归纳为两大类：一是，"服务国内"，即开发并维护国家有关标准以强化南非工业竞争力以及推动健康、安全和环境等保护工作的开展；二是，"区域引领""全球赶超"，即维护并强化在国际和区域标准化中的影响力，全力推广南非的标准发展理念，维护标准发展中的利益。[①] 具体分解为以下四方面。

1. 明确国内标准化改革重点行业，着力推进标准化试点工作

注重利用各部门的全球化发展契机，瞄准具有一定影响力的项目，

---

① SABS, "Corporate Plan 2015/16 – 2017/18," https://www.thedti.gov.za/parliament/StratP-lans_APPs/SABS_SP2015.pdf, 最后下载日期：2017 年 12 月 15 日。

加强国家质量技术基础设施。南非标准化重点行业将同步开展领域内的标准化战略行动，并将优先在绿色工业、农业加工、金属制造和铁路运输设备、先进制造、先进材料和 ICT、服装、纺织品皮革和鞋类、塑料、制药、化学品和化妆品、汽车产品和零部件以及核工业等行业开展标准化改革试点，加快进行全面推广试行。

2. 关注安全和环境问题，用标准化推动绿色经济发展

继续关注并促进食品贸易，支持农业加工、食品和饲料安全，并与《非洲增长与机会法》（Africa Growth and Opportunity Act）、南非 – 欧盟贸易、发展及合作协议（EU-SA TDCA）以及美国与南部非洲关税同盟的贸易、投资与发展合作协定（United States-SACU TIDCA）等贸易协定密切合作。更新立法授权，提供长期战略方向，确保标准化技术基础设施实体能够满足国家未来发展的需要。加强产品监管的执行力度，以保护消费者的健康、安全和生存环境。

3. 加强国际合作，推动非洲标准化共同体建设

积极参与 ISO 和 IEC 主导的标准化活动，优化南非标准局的标准化国家网络，使其符合国际质量标准化的发展要求。将更多资金投入研发活动、检测、计量、认可、认证和合格评定事项中。重点支持非洲的优质基础设施建设，推动基于单一认证的非洲市场接受统一标准化的认证、检验和测试。在目前讨论的非洲大陆自由贸易区所需的标准化合作中发挥主导作用；在南部非洲共同体中发挥带头示范作用，促进技术基础设施建设，以便使该地区的新兴产业更好地参与区域内和国际市场的竞争。

4. 营造良好的国际和国内环境，以标准助力南非经济发展

进一步为南非标准化发展营造良好的全球环境，为南非经济效益提升和经济转型以及企业强化竞争力提供有力支撑。在遵守和运用标准化规则时提升速度、增加效率和扩大效益，扩展国际贸易参与者范围，进一步消除技术性贸易壁垒，为南非对外贸易扫清道路，在国际市场中维护南非的国家利益。

（二）实现路径剖析

目前南非尚未发布标准化战略路线图等系统的方案，基于上文分解的战略任务，结合不同层面规划对标准化工作的要求，本节梳理总结了南非"服务国内，引领区域，赶超全球"标准化工作推动路径。

1. 优化标准体系，明确标准化改革方向

南非贸工部在21世纪初就对当时的国家技术机构设置、法律和管理体制等进行了全面调研，明确了南非的标准化需求。随着经济全球化和非洲区域一体化进程加快，南非将进一步优化标准体系，有效协调并发挥标准和强制性规范对社会经济发展的作用，加大标准应用的推广力度。同时根据国家发展战略，特别是《工业政策行动计划》制定的标准化工作重点，根据市场和创新需求适时调整标准化工作方向。

2. 推动标准制修订工作，推进非洲地区标准一体化进程

依据南非《工业政策行动计划》的要求，及时开展标准的编制和修订工作，缩短标准制定周期，加快标准更新速度。通过标准指导南非企业开展创新及研发活动，为南非各产业建设以及企业发展提供先进、准确和可靠的标准评价和规范服务，加快产业和企业转型升级。同时，随着非洲大陆经济一体化进程加快，南非将利用其非洲领头羊地位和在非洲标准化组织中的影响力，进一步发挥在区域标准中的协调作用，推动区域标准一体化进程。

3. 加强战略性国际标准化工作，深化标准化国际合作

南非将进一步推动南非标准局和专家担任国际及区域标准化组织的重要职务和承担秘书处工作，提升对国际和区域标准化活动的贡献度和影响力。有针对性地开展国际标准和区域标准的协调性工作，有战略性地推动南非标准成为区域标准和世界标准。同时探索标准化国际合作机制，加大与非洲其他国家的合作，追赶世界经济急剧转型的步伐。

五　推进中国－南非标准化合作建议

在"一带一路"建设大力推进的背景下，不断深化与南非标准化合作，推动中国标准"走出去"到南非是深化中南经贸合作、实现互利共赢的关键，为中国与金砖国家，与其他非洲国家开展标准合作起到示范、引领、带动作用。基于上文分析，结合《中非合作论坛——北京行动计划（2019—2021年）》《国家标准化体系建设发展规划（2016—2020年）》《标准联通共建"一带一路"行动计划（2018—2020年）》以及南非标准化工作的重点，对中南标准化合作提出如下四点对策建议。

（一）制订南非专项计划和政策措施，完善中国－南非标准化合作政策环境

针对南非，制定具体的标准"走出去"规划，围绕中国－南非产能合作重点领域，制定实施《中国－南非标准合作工作方案》，研究制定翻译出版国家标准外文版、中国标准海外授权使用版权等相关管理办法。通过"一带一路"国际合作高峰论坛、金砖国家峰会、中非合作论坛等场合，以及两国领导人互访等契机，积极推进与南非的标准化合作，进一步完善中国标准"走进"南非的政策环境。

（二）深化中国－南非标准化互利合作，推动共同制定国际标准

积极寻求与南非的利益契合点，研究构建稳定通畅的标准化合作机制。着力推动与南非标准局探索形成南非认可的标准互认程序与工作机制，加快推进标准互认进程。同时，聚焦南非新能源、电力、海洋、生物、信息技术等产业需求，充分发挥相关行业、企业、地方、产业协会和产业技术联盟的作用，建立标准化合作工作组。同时，通过钢铁、公路、水运工程等企业和项目"走出去"带动标准"走出去"。发挥骨干企业积极性，在电力、铁路、海洋等基础设施领域，节能环保、信息技术、高端装备制造、生物、新能源、新材料等新兴产业领域，以及中医药、茶叶、纺织等传统优势领域，与南非开展国际标准研究，共同制定国际标准，提升标准国际化水平。

（三）加强两国标准化人才交流及能力建设，实现标准信息共享

根据南非标准化发展和交流的需求，开展面向南非和非洲的标准化专家交流，双方互派标准化专家，分享标准化成功实践和良好经验。开展人才培训项目，加强标准化人才队伍建设，制定实施中国－南非标准化人才培训规划。着力推动南非标准化研究中心的健全和完善，组织开展标准化研究活动，建立"标准化智库体系"，与南非标准化研究机构和智库开展标准化研究合作。同时，重点建立国家之间具有对接性质的专门性标准化网站，如"一带一路""金砖及金砖＋"标准化大数据网站，实现标准信息共享。

（四）提高企业标准化意识，积极参与南非标准制修订工作

加强企业的标准化宣传贯彻培训力度，提升企业对标准化的重视程度，加大对南非等国家标准法律法规的了解。鼓励企业采用国际标准和国外先进标准提高产品的技术优势和竞争力，并积极参与各级各类标准的制修订，参加国家或省级标准化技术委员会，鼓励在南非的中资企业积极参与南非的标准化活动。

（责任编辑：杨惠）

社会文化与教育

非洲研究　2019 年第 1 卷（总第 14 卷）
第 97 – 108 页
SSAP ⓒ，2019

非洲职业教育发展的殖民化影响研究[*]

陈明昆　　党玲玲

　　【内容提要】早期传教士在非洲大陆开展的职业教育活动，无疑
对推动非洲本土的技术发展和生产方式变化产生过一定的积极影响。
殖民时期，相比其他类型教育，职业教育得到了初步发展，但其殖
民化特征比较明显：在发展战略上，殖民政府坚持教育"同化"原
则；在办学目标上，坚持功利导向；缺少教育发展规划，学校发展
呈现"不可持续性"；殖民政府多会把教育权赋予基督教会。独立以
来非洲职业教育发展的基本态势：一是初步建立起国家职业教育体
系；二是职业教育发展定位受外部影响大；三是 21 世纪非洲职业教
育发展趋势向好；四是国际社会对非职业教育援助的力度在加大；
五是非洲国家探寻符合本国本地区教育发展的意愿更加强烈。
　　【关　键　词】学徒制；职业教育；传教士；殖民统治
　　【作者简介】陈明昆，浙江师范大学非洲研究院副院长，教授，
博士生导师，主要研究领域为职业教育、非洲教育发展、中非教育
合作等（金华，321004），党玲玲，浙江师范大学非洲研究院非洲教
育方向 2017 级硕士研究生（金华，321004）。

　　一定时期不同国家的职业教育发展变化与该国生产力水平、生产方
式、产业构成、教育体系、政治制度等密切相关。当第一次工业革命相
继降临英国、法国、意大利等欧洲资本主义国家时，存在了数百年的传

---

　　* 本文为浙江师范大学非洲研究与中非合作协同创新中心专项课题"中国职业教育'走进
非洲'战略及实践研究"（项目编号：16FZZX10YB）的成果之一。

统学徒制及行会制度便土崩瓦解了，取而代之的是逐步建立的现代职业教育制度的逐步建立。但同一时期的非洲大陆仍以原始手工劳动为主，传统学徒依然是技术传承的最主要方式。所以，当欧洲传教士及殖民者大举入侵非洲，并将其思想文化和教育制度、较为先进的生产和生活方式带入非洲时，或许并没有考虑到其是否"服水土"。就非洲本土而言，外来教育制度的强势植入，是拯救了落后的非洲教育，还是割断了传统与现代的纽带？是促进了非洲教育的发展，还是破坏了非洲本土教育的生存空间？殖民教育体制的入侵对独立后非洲职业教育的发展有着怎样的影响？21世纪以来非洲职业教育发展呈现怎样的态势？本文拟从上述几个方面加以论证，以勾勒出独立以来非洲职业教育的曲折发展历程及态势。

一　西方传教士对非洲职业教育发展的影响

在欧洲传教士到来之前，非洲本土的传统学徒已广泛存在，尤其是在尼罗河、刚果河和尼日尔河等河流三角洲地区更为普遍。虽然传统学徒在部落文化发展及技术传承中发挥着重要作用，但由于生产力水平低下，此时非洲大陆的学徒制还不够完善，学徒形式相对单一。这种广泛存在的技术教育模式，是特定生产力环境下培养生产劳动者的主要方式，也是非洲本土文化得以延续至今的主要路径。随着大批传教士的到来，欧洲资本主义早期的生产劳动技术传入非洲，对推动非洲本土技术发展、丰富学徒内容起到了积极作用。

（一）欧洲传教士布道过程中的职业教育活动

在欧洲传教士到来之前，非洲还是一个相对封闭的大陆。从16世纪起，随着航海技术的进步，欧洲人便陆续来到了地中海南岸的北非地区和西非海岸，然后再一路向南或向东，进入非洲南部或其他内陆区域。这些人除了航海家、探险家之外，更多的是天主教和新教传教士。这些布道者除了胸怀信仰，很多人还具有渊博的知识和丰富的生活经历。当传教士打算在某个新地方定居下来，当其看到非洲土著居民的生活疾苦、缺少劳动技能，在传教布道的同时，还会教他们如何耕种、如何做家具以及如何防洪等一些必需的生产、生活知识和技能。当越来越多的传教士开展这些活动，当这种工作方式产生越来越广泛影响后，必然会吸引越来越多的土著居民前来参加。被称为人类历史上最伟大的探险家——英国基督教传教士戴维·李文斯顿（David Livingstone，1813—1873）在非洲期间就根据当地土著生活的实际，开办学校，开设实用性课程。"他见当地的铁矿多，就先开设'矿物学'，许多土著前来修课，接着开'昆虫学''工具学'……"①，一些传教士还教土著居民识字、了解医疗卫生常识等。为维持生计，传教士们也会进行必要的粮食生产活动，其中包括灌溉防洪设施的修缮、种植养殖技术的推广、粮食储存和食品加工等。有关文献也记载了天主教传教士在非洲本土开展的木薯和豆类栽培、香蕉种植、果园果树管理、蔬菜栽培等工作②。

诚然，大部分传教士只热衷于布道，其本意并不是要教导人们怎么工作、如何学习、怎样致富或改善生活，传播宗教信仰、使更多人皈依宗教始终是传教士们最主要的工作目标。他们怀着"信仰传播、道德敦化"的文明使命来到非洲，在道德实践过程中，体力劳动被认为是文明使命的重要组成部分。即便是传教士们力所能及地开展的一些职业培训活动，也多半与传教活动有关，旨在培养有技能的牧师或信徒。通过对这些人的价值观、处事原则、生活态度、做事能力等方面的熏陶、改变或提高，以影响更多的普通民众。

（二）传教活动对非洲职业教育发展的积极影响

虽然绝大多数传教士的天职是布道传经，并不会把主要精力用于当地物质生产的进步和民生的发展。但毋庸讳言，传教士所开展的一些技术培训活动及其所开设的职业性课程，对非洲本土的技术发展也产生了积极影响，促进了这一时期非洲职业教育的缓慢发展。具体原因分析如下。

首先，教会为了更好地开展传教活动，往往需要培养一批训练有素的工匠和文员，从事卫兵、船员、木匠、口译员、办公室职员等工作，能力优秀者还会发展成为传道师或牧师人选。传教士所开展的职业教育项目及教会所提供的工作岗位，相比非洲本土部落长期沿袭的生产技术要先进得多，或许就是同期欧洲工业化进程中的生产技术。所以从这个层面上讲，传教士的职业教育和技术传播过程不仅带动了当地生产力发

---

① 张文亮：《深入非洲三万里：李文斯顿传》，敦煌文艺出版社，2006，第69页。
② David E. Gardinier, "Vocational and Technical Education in French Equatorial Africa (1842 – 1960)," Proceedings of the Meeting of the French Colonial Historical Society, 1985 (8), pp. 113 – 123.

展和技术革新，还促进了非洲社会、经济和文化的进步。

其次，传教士中有一些饱学之士，他们在布道之余所开展的职业教育活动及其所体现的教育思想，所使用的教学方法、课程和教科书等，必然是沿袭了宗主国的教育模式，对于非洲本土的传统教育具有耳目一新的感觉，起到了"教育布道"的功能，具有了职业教育的新形式和促进生产力发展的社会价值意义，为独立后非洲国家现代教育体系的建立奠定了基础。

再次，虽然传教士的职业教育活动主要是为了布道传经之需，很多时候是为了解燃眉之急，但那些为教会服务的非洲本土员工，在为传教士工作的同时，也学到新的生产和生活技能，同时还会被传教士的忘我工作精神所感染，一定程度上转变了非洲本土民众靠天吃饭的思想和松散的劳动态度。据英国布道团传教士在 1895 年的日志里记载，"对于传教士的主要目的来说，劳动是非常重要的；对于国家来说，工农业习惯的养成是有必要的"。[①] 这里既折射出传教士的一些基本思想和主观言论，也与近代欧洲宗教改革后，新教所推崇的世俗行动中的物质活动所赋予的伦理精神相吻合。

二　殖民统治对非洲职业教育发展的深刻影响

殖民当局在非洲大陆所开展教育活动与先前传教士所从事的教育活动之间无疑具有沿袭性，毕竟"传播文明"是殖民政府和教会的共同目标。早期传教士所开展的一系列传教活动，不仅为后来殖民势力的大举入侵奠定了基本条件，而且为殖民者进行思想殖民和改善自身生活条件积累了社会资本、提供了人力支持。比如，传教士所进行的职业教育活动，一定程度上促进了非洲本土职业教育的发展和技术人才的成长；传教士培养了数量众多的信徒和一大批忠实的劳动者，为殖民政府的建立收买了人心、培训了一些本土人才等等。

（一）殖民时期非洲职业教育的初步发展

仅就殖民当局在非洲开展的教育活动看，职业教育一直是其教育工

---

① George Hawker, "The Life of George Grenfell, Congo Missionary and Explorer," New York: Revell, 1909, p. 394.

作的重心，被认为是最能"适应"殖民地环境的一种教育方式①。现代教育体制在非洲的启蒙和发端，先是职业教育，尔后才是普通教育。所以，相比其他类型教育，殖民时期职业教育在非洲还是得到了相对较快的发展。一些职业学校或培训中心的建立要早于普通中学或小学。据文献记载，1930 年在英属殖民地北罗德西亚（今赞比亚）就已经有了由政府主办的职业学校。1935 年，在法属阿尔及利亚的首都阿尔及尔，一所名叫卜利达（Blidah）的技术学校开设有各种工艺制作课程，其中包括木工、金属加工、地毯制作、制鞋等，学生的手艺已经达到较高水平。②

在非洲教育发展问题上，殖民当局之所以比较重视职业教育而不是普通教育，主要是因为殖民当局需要的是能干活、有技术的劳动者，而不是有头脑、会思想的"能人"。诚如有学者研究表明："殖民地教育，本身就不是要让小孩学会思考的。在这个意义上看，中等教育便显得有点次要了，因为这种延长了的学制与殖民者急功近利的心态格格不入。法国人根本就没有打算培养当地知识贵族，或是精致优雅的有闲阶层。"③同样，在比属刚果，当地人被容许接受职业教育，但到一定限度为止。殖民者规定刚果黑人可以成为头等的木匠或机工，但不能成为工程师，他们可以做主教、记者、会计、医师助手、教员、政府职员或药剂师，但不能做建造师或律师。

殖民时期非洲的职业教育虽然获得了一定的发展，但并没有建立起相对完整的职业教育体系，职业教育课程多半是混杂在小学校的课程里开设，专门的职业中学或职业培训学校屈指可数。因为殖民者开办职业教育的目的是"应急"之需，并不是真正地为殖民地人民生活着想。

"二战"以后到非洲独立运动初期，在国际社会开展的对非援助项目中，职业教育开始被纳入援助的范畴。尤其是在 20 世纪 60 和 70 年代，职业教育一度被认为是撬动非洲走向工业化道路的重要人力资本支持，是解决非洲青少年失业的一把"金钥匙"。在美国对非洲援助的"第四点

---

① David E. Gardinier，"Education in the States of Equatorial Africa: A Bibliographical Essay," *Africa Journal*，1972，Vol. 3，No. 3，pp. 7 – 20.

② Major Orde Browne，Report on a Tour through French West Africa，1935，p. 2.《英国外交档案：非洲》，http://www. archivesdirect. amdigital. co. uk/Help/PageByPage#DocumentsAd-vancedSearch。

③ 〔塞内加尔〕巴帕·易卜希马·谢克：《法国在非洲的文化战略》，邓皓琛译，商务印书馆，2016，第 87 页。

计划"中，就有关于职业教育的项目，美国政府和专家一致认为，当时非洲最急需的可能是"职业"教育——泥水匠、管道安装工、飞机机械工、药剂师等，而不是律师和职员。但后来的实践证明职业教育在非洲的发展并不如当初设计者所愿，而是"备受冷落"，个中缘由却是众说纷纭。

（二）殖民时期非洲发展职业教育的主要特征

殖民者来到非洲之后，对职业教育给予了必要的关注和发展。这主要是为了稳定其殖民统治和收买人心。虽然经过教育和培训后的当地居民所能从事的职业岗位都是殖民政府部门的中下层，但对于那些长期处于极端贫苦状态的非洲青少年来说，在没有更好的受教育机会前提下，能够接受必要的职业教育，并争取谋到一份能糊口的工作，已属奢望。殖民政府所秉持的教育发展原则及其所推行的教育政策，必然导致非洲职业教育的片面化发展，殖民化特征十分明显。

一是在教育发展战略上，殖民政府坚持"同化"原则。"让尽可能多的小孩获得职业或农业教育，让一部分小孩掌握法语。这些，便是唯一我们可以做的教育善举。"[1] 英国和法国作为非洲两大殖民宗主国，在发展非洲本土教育方面，始终坚持灌输宗主国的教育思想和制度体系，比如，通过加强对英语或法语学习的要求，作为遴选人才的主要标尺，忽视本土文化和民族语言的存在；在教育活动过程中，以急需和实用为准则，优先发展职业培训和语言学校，而不是从教育体系完善的角度，次第推进各级各类教育的协调发展。

二是在办学目标上，坚持功利导向和"适应性"原则。在殖民统治时期，"适应"主义（Adaptationism）在英国和法国的思想界都比较流行，在殖民政府的教育政策中也得到了明确表达。这种"适应性"所指向的教育类型便是职业教育，认为"唯有职业技术和农业教育方能让殖民地培养出适应当地经济发展的合格人才……"。[2] 学者福斯特在《1925年备忘录》中也揭示了这一点。他认为所谓"适应性"强调的乃是教育

---

① 〔塞内加尔〕巴帕·易卜希马·谢克：《法国在非洲的文化战略》，邓皓琛译，商务印书馆，2016，第 56 页。

② 〔塞内加尔〕巴帕·易卜希马·谢克：《法国在非洲的文化战略》，邓皓琛译，商务印书馆，2016，第 56 页。

的"实用性",美其名曰"是与当时非洲人生活密切相关的"。① 虽然发展职业教育是殖民政府所主张的教育发展思路,但实际上,殖民统治者的工作重心是要在非洲占领更多的土地和资源,享有更大的势力范围,争取利益最大化,以便在与其他殖民者展开竞争时处于有利地位。因此,职业教育实际上沦为殖民政府的一种服务工具,用之则上,不用则弃之,不会一以贯之推动其发展。

三是在教育管理上,殖民政府往往让权给基督教会。整个 19 世纪和 20 世纪上半叶,是欧洲传教士在撒哈拉以南非洲各地活动急剧增长的时期,在大多数地方"传教士高于国旗",也就是说他们的工作范围常常超出殖民地统治区域以外。② 加之发展教育很多时候并不是殖民政府的中心工作,而传教士非洲教育方面却经营了很多年,有了更为广泛的民意基础,所以殖民政府很多时候情愿把教育权拱手让给教会,形成了教会在前行动、殖民政府幕后支持的殖民教育发展方式。在比属刚果,殖民时期的教育发展不是由政府说了算,而是由传教团体管理。刚果的全部学校中,80% 都是天主教会办的。当人们走在刚果河流域的丛林地带、孤零零的道路旁边,都可以发现天主教办的学校、医院、社会福利机构和教堂。③

四是教育发展缺少规划,学校办学呈现"不可持续"。在如何发展殖民地教育上,殖民政府并没有一套具体的实施方案或布局规划,也没能帮助建立起符合非洲国家国情的教育体系,使得非洲殖民地教育发展呈现不可持续性。法国殖民者在塞内加尔办的乡村学校,要求"凡是村里的小孩,都要来上学",但由于投入不足、教师短缺,导致不得不"对孩子上学的总时段进行缩减。每年都会更换三分之一,甚至一半的学生"④。法国殖民政府 1927 年在布拉柴维尔试图建立一所职业中学,但却失败了,主要原因是缺少六年级的小学毕业生。直到 1934 年,布拉柴维尔学院才招收了 10 名小学毕业生,学制四年,为殖民政府培养抄写员、口译员、

---

① Foster P., *Education and Social Change in Ghana*, London: Routledge and Kegan Paul, 1965.

② 〔美〕埃里克·吉尔伯特:《非洲史》,黄磷译,海南出版社,2007,第 341 页。

③ 〔美〕约翰·甘瑟:《非洲内幕》,黄化人译,人民日报出版社,2014,第 450 页。

④ 〔塞内加尔〕巴帕·易卜希马·谢克:《法国在非洲的文化战略》,邓皓琛译,商务印书馆,2016,第 45 - 46 页。

簿记员、邮政员、无线电操作员、公共卫生助理和小学监察员等专职人员。① 英国统治下的埃及，1922 年全国只有 3 所公立中学②；在北罗得西亚（"赞比亚"旧称）当时仅有一所供非洲人读书的中学。③

（三）殖民统治对非洲职业教育发展的深刻影响

虽然教会在非洲教育发展中发挥了不可替代的作用，但殖民势力的介入极大地削弱了传教士在非洲教育的话语权。在非洲殖民地，职业教育所呈现出来的阶段特征是：第一次世界大战结束之前，几乎所有的教育和培训都是由传教士完成的；但是在第二次世界大战结束后，殖民政府对非洲教育的把控力明显加强，非洲本土职业教育的发展愈来愈表现出与当时殖民政府制定的教育规划、经济社会发展计划乃至政治变局密切相关。

但殖民政府并没有真正想把非洲教育发展起来，非洲职业教育在殖民统治时期仍然缺少发展动力。主要原因有两个：一是职业教育脱离非洲本土文化环境和经济现实。职业教育的殖民化、庸俗化十分明显。在法属西非，殖民当局在 1924 年 5 月 1 日发布的指令认为：职业教育旨在"培养年轻学徒，让他们日后成为合格的当地包工头，或是培养多才多艺的匠人，让他们可以改善当地生产、工艺水平"。④ 在思想观念方面，那些受过良好教育的决策者和管理者认为，只有职业教育才是比较"安全"的教育，却没有认识到在非洲国家经济产业落后、无法创造新就业机会的前提下，社会和经济问题并不能简单地通过发展职业教育而得到解决。二是在殖民主义和民族主义情绪对立下，职业教育的地位难以提高。那些狭隘的民族主义者甚至认为职业教育是无关紧要的，是专为非洲人提供的低等教育，旨在为维持殖民统治所用。非洲民族主义者认为，殖民地所开设的职业教育实质上是种族隔离教育的一个变种，所谓"适应"

---

① Gardinier E. David，" Education in French Equatorial Africa 1842 – 1945，" *Proceedings of the French Colonial Historical Society*，1978，Vol. 3，pp. 121 – 137；"The Beginnings of French Catholic Evangelism in Gabon and African Responses，1844 – 1883，" *French Colonial Studies*，1978，Vol. 2，pp. 49 – 74.

② 〔美〕约翰·甘瑟：《非洲内幕》，黄化人译，人民日报出版社，2014，第 124 页。

③ 〔美〕约翰·甘瑟：《非洲内幕》，黄化人译，人民日报出版社，2014，第 590 页。

④ 〔塞内加尔〕巴帕·易卜希马·谢克：《法国在非洲的文化战略》，邓皓琛译，商务印书馆，2016，第 69 页。

教育是殖民者为"劣等"种族开设的一种教育类型。

因此，殖民时期非洲职业教育虽然有了发展，但发展的动力始终不足，职业教育实际沦为"二流教育"。殖民政府不会把主要精力放在社会和生产力发展上，更不会考虑非洲本土居民的教育机会、就业能力、职业发展等民生方面。相比而言，这一时期西方"文明人"所带来的精英教育对那些一心想摆脱困境的非洲青少年来讲更具有吸引力。

三　独立以来非洲职业教育发展的基本态势

当殖民者仿效宗主国教育制度并强行嵌入非洲本土教育后，就为独立后非洲教育发展埋下了弊端。到了殖民统治后期，首先觉醒的非洲本土精英人士掀起了一场广泛的民族主义运动，殖民政府曾经推行的"双轨制"教育也成为被声讨的对象，但独立后的大多数非洲国家的政府仍维系着这种分轨的教育体系。纵观独立以来非洲职业教育发展的基本态势，主要表现在以下几方面。

一是逐渐建立独立自主的职业教育体系。独立后非洲大多数国家的教育体系仍是沿袭英国、法国或葡萄牙等殖民宗主国的教育体系，或稍加改变。职业教育体系是在殖民时期学徒训练中心的基础上发展而来，主要分为初等和中等两个层级。进入 21 世纪以来高等职业教育有了一定发展。虽然独立后非洲很多国家的职业教育体系中包括初等职业教育，但在实际办学过程中，由于缺少投入和有效管理，初等职业教育的规范性很差，很多时候沦落为简单的课程培训。中等职业教育是独立后非洲国家职业教育的基础，大多数国家都设有宽泛的职业教育课程。职业学校在课程设置上，既有对传统手工技术的继承，诸如木工、金属品制作、家政等，更有现代工业技术的学习，如数控、电力和市政建筑等，旨在为国家经济和社会发展提供技术人才。例如，在加纳，中等职业学校的课程分为两大模块：一是基本技能模块；二是职业技能模块。在肯尼亚，中等职业学校课程的重点是为大多数学习者提供所需的职业和技术课程，以便为他们就业或升学所需。在乌干达的教育体系中，中等职业教育主要是由专业技术学校提供。

二是逐步摆脱殖民化影响。独立之前，非洲职业教育主要以"做中学"为主，殖民政府看重的是岗位培训，建有一些学徒训练中心，少有的正规职业学校也不够正规。独立以后，世界银行、联合国教科文组织、OECD 成员国等在推进非洲国家职业教育发展方面起到了重要作用。在一些国际或区域会议上，上述组织积极倡导要在非洲等地大力发展职业教育。比如，在 20 世纪六七十年代，世界银行对发展中国家教育贷款项目中，大幅增加非洲职业教育项目贷款，用以支持"学校本位"（school-based）的中等职业教育。① 当时主导国际思想界的理论主要是人力资本理论和发展规划学说。反映在教育上，其核心观点认为：通过一定的职业规划和教育投资，可以使青少年在正规学校的学习中获得更多的知识和技术，从而将获得更多的收入，同时也可以为国家经济发展储备更多的技术人才。于是，自 20 世纪 60 年代以后，"学校本位"的职业教育在新独立的非洲国家得到了快速发展。在 1976 年尼日利亚拉各斯举行的非洲教育部长大会上，通过了将发展中等职业教育作为非洲国家教育发展的一项主要内容。经过近半个世纪的实践探索和反思，同时受到跨世纪的鼓舞，非洲教育发展在 21 世纪出现了希望曙光。在很多国际会议上，教育都被认为是减轻贫困、促进和平、保护环境、改善生活、实现可持续发展的一把钥匙。职业教育在非洲国家发展中所能发挥的关键作用有了新的认识。这反映在各国政府及世界银行发布的各种教育及减贫战略文件中。例如，喀麦隆制定了职业教育和培训发展战略，以促进劳动力市场发展；科特迪瓦希望推动职业教育与培训并重发展；加纳将职业教育与青年培训结合起来，推动国家的经济发展和技术创业；莱索托和卢旺达政府将发展职业教育与商业发展联系起来，大力培养国家经贸人才；马拉维政府则希望通过技能发展，促进自我创业和就业。其他国家如乍得、埃塞俄比亚、几内亚、塞内加尔、塞拉利昂、乌干达和赞比亚等也在其发展政策文件中，提出要优先发展职业教育。在国家政策及更多外国援助的推动下，自 2000 年以来，非洲多数国家的职业教育阶段的入学人数有了明显增长。

三是仍然受殖民时期遗留问题影响。21 世纪以来，国际社会对撒哈拉以南非洲教育援助的力度逐渐加大，其中世界银行对撒哈拉以南非洲等发展中国家的人力资源开发活动给予了很多支持。世界银行承诺了约 240 亿美元以支持发展中国家的教育，其中超过一半是提供给了非洲国

---

① 陈明昆、陈江：《独立后非洲教育"职业化"运动失败的原因及影响》，《比较教育研究》2014 年第 12 期，第 80 页。

家，平均每年达到 2 亿美元以上。2017 年，世界银行启动了"东非技能转型与区域一体化项目"（EASTRIP），总投资近 3 亿美元。通过在东部非洲的埃塞俄比亚、肯尼亚、坦桑尼亚、乌干达等国家建设若干个地区性的"技能示范中心"（Regional Skills Centers of Excellence，RSCE），培养东非各国在一体化进程中所需的技能性人才，同时能大幅改善相关国家的职业教育质量。2005 年，七国集团在格尔斯召开会议，并作出承诺：相较于 2004 年的援助水平，到 2010 年，七国集团对撒哈拉以南非洲的援助将翻倍。德国从 2005 年开始，将其官方发展援助增加值的一半，通过欧盟的多边渠道分配给了撒哈拉以南非洲，同时德国对该地区的双边官方援助也从 2004 年的 14 亿美元增长至 2008 年的 27 亿美元，增长幅度十分明显。2010—2011 财年，德国对撒哈拉以南非洲的援助占到其对外援助总额的 19%。① 法国职业教育体制长期以来影响着非洲法语国家的职业教育发展。世纪之交，法国把 60% 的发展援助资源都分配给了非洲。法国在非洲开展的职业教育援助项目的内容涉及许多层面，例如，在毛里求斯开展的职业教师培训，在贝宁实施的雇主需求调研，在马里进行的继续职业培训，支持津巴布韦的旅游业开展的职业培训等。

　　中国在援助非洲教育发展方面，从最初的派遣教师、接收非洲留学生，已发展到开展多领域的对非人力资源培训、提供更大规模的政府奖学金、推广对非汉语教学、促进中非高校间合作、在非洲援建各类学校等。从中非教育合作发展的历史及趋势看，职业教育已成为中国对非教育援助及中非教育合作交流的主要领域。2018 年 9 月召开的中非合作论坛北京峰会上，习近平总书记在峰会开幕式上的主旨讲话中明确提出：今后三年将在"非洲设立 10 个鲁班工坊，向非洲青年提供职业技能培训；……为非洲提供 5 万个中国政府奖学金名额，为非洲提供 5 万个研修培训名额，邀请 2000 名非洲青年来华交流。"适应非洲经济和社会发展对教育发展和人力资源培训的诉求，加大对非洲职业教育的援助力度，提高对非教育援助的有效性和针对性，是今后中国政府对非开展全方位交流与合作的着眼点，有着巨大的发展空间。

　　毋庸讳言，外部资源对于非洲教育发展非常重要，但越来越多的外部援助并没有带来非洲经济、教育和社会各方面的良性发展。为此，有

---

① 余南平：《发展援助的中间道路：德国对外援助研究》，《德国研究》2012 年第 4 期，第 49 页。

非洲学者也在反思其长期以来对西方国家的经验依赖，一针见血地指出：对于非洲国家和政府而言，任何有意义的合作与对话首先应该在他们自己之间展开，而不是一味地言听计从于援助方，而不是照搬西方工业化国家的那些做法。非洲各国政府由于经济上的限制，往往比世界其他国家的政府在更大程度上接受了这种影响，久而久之就可能产生"援助依赖"。"对援助的依赖进一步削弱了非洲人在他们国家里制定对其自身最好的经济、政治政策的能力。依赖援助的文化渗透至各个方面……"①，使得受援国主体意识衰退。其实，西方国家和政府在非洲国家独立后，通过投资、援助和贷款等方式对非洲进行的援助，与殖民时期有着本质上相似的关系。换句话说，西方国家和政府的目标是推行其经济和政治政策，这些政策在很大程度上是延续了，而不是推翻了非洲国家的结构性条件、政治不稳定以及从殖民时期遗留下来的不平衡的经济结构模式。

可见，长期以来非洲国家和政府在治理国家上，既受到国际上一些发展思想的影响，又一度倚重欧美等发达国家的帮助，还时常受殖民时期遗留问题的影响，导致在教育发展问题上往往是一种矛盾心态，既有雄心勃勃的一面，又有甘于现状的可能；既有纸上谈兵的操作，更有无能为力后的一筹莫展。就未来非洲国家职业教育发展前景看，似乎是一片光明，但道路将是曲折不平的，学术界及教育界应给予更多关注。

（责任编辑：欧玉芳）

---

① 〔赞比亚〕丹比萨·莫约：《援助的死亡》，王涛、杨惠等译，世界知识出版社，2010，第47页。

非洲研究　2019 年第 1 卷（总第 14 卷）

第 109～118 页

SSAP © , 2019

从仪式"阈限"理论分析《宰因的婚礼》中的宰因形象[*]

黄　晖　林　茜

【内容提要】 在维克多·特纳的仪式"阈限"理论视域下，苏丹最著名的现实主义作家塔依卜·萨利赫的小说《宰因的婚礼》书写了婚仪如何使完善社会关系成为可能。本文从西方的仪式理论入手，按照仪式的"分隔—边缘—聚合"的三阶段理论架构全文，对萨利赫小说《宰因的婚礼》中的阈限人宰因进行社会关系、交融功能与镜像意义的阐释，从而探究作者的创作目的：关注一名身份低微的小人物的一场婚礼仪式，如何使化解落后农村的社会矛盾成为可能。

【关　键　词】 阈限；阈限人；仪式功能；《宰因的婚礼》

【作者简介】 黄晖，华中师范大学文学院教授，博士生导师，主要从事文学伦理学批评与非洲文学研究；林茜，华中师范大学文学院研究生（武汉，430079）。

　　文学反映了不同民族在不同时代文化背景下的社会定位与心理认同，也积极书写着社会结构的冲突与交融，表达了作家从本民族的文化心理出发，企图交融社会对立结构和推动民族文明进步的美好愿望。在一些东方世界的作品中，这种民族主义的情感更为强烈，但因语言差异和地区开放程度不同，一些优秀作品未能及时走入批评家的

---

　　* 本文是国家社科基金后期资助项目"非洲文学史"（项目编号：17FWW001）的阶段性成果。

视野。处于阿拉伯世界文学边缘位置的苏丹文学，由于塔依卜·萨利赫（El Tayeb Salih）的作品而受到学界认可。苏丹现代小说家萨利赫的两部小说《风流赛义德》和《宰因的婚礼》于 20 世纪 60 年代发表以来，受到阿拉伯文坛的瞩目；自 20 世纪下半叶接受英译以来，又走入西方英美学界的视线。从中国与英美学界的普遍接受程度来看，《风流赛义德》受到集中关注，另一部《宰因的婚礼》却反响寥寥。英美学界多从作品英译难点等翻译策略、与中东社会研究等文化视角来分析萨利赫的作品，国内学者的研究成果则多以后殖民主义理论中的身份归属问题为研究框架。

　　同样是以苏丹北部农村为书写背景，与萨利赫的小说作品多叙述世界东西方差异有所不同，《宰因的婚礼》集中书写了农业社会的思想落后状况。故事以仪式命名，围绕宰因的婚礼前后事态发展来叙述，使得运用仪式"阈限"理论阐释文本成为可能。阈限（liminality）一词来源于拉丁文"limen"，意为"边界""门槛"。法国民俗学家范热内普（Arnold Van Gennep）的"过渡礼仪"（rite of passage）理论最早将阈限理论引入人类学界。范热内普开创了从内部探究仪式独立结构的方法，认为人类在生存发展的进程中，在时空环境、社会关系与心理状态上都会经历一种境地向另一种境地的过渡。这一过渡的进程是动态、连贯的，内含着"分隔（separation）—边缘（liminal）—聚合（reintegration）"三个相承的阶段，其中，边缘阶段又称阈限阶段，这一阶段不属于前后任何一种境地，属于状态发生变化后进入的中间状态。推动仪式进入阈限阶段的功能性参与者被称为阈限人，意为"正在跨门槛的人"。英国人类学家特纳（Victor Turner）将范热内普的三过程理论纳入了社会形态、历史文化与群体思想的框架，通过论述阈限人的交融功能与三段阈限期的动态进程［阈限前期（preliminal）—阈限期（liminal）—阈限后期（postliminal）］，确证了在仪式过程中个体生命形态与社会身份地位之间的合法联结。特纳用大量例证说明，仪式的阈限阶段是无法被划归到正常社会生活类属之下的，为日常社会结构提供了一种缺乏组织结构和地位差别的混合状态。在这一阶段，阈限人会经历一种无区别、无身份的交融状态，通过对抗本属阶层与现有地位，推动社会进入反结构的阈限阶段，从而为消解社会冲突提供可能。不仅如此，"每个人的生命经历之中都包含着对结构和交融以及状况和转换的交替性体验"。① 萨利赫笔下的宰因暗合了阈限人的身份：他从小就生活在阶级固化、等级森严的苏丹乡村社会，但他天然地具有反叛传统社会关系的个体特性，由此推动了社会进入无身份差异与无阶级高下的阈限期。宰因的婚礼将社会各阶层的成员都聚合一处，构筑起人人平等的人间乐土。但是，当婚礼结束，宰因被新的社会组织接纳，社会结构归于传统，坚实的阶级壁垒就会被重新树立起来。因此，萨利赫的和谐乐土只能是理想的社会结构状态所折射出的文学镜像。

本文从西方的仪式"阈限"理论入手，在文学人类学的层面，按照仪式的"分隔—边缘—聚合"三过程理论架构全文，对《宰因的婚礼》中的主人公宰因进行人物社会地位、交融功能与镜像意义的阐释，进而探究作者的创作目的：关注一名身份低微的小人物的一场婚礼仪式，如何使化解落后农村的社会矛盾成为可能。

一 分隔仪式与落后乡村：被排斥的异人

任何由社会群体参与的仪式行为都是社会行为，人从一种社会处境向另一种社会处境的转变需要履行仪式，即过渡仪式。其中，婚仪是一个最重要的过渡仪式，也是能够影响社会关系、体现人类的物质、精神与历史观念转变的仪式。② 萨利赫在《宰因的婚礼》中，通过推进婚礼阶段，展演了宰因的社会关系变迁过程，叙述了仪式的社会功能。宰因是一个有着神灵般的长脸长手和独异行为举止的青年人，通过自己无意或有心的行为救赎了迷途的乡民，最终赢得了堂妹妮阿玛的芳心，自己也迈入了婚姻的殿堂。

当仪式过程进入分隔阶段，阈限人宰因兼有脆弱性、交融性与神圣性的特质，原社区对待他的态度相应包含着鄙夷、亲近与敬畏之意。其一，阈限人具有脆弱性。在这片乡土社会中，宰因是不被世俗所认可的，被村里人和古兹人唾弃为叫花子，就连将要举行婚礼的消息也让人不可

---

① 〔英〕维克多·特纳：《仪式过程：结构与反结构》，黄剑波、柳博赟译，中国人民大学出版社，2006，第98页。

② 〔法〕阿诺尔德·范热内普：《过渡礼仪》，张举文译，商务印书馆，2016，第118页。

置信。这使得阈限人在世俗人的眼中处于弱势地位。其二，阈限人具有交融性。"宰因要举行婚礼了？"卖奶姑娘哈莉曼的消息让整个村庄陷入了震惊，各阶层的人物被带到同一片场域之中。在村中心的井边，人们看到宰因与村妇一同汲水，妇人们和孩子们的笑声混杂着宰因的笑声，这一场景构成了阈限阶段到来前的预演，也预告了宰因阈限人身份的社会交融功能。事实上，每当宰因在场时，众人总是跟着笑声不断。宰因自己一出生就会笑，他"怪得就同驴叫一般"的笑声和"身子往后一仰，双手扑着地皮，两腿在半空来回乱蹦"的姿势，"使得所有同坐的人都受到共鸣而禁不住哄然大笑了一场"①。宰因虽然笑声惊人，笑状古怪，但一度被村民所忽视的是，宰因的笑正是他内心力量的源泉与内在和谐的表征，他以内心世界的阈限性拉动了外部社区的阈限性，在无形中成为牵系社区成员融入公共场域的重要力量。其三，阈限人具有神圣性。新成员在履行融入新社区的聚合仪式之前，将被社区隔离出来并展开审视，接受其他成员畏惧且尊敬的态度。宰因身为异人，力气惊人，却能够无私对弱者拂施大爱。这些弱者大多是为世俗社会所不容的人，如胆小的聋人姑娘、前身为奴的瘸腿乞丐、发育不全的残疾人等。加之宰因与修士侯乃因交好，母亲逢人便讲自己的儿子是一个圣人，由此，乡村社区对他又有着神圣性的猜想。

在落后的乡土社会中，面临着同样境遇的阈限人另有二者。特纳认为，各大宗教的神秘主义者和圣徒也是仪式阈限人的代表。② 在宰因的婚礼前夕，社区内部突发了一起意外事件：宰因的暴力行为释放了乡民们由来已久的愤怒情绪，净洗了恶人赛福鼎的道德欲望，与侯乃因的调解与祈祷一同成为净化整个社区的预备活动。宗教圣徒侯乃因的介入使得宽恕与和谐的群体氛围影响了社区成员的行为和心理，一直持续到小说的结尾。从这一角度看，侯乃因也是一位阈限人，他阻断了社会矛盾的进一步激化，补充履行了宰因作为阈限人的交融职能，也确证了宰因的神圣特质。此时宰因的婚期将近，个人所处的社会环境也进入临界阶段，准备向新的社会关系突围，而在婚仪中准备与宰因合力突围的正是他的未婚妻妮阿玛。阈限人妮阿玛同样具有脆弱性、交融性与神圣性。在成

---

① 〔苏丹〕塔依卜·萨利赫：《风流赛义德》，张甲民、陈中耀译，山西人民出版社，1984，第 207 页。
② 黄剑波：《特纳：神秘主义者和圣徒都是阈限状态的典型代表》，《中国民族报》2012 年 1 月 10 日，第 6 版。

长进程中，她反叛常规观念，令亲人忧心不堪；她生来就保有救苦救世的责任感，自认有责任匡扶和体恤弱者，想要嫁给宰因这个"无依无靠需要照顾的可怜人"；她还关注到了宰因被正统社会所分隔的仪式化处境和神性特质，渴望与宰因结合，成为先知忠贞不渝的妻子拉哈蔓。

综上，在仪式的分隔阶段，阈限人在社区中受到拒斥，体现出不被落后乡土社会接纳的脆弱性。在临界关头的仪式化处境中，阈限人又会迸发出交融结构、扶助弱者与团结社区的圣者光辉。宰因、侯乃因和妮阿玛三人就这样进入仪式，准备好了为乡村社会的和谐献出自己。

二　边缘仪式与结构交融：神圣的小人物

一部文学作品往往映射着时代背景下社会群体的冲突与弥合。萨利赫的作品集中书写了诸如东方与西方、进步与落后、农村与城市之间的矛盾冲突。作者自身在西方社会与阿拉伯世界的游走式生活体验为作品带来的矛盾与冲突主题具有东方民族作家的共性。《宰因的婚礼》讲述了苏丹乡村的新型观念与落后思想的矛盾：重等级阶层的乡民和以宰因和妮阿玛为代表的重人性善恶的另一类人之间的冲突；代表官方伊斯兰的伊玛目与代表通俗伊斯兰的村中青年之间的冲突；官方宗教管辖势力与民间"马哈朱卜"帮之间的冲突……

萨利赫在书写冲突，也在探寻冲突的解决途径。特纳认为，通过仪式的作用，可以使得人类社会关系面临交替与转型，社会组织结构消失或仅剩基本结构，人们地位平等，彼此交融，陷入了"卑微与神圣、同质与同志的混合体"的阶段即阈限期。[①]按照特纳的仪式理论来看，如果说在苏丹乡村的生活是社会高位与社会低位的辩证发展过程，那么在社会转型的阶段，人们的社会地位彼此转换，差异被消解了。这对一般阶层分明、苦乐不均的社会来说是一种颠覆和反结构的存在。[②]宰因的婚礼就是乡土社会转型的醒目标识与有力助推——在仪式作为化解社会矛盾冲突的一剂强药这一点上，小说家萨利赫与人类学家特纳达成了共识。

---

① 〔英〕维克多·特纳：《仪式过程：结构与反结构》，黄剑波、柳博赟译，中国人民大学出版社，2006，第96页。

② 张帆：《特纳和仪式理论》，《西北民族研究》2007年第3期，第110－111页。

作为对特纳理论的进一步阐释，萨利赫在小说中加强了个人与群众的联系，叙述了个体力量是如何增强仪式作为与群体和谐的。宰因作为社区的阈限人，其身份、性格及语言、动作等方面都具有阈限性特征。从其边缘化身份来看，宰因是一位边缘人和畸零人，与社会主流所期待的青年人形象有所偏差。从其矛盾多面的性格来看，宰因始终在嫉恶救贫的侠义精神与暧昧不清的道德标准之间不断徘徊，他在面对村妇时表现出的轻浮随性也与在妮阿玛面前时的庄重谨慎有所不同。宰因的性格在赛义德商店前的那场暴力行为中发生了关键性扭转，在赛福鼎命悬一线之际，侯乃因的柔声劝解让宰因突然意识到了自己是受福于安拉的人，性情从此变得宽容忍让。在语言、动作方面，宰因对和谐社区的主要贡献体现在对男女之事的追逐上，体现之处有二，一是对婚礼的积极参与，二是对女色的热烈追求。个体的婚礼作为集体群落中的一件公共事务，往往在公共场域举行。宰因的身影总是追随着村里的大小婚礼，他闹出笑料，也带来欢呼。从水井所位于的村中心到婚礼舞圈的中心，宰因所至之地众声狂欢，人们认出他的阈限者身份，放下了自己的身份地位，与他人之间嫌隙尽除。小说中还大篇幅描写了宰因对女色的追求，他虽以倾心美女为名，实则是为宣传貌美女性的名声，促成男女交合，以便成人之美。

特纳的阈限理论从内部运动形式来看，是"被象征性社会价值附属力量所控制的"，在社会结构之中分析仪式的进程。[①] 小说中间的一节描述了尼罗河潮水涨落的场景。尼罗河"象个性子暴躁的男人似地"，而土地"就同一个情欲强烈的女人准备会见她的男人一样"，二者在交合中孕育着生命。这是小说最具象征意义的一节：河水滋养土地诞生作物，以生态的微妙平衡象征着男女结合以促成大的和谐，同时维持了社区成员的情感联系。或可理解为，宰因对婚礼的追逐和对女色的亲近进一步带来了社会和谐与结构交融。群体成员关注到阈限人宰因的交融功能，为了宰因的受伤而哭泣也是在忧心整个社区的安危。甚至在他身处墓地，面临再次被群体分隔的危机之时，也会被其他成员及时拉回社区。

因此，将婚礼的功能纳入社会结构层面上来看，宰因的婚礼是众人狂欢的高潮。在婚礼前夜的"马哈朱卜"帮的集体晚宴上，宰因的母亲首先打起了"扎咯莱特"，将近二百个声音纷纷响应，振舌欢呼。所有人

---

① 彭兆荣：《人类学仪式的理论与实践》，民族出版社，2007，第 193 页。

都失去了原有的声音，成为众声交响的一员，参与仪式的人们从这里开始聚合。在婚礼上，宰因和伊玛目冤家见面不再躲闪，都进入舞场之中。苏丹人民有热爱歌舞的习俗传统，多以共舞的形式来聚合集体活动的参与者。在舞会上，人们被消泯了身份、符号和独一性，变得和他人无二：往日身份高位者如伊玛目，社会底层的人们如聋人阿希玛娜、瘸子老摩沙，都在仪式中舞蹈和快活；只被少数边缘人物接纳的"绿洲女郎"，到了婚礼上，才真正被认可为部落的一员，甚至来到伊玛目面前歌舞。同声歌舞的场景构建起一个向内部真正聚合的时刻，难怪阿卜拉·撒姆迪哈吉会发出感叹："宰因的婚礼才算得上是真正的婚礼呢。"①

三　聚合仪式与和谐社区：理想社会镜像

在小说结尾，宰因被从坟地拉回了仪式现场，在舞圈中央挺立着，故事叙述到婚礼进行时戛然而止。婚姻仪式是一种社会振动，涉及的不仅是每一个个体，也包括若干不同的社会群体。② 社会群体的聚散行为、风俗习惯与思想动态就包含在仪式发生的人文环境之中。宰因所处的人文环境是由来自乡土世界的人为活动所创造的，在不同阶段，存在趋善与趋恶两种倾向，正是人文环境由恶向善的变迁推进了理想社会的形成。

根据特纳的仪式理论，可以得知仪式的阈限阶段因其反结构性而表现出一定的危险性。道格拉斯（Marry Douglas）也曾在《洁净与危险》（*Purity and Danger：An Analysis of the Concepts of Pollution and Taboo*）中指出，处于发展中间过程的事物都带有不同程度的污染性。在这样的危险环境中，沉默顺服和无身份性的受礼者要想冲出重围，身上需要携带神秘力量。在世界民间文学作品中，这样的人物不在少数，例如，一篇苏丹民间故事就讲述了一名渔夫无意之间解除了魔咒娶美女为妻的故事。③在这类情节中，原本的社会底层成员，在不经意间有了神秘的仁慈或邪恶的力量，以此消除了与其他社会成员的差别，进入了仪式边缘阶段。

---

① 〔苏丹〕塔依卜·萨利赫：《风流赛义德》，张甲民、陈中耀译，山西人民出版社，1984，第301页。

② 〔法〕阿诺尔德·范热内普：《过渡礼仪》，张举文译，商务印书馆，2016，第139页。

③ 海伦·米尼切克：《埃及 苏丹民间故事》，任泉、刘芝田译，新华出版社，1981，第91页。

宰因是这场婚礼仪式的主角，也是仪式中神秘力量的持有者。老乞丐摩沙接受了他的援助，改善了生活现状；阿希玛娜在宰因的善待下恢复了难露的笑容；连父亲的死都没有唤醒良知的恶人赛福鼎，却在宰因的痛揍、侯乃因的祈福下改头换面了。伴随着赛福鼎的从善，当年当地的农业迎来了"侯乃因"丰收年，被百姓以"犟驴子"称号咒骂的政府也做成了多件为民造福的好事。乡土社会的人文环境在阈限人的功能作用下趋善趋美，社会矛盾在仪式的阈限阶段得以交融，人们在主人公的神性光辉下走向聚合。

在人文环境正向变迁的背景下，作者将集体社区中的每一个人付诸不同笔墨，让整个群体发出不同的声音，最后让大家齐声欢唱。在尼罗河西岸的著名歌手法妥玛"宰因办喜事，全乡喜洋洋"的歌声中，舞步声、赞歌声和铃鼓声响成一片，"到处都是欢乐的声音，仿佛这是各路人马的一场大联欢"。① 从仪式过程的表象文本看，在边缘仪式过后的聚合仪式阶段，仪式履行者将融入新的群落展开新的生活。但当深入解析仪式背后的社会人文符码时，便可以推演出社会结构的整合复位与阈限人的重归结构。在小说中，宰因这个阈限人角色是作者实现和谐社会愿景的一个工具，他通过所持有的苏菲派关于爱的主张，将整个社区的人联结在了一起，支撑着故事的和谐主题。② 社区的聚合与进步既是仪式进程本身，也是仪式所追求的理想目的与结果。在小说的其他章节中，也不乏见和谐社区的理想图景，譬如当叙述村里连年丰收时，不仅村妇生产、牛羊下崽，就连枣椰树都在大量结枣，这些自然现象延续了前文中尼罗河滋养非洲大地的象征意义，表达了对男女交合后带来的生殖能力的赞美。

在人文环境的理想建设、男女结合的理想形态等影响因素之外，社区聚合仪式的完成还需建立在阈限人的理想条件之上，如阈限人的外在美化与反叛精神。因此，宰因所在的社区要想和谐，不仅需要这位面目清癯的男子娶到全村最美丽的女子，还需要他做一些生理修正与衣着修饰。因此，当宰因住院归来的时候，他原本口中的黄牙变成了两排洁白美丽的牙齿，让妮阿玛和马哈朱卜先后感叹宰因算是"有个人样"了。

---

① 〔苏丹〕塔依卜·萨利赫：《风流赛义德》，张甲民、陈中耀译，山西人民出版社，1984，第 305 页。

② Constance E. G. Berkley, "The Wedding of Zein by El Tayeb Salih and Denys Johnson-Davies," *Journal of Arabic Literature*, January 1980, Vol. 11, No. 1, p. 111.

到了婚礼上，宰因打扮得如同孔雀一般华丽，更是"完全换了一副人样"。宰因的外在形貌上有了更加和谐的表征，社区的和谐也便指日可待。小说的结尾还有这样一处情节：宰因擅自从婚礼现场离开，来到侯乃因的墓前痛哭。在阈限理论中，阈限者在从原有社区中分隔出来后，其"局外人"的身份使得这一角色具有了冷静理性的反叛精神，阈限人已在开始反思自己的阈限身份，有了促成社会和谐平等的精神诉求。在婚礼当天哭悼亡人，本就不是传统社会的常规习俗，反映出宰因对现有结构秩序的批判意识。他积极推动乡村社会向理想结构的演进，使得社会成员的物质水平和精神层次广泛提高。

　　与其他宗教教义相似，在苏丹国教伊斯兰教的教义中也有救世主思想，救世主被称为"马赫迪"。[①] 宰因就是这个乡村社会乃至整个国家的"马赫迪"的化身，在"马赫迪"宰因的带领与救赎之下，松散的群体关系得以牢固，落后的乡村社会得以复兴。但我们应该看到的是，萨利赫在小说结尾所创造的公共和谐状态，在当代苏丹国的农业社会中实际上并不存在，因此，它只能是作者笔下当代非裔阿拉伯理想社会的一个文学镜像。

四　结语

　　《宰因的婚礼》最早发表于20世纪60年代，一经出版，便得到了阿拉伯世界及国际文学舆论界的关注与热评。范热内普的"过渡仪式"理论经由特纳的学理延伸，再到小说家萨利赫的形象阐释，经历了从仪式理论向社会理论，再向理论实操演进的过程。在萨利赫的笔下，一个普通的苏丹北部村庄，因为一场婚礼仪式，各阶层和地位的人们走到了一起，社会结构得以交融，矛盾得以消解，这也应和了特纳所关注的仪式使受礼者的地位身份融为平等的社会功能。萨利赫将宰因的婚礼视为一种将物质存在升华到群体意识的艺术活动，这种艺术活动承载了创造出社会历史与文明进步的生命元素，又演变为包含了物质、精神及历史转型的人类意识。

　　通过对婚礼盛况的描写，萨利赫展现出了歌舞艺术与狂欢意志是如

---

① 　杨期锭、丁寒:《苏丹》，上海辞书出版社，1985，第14页。

何作为苏丹文化精神的一个重要部分，得以支持本民族世俗生命的延续与审美精神的衍生的。萨利赫将关于乡村的审美记忆从社会现实中提取和抽象出来，将这种审美精神提升到艺术层面的境界上来，同时也强调了萨利赫笔下人物非裔阿拉伯民族的身份。宰因的这场婚礼是在一处个体差异泾渭分明的落后农业社会举行的，宰因作为牵系了人、自然与安拉之间的一条纽带，在婚礼上吸引了这个社会内部与外部的所有力量聚合一处。萨利赫施展和谐与博爱的力量，希求将整个村庄视为一个整体，甚至将整个苏丹国都视为一个整体。这是作者寄托在作品中的民族主义情感和复兴落后故乡的强烈愿望。

（责任编辑：杨惠）

非洲研究 2019 年第 1 卷（总第 14 卷）
第 119－135 页
SSAP ©, 2019

非洲独立以来教育发展政策的演变及其影响

——基于对历届非洲教育部长会议的解读*

陈嘉雷 刘鸿武

【内容提要】 非洲大陆独立至今的半个多世纪，随地区政治局势、经济状况及社会文化的不断变化，非洲教育发展政策经历了深刻演变，联合国教科文组织、世界银行、非洲统一组织等国际与地区组织多次制定政策，为非洲教育发展出谋划策。其中，非洲教育部长会议是非洲设立最早、持续时间最长、辐射范围最广的官方区域性教育会议机制。会议持续关注教育公平、基础教育普及、成人扫盲教育落实、高等教育一体化、职业技术教育发展、教师教育培训、课程改革、教学质量评估、科技教育创新、国际教育援助、教育区域合作等非洲教育热点议题，历次会后发布的"行动计划"已成为非洲教育发展的重要纲领性文件，影响广泛，意义重大。本文通过对非洲教育部长会议的解读，回顾独立以来非洲教育政策发展路径，分析会议对非洲教育发展的作用与影响。

【关 键 词】 非洲教育；教育政策；发展；非洲教育部长会议

【作者简介】 陈嘉雷，浙江师范大学非洲研究院博士研究生（金华，321004）；刘鸿武，教育部"长江学者"特聘教授，博士生导师，浙江师范大学非洲研究院院长（金华，321004）

---

* 本文系国家社科基金重大招标项目"中国对非洲关系的国际战略研究"（项目编号：15ZDA066）的阶段性成果。

20 世纪中叶，非洲国家陆续独立，非洲各国政府、社会精英和普通百姓沉浸在欢乐气氛中，对非洲未来发展充满了美好期盼与设想。与此同时，非洲教育发展也迎来了一个新时期，各国新政权都对本国教育发展进行了广泛探讨和精心设计。其中，非洲教育部长会议（MINEDAF）就是一个很好的例证。该会议始于 1961 年，至今已陆续在非洲国家举办了十四届。①会议由联合国教科文组织（UNESCO）主导，联合国非洲经济委员会（UN-ECA）与非洲统一组织（OAU）共同主办，每届会议均出台了相关文件和行动计划。然而，半个多世纪后的今天，非洲许多国家的教育水平仍处于相对落后状态，非洲大陆也是全球教育最不发达的地区之一。

为何一些非洲国家文盲率仍居高不下？为何非洲教育性别不平等、地区不平衡依旧普遍存在？为何非洲中等教育入学率与完成率止步不前？为何非洲职业技术教育与高等教育发展潜力不足？是非洲国家本身历史文化传统对教育发展的不重视，还是制定、实施了不符合地区发展实情的教育政策？笔者通过对非洲教育部长会议及其产生的相关成果的解读，并结合会议召开时非洲社会发展背景，试图探析会议对非洲教育发展的影响，诠释独立以来非洲教育发展的曲折进程。

一　历届非洲教育部长会议回顾

过去近 60 年，非洲国家的政治体制、经济结构、社会环境都发生了深刻变化，这不仅反映于非洲人民的日常生活方式，同时也影响着包括教育政策在内的国家发展政策的制定与实施。非洲教育部长会议自 1961年召开首届会议至今已陆续举行了近 20 次，会议主要关注基础教育普及、女童与女性教育、成人扫盲教育、职业技术教育发展、高等教育与教育国际化、大学专业设置与课程改革、教师培养、教学质量提升等非洲国家普遍关注的教育议题。同时，不同时期又有其关注重点，主要可分为三个发展阶段。

---

①　2002 年 7 月"非洲联盟"（AU）取代"非洲统一组织"，同时，"非洲教育部长会议"改称为"非盟教育部长会议（COMEDAF）"。

表 1 历届非洲教育部长会议一览

序号	会议名称	会议时间	会议地点
1	第一届非洲教育发展会议	1961 年 5 月	埃塞俄比亚，亚的斯亚贝巴
2	非洲教育部长会议——落实亚的斯亚贝巴计划	1962 年 3 月	法国，巴黎
3	第二届非洲教育部长会议	1964 年 3 月	科特迪瓦，阿比让
4	第三届非洲教育与科技发展会议	1968 年 6 月	肯尼亚，内罗毕
5	第四届非洲教育部长会议	1976 年 2 月	尼日利亚，拉各斯
6	第五届非洲教育部长与经济计划部长会议	1982 年 6 月	津巴布韦，哈拉雷
7	第六届非洲教育部长与经济计划部长会议	1991 年 7 月	塞内加尔，达喀尔
8	第七届非洲教育部长会议	1998 年 4 月	南非，德班
9	非统教育部长会议	1999 年 3 月	津巴布韦，哈拉雷
10	第八届非洲教育部长会议	2002 年 12 月	坦桑尼亚，达累斯萨拉姆
11	第二届非盟教育部长会议	2005 年 6 月	利比亚，苏尔特
12	非盟教育部长特别会议	2006 年 9 月	莫桑比克，马普托
13	第三届非盟教育部长会议	2007 年 8 月	南非，约翰内斯堡
14	第四届非盟教育部长会议	2009 年 11 月	肯尼亚，蒙巴萨
15	第四届非盟教育部长会议（特别会议）	2011 年 5 月	肯尼亚，内罗毕
16	第五届非盟教育部长会议	2012 年 4 月	尼日利亚，阿布贾
17	第五届非盟教育部长会议（特别会议）	2013 年 7 月	埃塞俄比亚，亚的斯亚贝巴
18	第六届非盟教育部长会议	2014 年 4 月	喀麦隆，雅温得
19	第六届非盟教育部长会议（特别会议）	2015 年 2 月	卢旺达，基加利

资料来源：笔者根据联合国教科文组织、非洲统一组织、非洲联盟等相关文件整理。

（一）20 世纪 60 - 80 年代：从接受国际援助到重视本土知识

1960 年 11 月，第十一届联合国教科文组织大会在巴黎召开，19 个非洲国家于这一年加入该组织。鉴于当时非洲国家尚处于独立斗争时期或新国家成立不久，教育水平落后，联合国教科文组织提议于次年召开首届非洲国家教育部长会议[①]，以促进非洲国家教育与经济社会发展。1961

---

① UNESCO, "Records of the General Conference Resolutions (Eleventh Session)," Nov. 1960, http://unesdoc. unesco. org/images/0011/001145/114583E. pdf.

年 5 月，非洲教育与发展会议在埃塞俄比亚首都亚的斯亚贝巴召开，又分别于 1962 年、1964 年和 1968 年召开了巴黎《亚的斯亚贝巴计划》落实会议和第二、第三届非洲教育部长会议。这一时期，非洲国家主要关注基础教育改革、科学技术课程制定、中等教育发展、职业技术教育与培训、教师教育与教育技术发展、非洲国家间及国际教育合作等教育议题，同时国际社会对非教育援助成为独立初期非洲教育发展的主要资金和技术来源。

早期国际社会对非教育援助主要分为三种类型，其一，由国际机构主导的多边对非教育援助。20 世纪 60 年代开始，世界银行将目光投向发展中国家教育发展，并于 1963 年专门设立了教育贷款部门。整个 60 年代，非洲地区接受世界银行教育援助达 8900 万美元，占总额的 37% ，是当时的第一大受援地区。[①] 联合国教科文组织对非教育援助主要以项目为依托，即 1961 年首届非洲教育部长会议制定的"亚的斯亚贝巴计划"，在非洲推动扫盲教育、义务教育和国际及区域教育合作。此外，经济合作与发展组织（OECD）下设的发展援助委员会（DAC）、非洲发展银行（AFDB）等机构也陆续开展对非教育援助项目。其二，以英、美、日等国为代表的双边对非教育援助。60 年代，英、美、日相继成立海外发展部（Ministry of Overseas Development）、国际发展署（USAID）、海外经济合作基金（Overseas Economic Cooperation Fund）等对外援助机构，帮助非洲国家发展教育。其三，非政府组织对非教育援助，援助主体主要包括教会、慈善基金会、志愿者组织、商业机构和大学等。

对非教育援助内容包括财政、物质和智力援助。财政援助方面，1961 至 1970 年，国际对非教育援助总额从 1.4 亿美元逐步增长至 10.1亿美元，年均增长近 25% 。[②] 物质援助方面，这一时期援助国和国际组织帮助非洲国家完善电力、自来水、道路设施，建设校舍，提供教学设备等，扩大了教育辐射范围。智力援助方面，国际教育发展领域专家参与非洲教育部长会议，为非洲教育发展制定纲领性文件和行动计划。

1976 年和 1982 年第四、第五届非洲国家教育部长会议先后在拉各斯和哈拉雷召开，两次会议对 60 年代非洲教育发展状况进行总结，与会专

---

① P. W. Jones, *World Bank Financing of Education*: *Lending*, *Learning and Development*, London and New York: Routledge, 1992, p. 60.

② UNESCO, "Conference of African States on the Development of Education in Africa (Addis Ababa, Ethiopian, 1961)," May 1961, http://www. unesco. org/education/pdf/ABABA_E. PDF.

家与学者认为在《亚的斯亚贝巴计划》指导下，非洲教育虽得到了一定
发展，但并未从总体上改变非洲教育发展模式和现状。非洲各国应结合
本国国情制定教育发展战略，并因时因地作出合理调整。普及小学教育
是非洲教育发展的当务之急，同时应增强民众对国家发展的信心，强调
在教育中应积极灌输非洲传统价值观，强化非洲国家政治独立意识。[1]
1979 年非统第 16 次首脑会议和 1980 年非统领导人特别会议出台的《蒙
罗维亚宣言》和《拉各斯行动计划》也都指出，教育是提高生产力水平
和发展水平的关键。在各国的共同努力下，非洲青少年入学率得到显著
提高，初等教育入学率从 1965 年的 41% 上升到 1980 年代中期的 69%，
中等教育入学率从 2% 提高到 14%。[2]

（二）世纪之交：落实扫盲教育与普及初等教育

1990 年 3 月，世界全民教育大会在泰国宗滴恩召开，会后通过的
《世界全民教育宣言》指出，教育是世界上所有人和所有民族的基本权
利，包括非洲国家在内的发展中国家基础教育和扫盲教育任务依然严峻。
次年 7 月的非洲国家教育部长大会上，非洲国家重新审视了《亚的斯亚
贝巴计划》实施以来的 30 年非洲教育的发展情况，重新制定教育发展规
划，将落实扫盲教育与普及初等教育确定为优先方向。

20 世纪 90 年代初，非洲有 2600 万女童没有接受正规教育，女童失学
比例较同龄男童高出 10% 以上，妇女文盲率达 60%，提高女性受教育水平
无疑成为非洲教育发展的重中之重。为此，在联合国教科文组织和非统的
共同倡议下，1993 年来自国际组织和非洲 36 个国家的教育部门负责人在布
基纳法索瓦加杜奥召开泛非女童教育会议。会议指出，非洲各国应联合国
内教育、卫生、劳动、经济、司法等部门强化本地区女童受教育意识，切
实提高女童受教育比例，并落实几项措施：（1）改变非洲家庭女孩读书无

① UNESCO, "Conference of Ministers of Education of African Member States Final Report (Lagos, Nigeria, 1976)," Feb. 1976, http://www. unesco. org/education/pdf/LAGOS_E. PDF. UNES-CO; "Conference of Ministers of Education and those Responsible for Economic Planning in African Member States (Harare, Zimbabwe, 1982)," Jul 1982, http://www. unesco. org/education/pdf/HARARE_E. PDF.

② World Bank, *Adjustment in Africa, Reform, Results, and Road Ahead: A World Bank Policy Report*, Oxford: Oxford University Press, 1994, p. 25. 转引自舒运国《试析 20 世纪非洲经济的两次转型》，《史学集刊》2015 年第 4 期，第 18 页。

用的传统观念；（2）建立更多学校方便女童就近入学；（3）采用多样化的学费支付方式；（4）为女童特别是农村女童提供免费教育，发放奖学金和生活津贴；（5）为偏远地区教师提供津贴和住房；（6）女性师范生比例提高至 50% 以上；（7）为"少女妈妈"提供更多受教育机会；（8）征收初等教育税用于购置校园设施和教师培训；（9）将促进女童教育设为教育规划与决策重点；（10）重视对女童教育情况的反馈与管理监督。①

与此同时，国际与地区组织也纷纷对非洲教育发展投以关注目光。1995 年第 62 届非统部长理事会确定 1996 年为"非洲教育年"，"教育"成为次年在雅温得召开的非统第 32 届首脑会议的关键词。会议制定了《非洲教育十年行动计划（1997—2006）》，指出消除全民教育发展障碍将是未来十年非洲教育发展的主要目标。会议肯定了各国在教育事业上所做出的努力，认为进行非洲教育体系全面改革，推动非洲教育发展，不仅为地区经济发展提供持续动力，同时也巩固了非洲人民不懈努力所取得的政治和社会稳定。2000 年世界教育论坛首次在非洲召开，论坛以"全民教育：实现我们的集体承诺"为主题，并通过《达喀尔行动纲领》，对幼儿保育与教育、儿童免费和高质量义务初等教育、公平获得学习机会、成年人脱盲、男女教育平等、提高教育质量等议题给予了高度关注。② 同年 9 月召开第 55 届联合国大会，与会 189 个国家签署《联合国千年宣言》，各国承诺到 2015 年世界各地的儿童，不论男女，都能上完小学全部课程，男女儿童都享有平等的机会，接受所有各级教育。③

非洲教育部长第七和第八届会议先后于 1998 年和 2002 年召开，两次会议分别以"非洲全面终身教育：21 世纪的发展目标"和"迎接非洲教育的挑战：从承诺到行动"为主题，对后非统时代非洲教育的改革与发展进行了整体规划。

（三）2005 年以来：非盟领导下的教育全面发展

2002 年 7 月，非洲大陆正式迈入"非盟"时代，2005 年首次由非盟

---

① UNESCO，UNICEF，"The Education of Girls The Ouagadougou Declaration and Framework for Action，" Apr.，1993，http://unesdoc. unesco. org/images/0009/000957/095726E. pdf.

② UNESCO，"The Dakar Framework for Action，" Apr.，2000，http://unesdoc. unesco. org/images/0012/001211/121147e. pdf.

③ 《联合国千年宣言》，2000 年 9 月，https://documents-dds-ny. un. org/doc/UNDOC/GEN/N00/559/50/PDF/N0055950. pdf? OpenElement。

委员会主办的非洲联盟教育部长大会（COMEDAF）在苏尔特召开。非盟成员国与非洲经济委员会共同评估了《非洲教育十年行动计划（1997—2006）》的落实情况和影响，对过去十年非洲各国在提升学龄儿童入学率和教学质量方面所做的努力表示赞赏。次年9月，在马普托召开的非盟教育部长特别会议颁布《非洲教育二·十行动计划（2006—2015年）》，确立了下一个十年非洲教育发展七大重点领域：（1）从整体上消除教育性别差异；（2）建立教育管理信息系统（EMIS）与教育质量监管体系；（3）增加教师数量，提升教师教学技能与质量；（4）振兴非洲高等教育，在履行公共责任框架下实现学术自由与大学自治；（5）发展职业技术教育，培育青年人创业精神；（6）加强大中小各阶段课程开发与教材编写；（7）提高学龄儿童入学机会，兼顾教育效率与公平。[①] 这一阶段，非盟教育部长会议除关注教育公平、基础教育等传统议题外，还将目光投向高等教育、职业技术教育、儿童教育与健康等方面。

高等教育领域，在强化非洲各国及区域间教育交流与合作原则指导下，2007年第三届非盟教育部长会议制定了非洲高等教育协调战略，并于2009年第四届非盟教育部长会议上提出建立泛非大学（PAU），旨在振兴非洲高等教育，提升本地区全球竞争力。经过近10年的发展，泛非大学现已在东非、西非、中非和北非的四所大学设立了研究院，即肯尼亚乔莫肯雅塔农业和技术大学的泛非大学基础科学、技术和创新研究所（PAUSTI），尼日利亚伊巴丹大学的泛非大学地球与生命科学研究所（PAULESI），雅温得大学的泛非大学管理、人文和社会科学研究所（PAUGHSS）和安哥拉特莱姆森大学的水利、能源与气候变化研究所（PAUWES）。泛非大学作为集社会科学、自然科学、技术、创新、治理能力等领域教学与研究为一体的机构，极大地促进了高水平人力资源和高质量知识思想的生产与传播，已成为非洲发展核心驱动力之一。

职业技术教育领域，受限于落后的基础设施建设和滞后的工业化水平，加之重学历轻技术的非洲传统思想观念影响，非洲职业技术教育发展一直滞后。2007年1月，第八届非盟部长级会议期间通过了《非洲职业技术教育和培训振兴战略》（TVET），旨在在非盟框架下整合各国资

---

① AU, "Second Decade of Education for Africa (2006 - 2015) Plan of Action," Sep., 2006, http://www.unesco.org/new/fileadmin/MULTIMEDIA/FIELD/Dakar/pdf/AU%20SECOND%20DECADE%20ON%20EDUCTAION%202006 - 2015.pdf.

源，形成高质量、适应性强、符合非洲发展实际的职业技术教育与培训，引领非洲教育一体化改革与发展。① 该战略计划将农业与农村发展、公共卫生与水资源保护、能源与环境治理、信息通讯技术、工程施工与维护、土地与房屋建设、政府治理能力建设七个方面作为职业技术教育与培训的优先发展方向。2012 年召开的第五届非盟教育部长会议重申应重视非洲职业技术教育发展，并在职业技术教育中充分运用非洲思想与智慧。数据显示，当前撒哈拉以南非洲地区 35 岁以下人口占 65%，其中 15 – 24 岁青年人口逾 2 亿②，发展职业技术教育与培训既是非洲经济社会发展的要求，也是解决非洲人口困境、发挥人口红利的必然选择。

儿童教育与健康领域，作为对《联合国千年发展目标》的回应，2014 年第六届非盟教育部长会议重点关注儿童教育与健康问题。《东部与南部非洲教育：基础教育与性别平等》报告中指出，21 世纪以来该地区教育发展取得了很大进步，小学入学儿童数量急剧增加，同时该地区失学儿童数量从 2000 年的 1760 万名下降到 2010 年的 900 万名，但学前教育入学比例依然只有较低水平的 21%。在学业完成度方面，东部和南部学生在经过 6 年小学教育后，达到阅读合格的学生占 62%，达到最低数学标准的只有 33%。③ 在另一份关于西部和中部非洲教育发展的报告中指出，2001 年至 2012 年 11 年间，该地区儿童接受学前教育的比例从 13% 上升到 28%，初等教育毛入学率从 85% 上升至 105%。④ 但与此同时，联合国儿童基金会（UNICEF）分析认为，与世界其他地区中低收入经济体相比，撒哈拉以南非洲地区儿童在健康、教育和有利环境等方面得分较低，辍学儿童大多生活在战乱和冲突频发地区和农村地区，其中女童占绝大部分。报告认为，在给予非洲儿童平等受教育机会的同时，应提高非洲儿童的学习能力，使所有孩子都能掌握读写和计算等基本技能，以及对情感和社会的认知能力，使他们能在日益复杂和联系密切的全球化

---

① AU, "Strategy to Revitalize Technical and Vocational Education and Training (TVET) in Africa," Jan., 2007, http://lekiworld.com/AU/docs/15.pdf.

② Dean Filmer, Louise Fox, *Youth Employment in Sub-Saharan Africa*, Washington D. C.: World Bank Publication, 2014.

③ UNICEF, "Education in Eastern and Southern Africa: Basic Education and Gender Equality," Apr., 2014, https://au.int/sites/default/files/newsevents/workingdocuments/27613-wd-brefing_note_from_esar.docx_.pdf.

④ UNICEF, "Education in Western and Central Africa," Apr., 2014, https://au.int/sites/default/files/newsevents/workingdocuments/27613-wd-briefing_note_wcar.pdf.

世界中茁壮成长。

二 重要会议文本解读

历届非洲教育部长会议的召开都受到了非洲各国和国际社会的高度关注，域外重要国家、地区与国际组织、非政府机构等均派出规模庞大的专家团队，对每一阶段非洲教育发展进行总结与规划，并出台"会议报告""行动计划"等纲领性文件，为非洲教育发展提供了重要制度保障。其中，1961 年首届非洲教育发展会议为尚处于民族解放和独立初期的非洲国家教育发展指明了方向；1991 年第六届非洲教育与经济部长会议对结构调整计划主导下非洲教育发展滞后问题进行反思，明确将扫盲教育和基础教育作为非洲教育发展重点；2015 年第六届非盟教育部长会议第二次特别会议首次将撒哈拉以南非洲国家教育发展作为单独议题进行讨论，会议关注该地区落实"联合国千年发展目标"提出的普及基础教育方面落实情况，并商讨如何实现"联合国可持续发展目标"的教育部分。三次会议分别对 20 世纪中叶、世纪之交及"2015 后"非洲教育发展产生了重要影响。

（一）1961 年非洲教育发展会议

1961 年 5 月非洲教育发展会议召开前夕，超过半数的非洲国家已获得民族解放和国家独立。非洲国家政府和人民意识到，作为世界最不发达的地区，他们亟须召开一次会议商议非洲未来教育发展方向，以推动非洲经济与社会发展。首届非洲教育部长会议与会代表包括 39 个会议成员国（含 35 个非洲国家）、24 个观察员国、10 个联合国下属组织和 21 个国际非政府组织。

会议主要关注几方面内容：（1）鼓励国际对非教育援助，弥补非洲教育发展财政不足；（2）援建校舍和师生宿舍，解决教师和基础设施短缺；（3）实施教师培训项目，实现普及初等教育；（4）更新课程设置，增加职业技术教育和农业教育相关内容；（5）提高女童入学比例，为女性提供职业培训；（6）发展高等教育，为大学生提供赴海外学习机会；（7）推动成人教育与扫盲教育，培养读写能力；（8）改变教材，增加非洲历史、文化、艺术相关内容。与会官员与专家学者分别制定了非洲教育发展短期与长期规划，初等教育方面，计划到 1965 年入学率提高到 51%（1961 年为 40%），1980 年实现初等教育普及；中等教育从 3% 到 1965 年提高至 9%，到 1980 年达到 30%；高等教育方面，争取到 1980 年完成中等教育的学生中 20% 的人可以进入大学学习。并指出教师培训、成人扫盲教育和提升教学质量是未来 20 年非洲教育发展重点。

会议确定了三大优先发展领域。第一，发展中等教育。随着非洲国家的独立和国内政治局势趋稳，小学入学人数明显增多，这就需要更多中等学校和从事中等教育的教师。各国政府积极鼓励在西方接受高等教育的非洲大学生回国从事中等教育工作。第二，进行课程改革。会议要求非洲国家对各级课程进行全面调整，强调对非洲和本国的历史文化知识教育，同时增加实用技术和农业领域相关课程，将学生培养成了解非洲的实用性人才，推动非洲经济发展。第三，扩大教师培训。非洲教师缺口巨大，在未来 20 年时间里非洲大约需要 2 万名教师，以达成到 1980 年普及初等教育的目标，并且中学、职业技术及农业教学将严重依赖外籍教师。

遗憾的是，虽然此次会议制定了详细的非洲教育发展计划，但由于非洲国家经济基础薄弱，教育发展严重依赖国际社会的援助，加之一些国家内乱、政变不断，严重影响了方案的实施。到 1980 年，虽然非洲初等教育和中等教育得到了一定的发展，但距目标尚有一段距离。这也使非洲国家认识到，非洲教育的发展首先需要稳定的内部环境，并制定和实施符合本地区实际情况的发展计划，使之真正服务于经济发展与社会进步。

表 1 1960 – 1980 年撒哈拉以南非洲国家初等、中等教育情况

年份	1960 年	1970 年	1980 年
初等教育在校人数（万人）	1190	2120	4770
初等教育毛入学率（%）	36	46.3	77.5
中等教育在校人数（万人）	79.3	259.7	790
中等教育毛入学率（%）	3	7	15.7
升学比例（%）	6.7	12.3	16.6

资料来源：1960 年数据来自世界银行《撒哈拉以南非洲教育》，1970 年数据来自联合国教科文组织《1991 年世界教育报告》，1980 年数据来自联合国教科文组织《1993 年世界教育报告》。

（二）1991 年非洲教育与经济部长会议

20 世纪 80—90 年代，非洲大陆社会、经济、文化、环境状况恶化，西方主导的经济结构调整计划导致非洲国家经济严重衰退。十年间，非洲经济年均增长率仅 1.5%，人均收入每年下降 1.3%，被称为非洲"失去的十年"。首届非洲教育部长会议召开 30 年后，1991 年第六届非洲教育与经济计划部长会议在达喀尔召开，来自非洲 46 个国家的代表与会，会议以"20 世纪 90 年代非洲教育战略：促进扫盲教育与基础教育发展"为主题。

会议回顾了 1990 年 3 月世界全民教育大会发布的《世界全民教育宣言：满足基本学习需要》，认为 30 年来尽管非洲各国在教育方面作出了不懈努力，也取得了一些成效，但成人扫盲和基础教育仍存在巨大挑战。数据显示，截至 1991 年，非洲成人（15 岁及以上）文盲率为 52%，达 1.72 亿人，其中 2/3 的女性为文盲。据估计到 2000 年，虽然文盲率将有望降至 40%，但文盲绝对人口数将增加近 900 万，达到 1.81 亿人。[①] 1980 年至 1990 年十年间，非洲地区初等教育毛入学率从 77.5% 降至 68.3%，下降了近 10%，在女童与农村地区这一趋势更为明显。会议指出，非洲各国教育部门应在以下几方面加强区域合作：（1）对教育部门官员和决策制定者进行培训，提高对各国教育现状的分析和教育计划的制定能力；（2）对教育质量进行严格监督、评价，特别是运用数据对基础教育进行指标性分析；（3）对基础教育教学方法和课本进行改革，提高基础教育的实用性，用非洲语言进行教学；（4）对任课老师进行进一步培训，使他们对不同类型的学生采用适合的教学方法，提高教学质量；（5）将多媒体特别是远程教育作为教学辅助手段，进行教育、研究、信息交流和人员培训，更好地满足教育发展需求。

会议提出，下一阶段非洲教育应优先发展三个方面：第一，扩大正式和非正式基础教育的辐射范围，着力提升基础教育教学质量，加强教师培训并对学生学习成果进行评估；第二，让学龄儿童和弱势群体优先接受教育，如青少年、文盲女童和妇女、贫困儿童、残疾人和难民；第

---

① UNESCO, "Sixth Conference of Minsters of Education and Those Responsible for Economic Planning in African Member States Statistical Review (Dakar, Senegal, 1991)," July, 1991, http://unesdoc. unesco. org/images/0008/000886/088640EB. pdf.

三，对不同社会群体结合其性别、年龄和实际需求等制定不同的教育发展计划，并定期对实施情况进行评估。希望经过 10 年的发展到 2000 年非洲教育达成以下目标：（1）文盲人口比重减半，从 1990 年的 52% 下降到 26%；（2）扩大初等教育规模，扭转 80 年代以来的下降趋势；（3）完善教育设施，提高基础教育质量；（4）结合各国初等教育现状制定相应的 2000 年发展目标。①

为达成上述目标，与会官员和学者呼吁非洲各成员国对儿童进行保护并提供教育；实现初等教育普及；促进对女童和妇女的基础教育；提高弱势群体和残疾人的受教育机会；对 12—17 岁文盲群体进行基础教育；鼓励基础教育采用参与式教学方法、因材施教；从国家层面对每一级制定不同的教学和学习目标。呼吁联合国教科文组织协调各成员国、双边及多边机构，特别是联合国儿童基金会（UNICEF）、联合国开发计划署（UNDP）和世界银行（World Bank）为非洲地区制定并引导实施长期教育行动计划，并给予非洲各国教育计划实施必要支持；发起国际合作倡议，以支持非洲教育行动计划的落实；建立非洲大陆及次区域教育发展协调机制。同时呼吁国际双边、多边机构及非政府组织与非洲国家建立教育行动计划合作机制，对计划的准备、实施及成效进行跟踪、评价。

1991 年的会议可以说是非洲教育的一次觉醒，非洲国家独立后虽在政治上摆脱了殖民宗主国，但经济和文化上仍旧依附于西方。会议反思了 20 世纪 60 年代以来，特别是 80 年代之后，人力资本理论与经济结构调整计划影响下以中等教育、高等教育为主导的非洲教育发展战略，重新开始关注非洲初等教育普及与成人扫盲议题。然而，完善的教育行动计划并未帮助非洲从根本上扭转教育落后的局面，2000 年撒哈拉以南非洲地区初等教育毛入学率为 81.8%，文盲率为 43.8%，均未达到预期目标。②

（三）2015 年非盟教育部长特别会议暨撒哈拉以南非洲地区教育会议

2015 年 2 月，第六届非盟教育部长会议第二次特别会议在基加利召

---

① UNESCO, "Sixth Conference of Minsters of Education and Those Responsible for Economic Planning in African Member States Final Report (Dakar, Senegal, 1991)," July, 1991, http://www. unesco. org/education/pdf/DAKAR_E. PDF.

② The World Bank, https://data. worldbank. org/indicator/SE. PRM. ENRR? locations = ZG. 最后下载日期：2018 年 8 月 25 日；https://data. worldbank. org/indicator/SE. ADT. LITR. ZS? end = 2000&locations = ZG-1W-Z4-8S-Z7-ZJ&start = 2000&view = bar. 最后下载日期：2018 年 8 月 25 日。

开，会议旨在总结非盟成立以来非洲教育发展状况，评估非洲对联合国千年发展目标教育部分的落实情况，同时审核即将出台的《非盟 2063 议程》教育领域相关内容，并制定 2015 后非洲教育发展战略。据联合国教科文组织统计，2000—2015 年撒哈拉以南非洲地区初等教育净入学率从 60% 上升到 80%，虽未达到普及初等教育，但发展速度居全球各地区之首。[①] 会议对非洲教育发展现状、成功经验、存在的问题和面临的挑战进行全面分析，认为随着地区及全球发展的不断推进教育将扮演越来越重要的角色。各国认为应将基础教育的定义扩展至初中阶段，持续推进基础教育普及工作，加大教育投入，并给予欠发达国家必要帮助。同时，增加日常教学中的非洲本土元素，促进教育非洲化和本土化，促进非洲文化多元化发展。

会议重申，追求优质教育和终身学习是一项基本人权，也是非洲地区实现可持续发展的必要条件，非洲各国应向每一个儿童、青年人和成人提供受教育机会。面对非洲教育发展中出现的挑战，各国决定改善现有教育发展模式，使各国充分获益于非洲的人口红利。会议指出，过去 25 年撒哈拉以南非洲地区教育发展显著，但并未实现"全民教育"和《非洲教育二·十行动计划（2006—2015 年）》所设定的目标。虽然本地区小学入学率已达到 97%，但完成率仅 67%，初中和高中完成率更是低至 35% 和 17%，成人识字率为 69%。每十万人中"非洲职业技术教育和培训振兴战略"注册人数仅为 606 人，且每十万人中仅有 636 名学生接受高等教育。[②] 与会代表呼吁撒哈拉以南非洲各国应重新思考教育发展政策的适用性，采取更加符合国情且可持续发展教育计划，应对教育质量、教育公平、教师教育、科学与职业技术培训、校园治理、科技创新、区域合作和教育融资等给予更多关注，以实现非洲的和平、繁荣与一体化愿景。

会议制定了撒哈拉以南非洲地区教育发展战略，主要包含 9 方面内容：（1）教育公平和全覆盖。公平、优质的教育是每个人的权利，应保证每个儿童、青年和成人，包括少数民族和弱势群体从儿童护理阶段开始获得高质量的教育，提供 9—10 年的义务教育；（2）男女受教育机会平等。消除对女性的教育歧视，给予女童充分的受教育机会，减少对女

---

①　《千年发展目标报告（2015 年）》，第 3 页，http://www. un. org/zh/millenniumgoals/pdf/MDG%202015-C-Summary_Chinese. pdf. 。

②　UNESCO，"Sub-Saharan Africa Regional Ministerial Conference on Education Post-2015 Kigali Statement，" Feb.，2015，http://unesdoc. unesco. org/images/0023/002321/232153e. pdf.

性的体罚与虐待；（3）教师与教学。对教师进行专业培训，制定全面的教师招聘、管理和评价制度；（4）教育质量与学习成果。为师生提供充足的教学和学习材料，制定课程标准和审查制度；（5）科学、技术与技能发展。重视科学技术创新与创业、就业能力培养，对青年、女性和边缘群体给予格外关注；（6）可持续发展教育和全球公民教育。培养受教育者形成一种平和、公正、包容的价值观，以适应世界发展；（7）成人扫盲教育与职业技能培训。为失学儿童和青少年、成人文盲尤其是女童和妇女提供扫盲教育和技能培训，使其获得基本生活和工作能力；（8）融资、治理与伙伴关系。鼓励民间组织参与非洲教育，建立开放、透明的教育机制；（9）教育危机处理。强调在遭遇政治冲突、经济危机、自然灾害、恐怖袭击、疾病传播等危险条件下继续教育的重要性，并确保师生安全和校园基础设施不受损坏。

三　非洲教育部长会议的影响分析

非洲教育部长会议从 1961 年第一届至今，贯穿了整个独立后非洲教育发展历程，会议出台的文件和发展规划真实反映出不同时期非洲教育发展面临的困境和亟须解决的问题，对非洲教育和经济社会发展产生了长远影响。

（一）非洲教育部长会议推动非洲教育全面发展

作为一种非洲官方综合性教育会议机制，虽历届会议依其不同的时代发展背景有所侧重，但总体而言，会议讨论内容涵盖非洲教育从学前教育到高等教育的各个阶段，并对不同时期非洲各阶段教育发展制定了相应目标，强化了各国教育部门推动教育事业的目的性和动力。1960 年到 2017 年的半个多世纪里，撒哈拉以南非洲初等教育、中等教育和高等教育毛入学率分别从 36%、3% 和不到 1% 提高到 97%、42% 和 8.8%。同时，会议关注非洲教育发展各领域问题，包含教育公平、教育基础设施建设、教师培训、教育质量评估、课程与教材改革、教育能力建设、国际教育援助、教育合作等方面。以教育公平议题为例，这是制约非洲教育发展的主要瓶颈之一，历届教育部长会议对非洲教育性别平等、年龄平等、区域平等、城乡平等及残疾人和弱势群体受教育情况持续关注。

1961 年首届会议即提出实现普遍的基础教育，在 1968 年第三届会议上提出开展农村小学试点项目，并在联合国教科文组织主导下进行非洲农村教师培训，努力消除农村地区"读书无用"的传统观念，并在 1976 年发布的《拉各斯宣言》中明确指出教育是人人享有的基本权利，无论年龄、性别、职业、社会地位和身处何处。20 世纪 90 年代开始，教育公平议题主要转向性别平等，关注阶段也从原来的基础教育拓展至成人教育。1993 年泛非女童会议指出，不仅要为学龄女童提供教育，同时应为妇女提供扫盲教育和职业技能培训。2000 年后，随着非洲初等教育普及度的提升，各国开始关注弱势群体和残疾人的受教育情况，同时鼓励辍学儿童重返校园。

（二）非洲教育部长会议促进非洲教育一体化进程

从 1963 年非洲统一组织成立之初，非洲一体化就一直是非洲发展的重点议题，教育一体化也被纳入其中。部长会议对非洲教育一体化的讨论主要集中于区域性教育合作、合作办学与联合研究、建立校际联盟、设立教育互查与监督机构、创立全洲范围的奖学金项目等，其中非洲高等教育一体化发展最引人关注。非洲最早的高等教育区域合作可以追溯到 1960 年代，以英属东部非洲和南部非洲地区为例，1963 年肯尼亚内罗毕皇家技术学院、坦桑尼亚达累斯萨拉姆学院和乌干达马凯雷雷学院合并为东非大学，贝专纳（今博茨瓦纳）、巴苏陀兰（今莱索托）和斯威士兰三国的高等教育机构也于次年合作办学，这些教育遗产在这些国家独立后被继承，两个大学联盟直至 1970 年和 1982 年相继瓦解。1981 年的《阿鲁沙公约》是第一部全非高等教育一体化合作的政策性文件，参与国在 2002 年的第八届非洲教育部长会议签署协议，希望通过高等教育一体化提升各国对教育的重视程度，同时充分利用各自在技术、科研方面的优势，通过合作实现资源利用率最大化，达到"1 + 1 > 2"的效果，推动各国经济发展。2009 年第四届非盟教育部长会议提出建立泛非大学，与之前计划仅仅停留于文本层面、响应国家较少不同的是，这一方案立即得以落实，并相继在尼日利亚、肯尼亚、喀麦隆和安哥拉成立了四所泛非大学研究院。随着非洲大学一体化战略的不断推进，非盟还陆续推出建立泛非教育发展研究院、设立非盟女童和妇女教育中心、创立尼雷尔奖学金等计划，以推动非洲教育的整体发展。

（三）非洲教育部长会议唤醒非洲本土意识

塞内加尔国父桑戈尔说过，非洲是非洲人的非洲。殖民地时期，非洲教育的发展主要依托于教会，深受西方文化影响，同时教学语言、课程设置、课本教材被宗主国控制，这种西方主导下的非洲教育发展一直持续到独立早期。联合国教科文组织和非洲统一组织专家在 1968 年内罗毕会议上提出，英语和法语非洲国家均应进行教育改革，增加非洲相关内容，以提高学生对本土历史、文化、经济和社会问题的认识，然而并未引起与会各国足够重视。同时，因教育发展需要大量外部援助，此时的非洲国家不得不采用西方专家提出的西式发展方案，直至 20 世纪八九十年代结构调整计划失败，非洲经济严重倒退及随之带来的教育发展滞缓。1982 年和 1991 年召开的第五和第六届非洲教育部长会议分别提出，在教育中积极灌输非洲传统价值观，重视对非洲文化遗产的保护与宣传，及促进非洲本土语言在教育与培训中的应用，旨在提高学生对非洲文化的了解，强化非洲国家和人民的政治独立意识和民族自豪感。2002 年第八届部长会议提出在非洲实行包括非洲本土语言在内的多语制教学，与会学者认为，非洲本土语言经常会受到殖民主义与全球化浪潮冲击，但从历史、政治和提高教学质量角度出发，非洲国家有必要将母语作为教育的主要语言，同时这也是使非洲语言摆脱消失危险得以存活的最好方法。这一提议在次年联合国教科文组织发布的《多语世界中的教育》一文中被加以肯定，文章认为要实现多语世界必须实行三项原则：（1）支持母语教学；（2）实行双语制或多语制教育；（3）将语言作为跨文化教育与交流的重要组成部分。① 会议认为，非洲各国应将发展本土语言作为一种政治意愿，提升母语地位，大力建设语言学院；通过立法实现多语教学，拓展非洲语言发声渠道，同时尊重本土语言的文化和历史价值。

与此同时，作为非洲大陆独立以来历史最悠久、延续性最强、参与国家最广泛、所涉领域最全面的教育会议，非洲教育部长会议对非洲国家教育能力的整体提升尚有可为空间。历史上，由于过度依赖外来援助资金、过分信任西方专家学者非洲教育发展也曾走过下坡路，这也是非

---

① UNESCO, "Education in A Multilingual World," 2013, http://unesdoc.unesco.org/images/0012/001297/129728e.pdf. 最后下载日期：2018 年 8 月 29 日。

洲国家急于实现教育发展和经济增长所造成的。实际上，一个国家、一个地区的教育发展与政治稳定、经济增长三者是相辅相成的。就非洲而言，独立之初，各国政治局势动荡不安、经济落后导致国家不能专注于教育发展；反之，受教育水平较低的非洲国民易被各种政治势力蛊惑，最终成为党派斗争和政治角力的棋子，这也无益于国内经济建设。

当前，为推动非洲大陆教育水平的整体提升，非洲教育部长会议可从以下几方面着手。第一，制定更加切实可行的教育发展行动计划。随着非洲教育部长会议机制的逐步完善与相关领域专家的深度参与，非洲地区历史人文的特殊性与非洲各国社会文化的差异性越来越被重视。非洲教育部长会议应结合各阶段非洲大陆特殊经济社会背景及非洲各国具体国情提出切实可行的教育发展方案，使其更具有效性和落地可能。第二，建立教育政策落实与教育质量评估机制。行动计划的提出是为了更好地落实，过往，因评估机制的缺位导致会议政策得不到有效落实，教育发展停滞不前的情况屡见不鲜，因此，评估机制的建立和客观反馈就显得格外重要。这不仅关系到当下非洲教育的切实发展与能力提升，更是非洲教育稳步长远发展的"守门人"。第三，更多借鉴发展中国家教育发展成功经验。在非洲教育部长会议发展历程中，有很长一段时间欧美国家教育部门负责人和学科专家作为重要代表参与其中，并在一定程度上主导非洲教育发展未来趋势。然而，对于绝大多数非洲国家而言，无论人口规模、经济发展水平，还是教育发展程度、总体国民素质均更接近于发展中国家。因此，非洲教育发展大会应更多地听取包括中国在内的发展中国家的声音，吸取其在推动国家教育发展过程中的经验教训，汲取成功经验与有益良方，从而促使本地区教育水平向前推进。

随着非洲地区政治趋于稳定，经济逐渐复苏，各国对教育发展投入了更多的资金和精力。同时，基础教育的普及也使普通非洲民众判断更趋理性化，政治体制和政府决策变得更加成熟完善，受教育程度的提高也客观推动了非洲的产能提升、产业升级与科技创新，为该地区后续经济发展提供强大动力。

（责任编辑：王珩）

非洲研究　2019 年第 1 卷（总第 14 卷）

第 136 – 151 页

SSAP © , 2019

新时期中非合作背景下法语专门人才的培养
现状及前景展望[*]

李　岩

【内容提要】　涉非法语专门人才短缺以及非洲法语国家研究的"空白区""无人区"是当前深入开展中非合作的重要障碍。如何培养出适应时代需求、满足国家发展战略需要的涉非法语专门人才，是高校法语专业教学科研人员亟待开展的研究课题。本文将首先分析当前我国高校法语人才培养的特点、成效及不足；其次，结合当下服务于中非合作的法语专门人才的市场供给不足的现状，提出高校涉非法语专门人才培养的前景展望。

【关 键 词】　中非合作；人才培养；法语教学；课程设计

【作者简介】　李岩，博士，北京语言大学法语专业硕士生导师，非洲研究中心主任（北京，100083）。

2013 年 3 月 28 日，国家发展改革委、外交部、商务部联合发布了《推动共建丝绸之路经济带和 21 世纪海上丝绸之路的愿景与行动》（简称"一带一路"倡议）。① "一带一路"倡议的提出立即引起世界范围内政界和学界的广泛热议。自此，中非合作也取得了前所未有的大发展。2018

　＊　本文为北京语言大学校级科研项目（项目编号：17XTS17）的阶段性成果，受中央高校基本科研业务专项资金资助。

　①　《推动共建丝绸之路经济带和 21 世纪海上丝绸之路的愿景与行动》，http://www.scio.gov.cn/m/31773/35507/htws35512/Document/1524767/1524767.htm，最后下载日期：2018 年 11 月 19 日。

年9月3日，中非合作论坛北京峰会召开，成为中非合作历史上的重大里程碑，50个①非洲国家的元首级官员参加了此次峰会，取得了中非合作史上前所未有的成果。非洲国家对中国"一带一路"倡议的认同也体现在各国与我国签署"一带一路"合作文件的具体行动上：中非合作论坛2018北京峰会召开前，非洲9国②（其中5个③是法语国家）与我国签署了"一带一路"合作文件；北京峰会召开期间，非洲28个④国家（其中11个⑤是法语国家）与我国签署了"一带一路"合作文件。至此，与中国签署"一带一路"合作文件的非洲法语国家达到16个。

在中非合作空前发展的大背景下，近些年来，国家和社会对服务于中非合作的法语人才的需求十分旺盛：中资企业非洲项目法语翻译、各类中非合作培训班的法语课程翻译和生活翻译，以及服务中非合作论坛峰会的法语翻译等。涉非法语专门人才短缺以及非洲法语国家研究的"空白区""无人区"是当前深入开展中非合作的重要障碍。如何培养出适应时代需求、满足国家发展战略需要的涉非法语专门人才，是高校法语专业教学科研人员亟待开展的研究课题。本文将首先分析当前我国高校法语人才培养的现实状况；其次，结合当下服务于中非合作的法语专门人才的市场供给不足的现状，提出高校涉非法语专门人才培养的前景展望。

一　当前我国高校法语人才培养的现状

当前，我国高校法语专业框架下法语人才培养的重点仍停留在"复合型"的外语人才培养模式上。但是，随着中非合作的不断深入，涉非

---

① http://www.xinhuanet.com/world/2018-09/06/c_1123390344.htm?，最后下载日期：2018年11月19日。

② 南非、苏丹、埃及、摩洛哥、马达加斯加、突尼斯、利比亚、卢旺达、塞内加尔。

③ 摩洛哥、马达加斯加、突尼斯、卢旺达、塞内加尔。

④ 科特迪瓦、塞拉利昂、索马里、喀麦隆、南苏丹、塞舌尔、几内亚、加纳、赞比亚、莫桑比克、加蓬、纳米比亚、毛里塔尼亚、安哥拉、吉布提、埃塞俄比亚、肯尼亚、尼日利亚、乍得、刚果（布）、津巴布韦、阿尔及利亚、坦桑尼亚、布隆迪、佛得角、乌干达、冈比亚、多哥。

⑤ 科特迪瓦、喀麦隆、塞舌尔、几内亚、加蓬、吉布提、乍得、刚果（布）、阿尔及利亚、布隆迪、多哥。

法语人才短缺，成为制约中非合作进程的主要挑战。

（一）"复合型外语人才"是当前我国法语人才培养的重点

20 世纪 80 年代，部分高校的外语专业便开始了转变人才培养模式的探索。自从教育部高教司于 1998 年 12 月转发了《关于外语专业面向 21 世纪本科教育改革若干意见》以来，全国各高校的外语专业便纷纷开始探索各种形式的人才培养模式。英语专业在复合型人才培养模式的探索上明显早于其他外语专业，于 2000 年便将培养"复合型英语人才"（何其莘，2001）写入了《高等学校英语专业英语教学大纲》：高等学校英语专业培养具有扎实的英语语言基础和广博的文化知识并能熟练地运用英语在外事、教育、经贸、文化、科技、军事等部门从事翻译、教学、管理、研究等工作的复合型英语人才。[①] 这之后，黄源深亦撰文指出："我们应当清醒地面对这样一个事实，即中国每年仅需要少量外语与文学、外语与语言学相结合的专业人才以从事外国文学和语言学的教学和研究工作，而大量需要的则是外语与其他有关学科——如外交、经贸、法律、新闻等——结合的复合型人才，培养这种复合型的外语专业人才是社会主义市场经济对外语专业提出的要求，也是新时代的需求。"[②]

进入 2000 年以来，法语专业也如雨后春笋般地推出了"外语 + 专业""外语 + 专业知识课""外语 + 第二外语（辅修）""专业 + 外语"等各种形式的复合型人才培养模式。很多高校的法语专业甚至将复合型人才培养写进了专业培养方案：例如，四川外国语大学法语系的"外语 + 外语"、"外语 + 专业"（大三、大四和硕士阶段在法国合作院校完成学业并获得法国高校学位）；武汉大学法语系开办的"法语 + 商学"（法学、数学、医学、物理）双学位班，与法国巴黎第七大学及本校商学院联合培养复合型外语人才；北京地区近一半的高校将"培养复合型法语人才"明确列入专业培养目标。[③] 复合型人才培养模式的主要开展形式为校内合作和国际合作两种。校内合作的原则是在法语专业学生经过 2—3 年的基础法语学习后，法语系和校内其他院系合作，为学生提供选修另一专业

① 何其莘：《培养 21 世纪的外语专业人才——新〈大纲〉的修订过程及主要特点》，《外语界》2001 年第 1 期，第 4 - 9 页。

② 黄源深：《21 世纪的复合型英语人才》，《外语界》2001 年第 1 期，第 9 - 13 页。

③ 曹德明、王文新：《中国高校法语专业发展报告》，外语教学与研究出版社，2011，第 8、85 页。

（如商学、法学、国际政治、国际关系、传媒等）的机会，用一到两年时间修得第二专业的本科学位，这是"法语＋第二专业"培养模式的主要做法。对外经济贸易大学每年都有近50%以上的学生辅修国际贸易、工商管理等课程，有些甚至拿到了第二学位。相较而言，国际合作培养复合型人才则是指法语专业学生在读期间以"单位公派、个人自费留学"的形式赴对象国学习一年，实行课程学分互换，北京高校绝大多数法语专业都开展了类似的国际合作，例如，北京语言大学法语系与巴黎索邦大学、法国里昂高等师范学院、里昂政治学院、格勒诺布尔政治学院、里昂第三大学、雷恩政治学院、特鲁瓦高等商学院、拉罗歇尔大学、卡昂大学等多所院校建立了交换培养学生的机制，学生可以根据自己的意愿和兴趣选修外国学校开设的各类课程。

2018年3月，教育部颁布《普通高等学校本科专业类教学质量国家标准》（以下简称《国标》），明确将外语类专业的培养目标定义为"外语类专业旨在培养具有良好的综合素质、扎实的外语基本功和专业知识与能力，掌握相关专业知识，适应我国对外交流、国家与地方经济社会发展、各类涉外行业、外语教育与学术研究需要的各外语语种专业人才和复合型外语人才"。新颁布的《国标》中，"国别与区域研究"首次被列入外语类专业的培养方向课程，与法语专业对应的则是"法国与法语国家和地区概况"课程。[①]

显然，"复合型外语人才"这一培养理念符合我国社会经济发展对人才的要求，顺应了外语教学发展的潮流，并上升到了国家标准的高度。

（二）涉非法语专门人才培养存在突出问题

综合当前我国高校法语专业"复合型"人才培养特点，我们发现，复合型人才培养模式虽然作为高校法语专业当前的主要做法，但是有能力培养服务于中非合作的法语专门人才的院校还没有，甚至是空白。涉非法语专门人才的培养还存在很多问题：涉非工作的法语专业毕业生缺乏相关专业知识，高校法语专业对非研究薄弱、涉非课程供给明显不足。

1. 从事涉非工作的法语毕业生缺乏相关专业知识

随着中非合作的深入发展，社会对法语人才的需求也呈现出不同特

---

① 教育部高等学校教学指导委员会编《普通高等学校本科专业类教学质量国家标准（上）》，高等教育出版社，2018，第92、93页。

点。传统的专门以法国作为对象国进行语言文化学习的法语专业毕业生已不能完全满足国家和社会对涉非法语专门人才的需求。既有语言优势（法语＋英语＋阿拉伯语＋民族土语）、又懂涉非国际规则、又能进行实践操作的涉非人才，逐渐成为当前涉非法语人才的主要标签。

　　据不完全统计，截止到 2018 年 6 月，中国高校开设法语专业的院校已达 144 家，其中 122 家是本科专业①，每年本科层次的毕业生数量大概在 3000 至 4000 人，其就业去向保守计算有一半②以上集中在中国企业在非洲法语国家开展的以工程技术、矿产开发、建筑工程等为主的项目。按笔者对部分中国高校赴非工作法语专业毕业生的调查③，他们在涉非项目实施过程中主要负责翻译和日常对外沟通交流活动，工作中虽然对法语语言的要求不高，达到与当地政府官员和工人沟通的目的即可，但是在实际工作过程中却因当地语言表达和文化风俗的独特性而产生诸多理解和交流上的障碍。某些工程项目的谈判因涉及当地法律法规，法语翻译缺少相关专业知识而无法有效进行信息核实与传递，造成项目开展受阻或停滞的情况亦时有发生。

　　相较于体量庞大的法语本科毕业生就业群体，国内高校具有法语专业硕士点的高校有 36 所，毕业生每年也有上百人，国家公务员和国有企事业单位是他们的主要就职去向（占比接近 2/3 左右）④，他们大多不同程度地在开展涉非工作：如管理各类非洲法语国家来华技术人员培训班、中非合作相关的展览会和研讨会的策划与现场对接，以及面向非洲法语对象国开展的投资洽谈会等。

　　由于工作原因，法语专业的本、硕层次毕业生与非洲法语国家人士的接触机会在不断增多，语言沟通过程中由于当地文化和特殊语言表达方式以及专业知识匮乏而造成的沟通不畅，是法语毕业生面临的主要困惑。

---

① "法语人"搜狐号，《中国法语高校志愿填报参考，附 2018 开设法语专业高校名单》，搜狐网教育频道，2018 年 6 月 28 日，http://www.sohu.com/a/238263981_680428，最后下载日期：2018 年 11 月 19 日。

② 北京语言大学法语专业本科毕业生就业去向一半以上为升学（赴法国攻读硕士学位），另外一半为国内就业，赴非洲从事工程项目翻译的比例在逐年增加，由男生为主转变为女生逐渐活跃于各个非洲法语国家。

③ 主要涉及高校包括：大连外国语大学、北京语言大学、北京外国语大学、国际关系学院等。

④ 主要参考北京语言大学 2013—2018 年法语专业硕士毕业生就业情况。

2. 高校法语专业对非研究薄弱、涉非课程供给明显不足

从高校法语专业教学科研的成果上看，涉非研究的成果明显不足。我们在中国知网搜索"非洲法语国家研究"① 关键词后，显示的结果只有40 个，时间跨度从 1984 年到 2018 年，研究的内容主要集中在法国与非洲的关系研究、非洲法语国家官员在华培训情况调查等。内容涵盖范围小，没有深入的研究成果，是目前涉非问题研究的现实状况。

2018 年 11 月 2 日至 4 日，中国法语教学研究会 2018 年年会在盐城师范学院召开，本次研讨会将"一带一路倡议下的法语、法国与法语国家"作为讨论主题，法语专业教师 47 个发言题目中，以"一带一路背景下法语专门人才培养"为主题的开始逐渐增多，但与会发言人真正从培养懂非洲法语的专门人才视角来阐述各校人才培养方案的却没有，涉及非洲法语国家研究的发言只有 4 个，内容涵盖马格里布地区的文学、法语专业毕业生在法语非洲的工作现状、非洲萨赫勒地区安全局势分析、吉布提的民族矛盾之忧等。

从"国别与区域研究"方向的课程供给上看，目前国内高校法语专业本科阶段主要开设两类课程："法语国家与地区概况"和"涉非法语实践课"。

从"法语国家与地区概况"课程的供给上看，开设"法语国家与地区概况"课程的院校相对而言集中在老牌专业外语院校。目前北京外国语大学法语语言文化学院②和武汉大学法语系③明确将该课程列入法语专业教学计划。此外，外语教学与研究出版社在 2006 年 5 月专门出版了"法语国家与地区概况"④ 一书，这是北京外国语大学法语系教师专门为"法语国家与地区概况"课程设计的本科法语专业教材，全书采用法文编写，便于教师上课直接使用。截止到 2017 年 12 月，该书已印刷了 11 次之多。可见法语专业教师和学生对该书的认可度之高、适用范围以及受

---

① 中国知网文献检索，http://kns.cnki.net/kns/brief/default_result.aspx，最后下载日期：2018 年 11 月 19 日。

② 《法语本科生培养方案》，2017 年 10 月 19 日，北京外国语大学法语语言文化学院网站，https://french.bfsu.edu.cn/info/1046/1455.htm，最后下载日期：2018 年 12 月 18 日。

③ 《法语专业本科人才培养方案》，武汉大学外国语言文学学院网站，http://fls.whu.edu.cn/info/1041/1759.htm，最后下载日期：2018 年 11 月 19 日。

④ 丁雪英、柳利、傅绍梅、李洪峰编著《Pays et régions francophones 法语国家与地区概况》，外语教学与研究出版社，2006。

众量之多。

　　相比之下，"涉非法语实践课"的供给显得非常稀缺。目前仅有四川外国语大学成都学院的法语专业开设了以培养面向"非洲法语国家"就业的毕业生急需的相关法语课程。比如"工程技术法语"①，该课程的教学要求为：初步掌握工程技术法语翻译的程序和基本技巧，初步学会标准、技术规范、工程技术合同、招投标文件、操作流程、产品使用说明书等文件格式的基本翻译技巧；了解我国在非主要行业的基本技术原理，了解非洲法语国家及其法语特点，培养学生积累专业词汇、术语的习惯，增强学生利用互联网查询国外专业资料的能力，为学生毕业后尽快进入实际工作打下良好的基础。其他高校法语专业虽然根据各校特色开设了以学生就业为导向的专门用途法语课程，例如，商务法语、经贸法语、传媒法语、外交法语等，但这些课程的教学内容大都并非专门为涉非法语人才培养而设，而是具有广义内涵的偏理论的一些学术法语课。

　　简而言之，国内高校法语专业涉非课程的供给明显不足。这给中非合作的人才培养提出了巨大挑战。

二　中非合作的挑战
——涉非法语专门人才培养难

　　国家或企业的竞争力，归根结底是人才的竞争力。聘用到优秀的涉非法语专门人才，无疑是众多中资企业在非洲开展业务的根本所需。中非合作的不断深入使社会各界对非洲产生了空前的好奇和兴趣。但是，国内目前可获取的有关非洲法语国家的信息，无论是网络资源，还是出版物，都不能全面翔实地介绍非洲：一方面，非洲法语国家的网络资源信息不够发达；另一方面，非洲各国使用的语言差异较大，有的国家使用的官方语言有两种以上之多，甚至有些地区还大量使用中国人无法理解的本土语言，这给语言翻译工作者造成了极大的障碍。对非洲法语国家以及对非洲法语变体的了解不足，使中国企业和员工很难获得非洲法语国家在政治、经济、人文以及社会等各方面的具体资讯，为中资企业

---

① 《法语专业本科人才培养方案》，四川外国语大学成都学院法语意大利语系，http://df. cisisu. edu. cn/about/? 112_1. html，最后下载日期：2018 年 12 月 18 日。

入驻非洲造成极大的信息障碍。中资企业在非洲法语国家当地开展各类工程项目，需要有语言基本功扎实、专业知识宽泛、沟通能力强的涉非法语专门人才的全程跟踪。但是，我们国内高校的法语专业毕业生在毕业时并不具备这样的复合能力。毕业生就业时往往对即将前往工作的目的地国的资讯了解非常有限。信息的缺少，人才的匮乏，这无疑给中非合作的深入开展提出了巨大挑战。

实际上，涉非法语专门人才培养难主要有三个方面的原因：首先，非洲法语本土特色明显，语言文化内涵丰富；其次，涉非法语专门人才的能力要求高；再次，涉非法语人才培养的师资力量不足。

（一）非洲法语本土特色明显，语言文化内涵丰富。

——从语言类型上看，非洲56个国家和地区当中使用法语为官方语言和通用语的有26个。但是，这些国家在使用法语时并非如巴黎法语那么纯正，反而夹杂着各国的民族土语和方言，甚至某些具有当地文化特性的惯用语和表达习惯。以喀麦隆为例，从1472年开始，喀麦隆先后遭到葡萄牙人、德国人、英国人和法国人的入侵，使喀麦隆各部族的语言都能找到以上四个殖民宗主国语言的影子。自从20世纪70年代以来，一种以喀麦隆混合英语、法语和土语的喀麦隆英法联合语（Camfranglais）开始在城市流行。这种语言是"大杂烩"语言，例如：

La big-reme va bring monbinji au school. （奶奶到学校接我弟弟去了。）

里面有英语、法语和当地土语。喀麦隆英法联合语不断渗透到喀麦隆的日常交流中，尤其是年轻的朋友间和家庭中。这种被中国人经常比喻成"洋泾浜"外语的语言在非洲法语国家普遍存在，并且因各国历史文化原因而有不同的表现形式。对于赴非工作或与非洲法语国家人士进行经贸往来的中国公民，请一位能懂非洲法语国家当地土语的中国翻译异常困难。培养具备非洲法语翻译能力的人才，显然是众多涉非中资企业的迫切需求。这给高校涉非法语人才培养提出了大课题，如何从源头入手，在学生求学期间便开设一些满足涉非工作需要的实用类语言课程，是涉非法语人才培养的关键所在。

——文化知识方面，不得不承认文化传统往往与本土宗教及地理民俗有着密切联系。非洲法语国家的非物质文化遗产丰富，不论是国家的重大节日，还是部族传统风俗，都蕴含着深刻的宗教和部族信仰痕迹。

以法语为官方语言的撒哈拉以南非洲国家中，信仰基督教和本土宗教（拜物教为主）的国家居多。了解这些国家法语语言文化知识应该将法语语言与基督教和本土宗教文化相结合。除此之外，非洲本土文化还与非洲的历史紧密相关：非洲国家的殖民历史，非洲国家的民族独立浪潮，法语区与英语区的语言冲突与融合，非洲国家语言政策的演变，非洲国家女性地位，等等。在处理非洲各国文化知识时，应该将法语语言的外显表现形式与各国本土宗教与民俗文化内涵相结合，将语言教学与非洲本土文化紧密结合起来，实现"语言－文化"相结合的有机教学体系。

（二）涉非法语专门人才的能力要求高

法语专业毕业生在涉非项目中承担的任务，不管是工程项目翻译还是项目经理，都需要有扎实的语言功底和深厚的专业知识素养，而这些能力并非一出校门就具备的，往往需要毕业生在当地摸爬滚打多年才能积累丰富的从业经验，才能真正成为企业信得过、离不开的好员工。

目前，高校法语专业毕业生在与中资企业签订赴非项目工作协议时，往往被强制执行长达 3－5 年的不间断服务期。企业的需求很明显：要扎根非洲做项目，工作条件艰苦，语言沟通问题多，没有法语翻译，寸步难行。企业也因此愿意花高薪聘请法语翻译，法语专业本科毕业生毕业赴非工作的当年月收入 1 万元算中等水平，有些在非洲工作的毕业生，几年后自己开拓市场做业务，年收入甚至能从几十万达到几百万。《2018年中国大学生就业报告》显示，法语专业本科生毕业半年后月收入 5604元，排行第七，是前十名中的唯一文科专业。"翻译"职业跃居 2017 届本科毕业生半年后月收入增长最快的前十位职业榜首，增长率达到12.8%。① 这也从侧面证明了法语翻译在中资企业非洲项目中的重要性。

随着中非合作的快速发展以及"一带一路"倡议在非洲的落地，为众多致力于非洲投资的中资企业提供了良好的发展契机。近些年来，中非各领域的合作蓬勃发展，非洲法语国家的发展，无论基础设施建设、自然资源的开发与利用，还是金融服务的跟进，都有中资企业的身影活跃在非洲各行业领域。例如，喀麦隆克里比深水港工程项目、刚果共和

---

① 麦可思研究院编著，王伯庆、马妍主审，《2018 年中国本科生就业报告（就业蓝皮书）》，社会科学文献出版社，2018，第 82、87 页。

国与中国农业银行合作建立的中刚非洲银行。① 各类中非合作项目的顺利实施和开展，背后都是大批默默无闻的一线翻译在做基础性的沟通工作。无论是项目的落实，与当地官员企业工人的日常沟通，还是新投资意向的传递，这些都是服务于中非合作的涉非法语专门人才工作的内容。这些任务的完成一方面推动着中非关系向更广阔的空间发展，同时也是涉非工作复杂性的真实写照。快速发展的中非关系和涉非工作的复杂性，对涉非法语专门人才提出了更高的要求，不仅要具备良好的法语翻译能力，还应该熟悉对象国国情和当地情况，具有面对复杂环境的应对能力和沟通协调能力。

根据笔者对在非工作的法语同行进行访谈和调查显示，优秀的涉非法语专门人才至少应该具备多语言（最好是法语出身、英语流利、懂阿拉伯语和民族土语）能力，能够使用专业知识进行项目洽谈、合同制定、工程管理等工作，这是涉非法语人才岗位的主要要求。目前，国内尚未有任何一个高校的法语专业能够培养这种具备多种复合能力的涉非专门人才，极大地制约了中非合作的发展进程。

因此，在人才培养道路上，应该从中资企业非洲项目的实际需求出发，经过大量的田野调查形成岗位能力诉求标准，从而设计出符合岗位要求的专门涉非人才培养机制。一方面，企业可以与高校签订定向培养协议，要求学生为企业服务两年，再回学校拿文凭，形成在工作中培养人才的培养机制。反过来，学校也可以建立毕业生反馈信息库，将毕业生的工作所需转化成课程方案，加大新课程开发力度，利用慕课平台为毕业生提供工作急需的参考资料和资讯，让毕业生在工作中与教师共同提出问题、解决问题，形成"学习＋工作"双轨联动机制，达到让学生在实践中学习、在实践中提高的目的。学生因此在毕业时即可顺利就业上岗，大大节省了人才培养周期，也能初步缓解涉非中资企业人才匮乏的现实状况。

（三）培养涉非法语专门人才的师资力量不足

懂非洲法语的专门人才的培养，绝不是单纯使用法国原版教材就能解决的。我国当前高校法语教师在语言学习模式上仍然以法国本土语言教学作为主要参考，在职教师大多有留法学习背景。从法语学习的传统

---

① 李岩编著《非洲法语国家社会热点问题研究》，时事出版社，2018，第51、94页。

上，便以讲一口纯正的巴黎法语为豪，对非法国本土的法语国家的法语发音不仅不屑，甚至有些以之为耻。高校法语专业当前组织的各类演讲大赛、配音大赛、戏剧大赛都以纯正的巴黎法语发音作为主要评估标准。学生在这样的大环境熏陶下对学习非洲法语明显缺乏学习动机。可以说，让高校在职法语教师转型成教授"非洲法语"的教师存在至少两方面的困难：一方面，高校法语教师对法国以外的法语国家和地区的法语语言变体的认知不足；另一方面，法语教师对研究非洲法语也有情感归属难的畏难情绪。

因此，若要培养懂非洲法语的专门人才，光靠在职高校法语教师的力量短期内难以形成突破性的进展。若要在短期内引进这样的师资，也并非易事。高校法语专业短期内难以培养出完全适合在非中资企业需求的合格人才，这无疑给中非合作的深入开展提出了巨大挑战。

三 涉非法语专门人才培养的前景展望

我们应当意识到：涉非法语人才短缺，不仅给高校法语专业人才培养提出了挑战，同时也反映出"培养服务于中非合作的法语专门人才"蕴含着巨大的发展机遇。在国家"一带一路"倡议和中非合作空前大发展的背景下，逐步建立起以高校外语专业为基地、以外语教师为核心、以国别与区域研究理论为指导的学术命运共同体，培养出既懂外语、又懂理论、又能在非洲开展实际工作的法语专门人才，是新时期中非合作背景下法语专门人才培养的方向。这既是《国标》对外语类专业人才培养的要求，也符合中非合作的现实需要。

（一）非洲研究中心的建立有助于涉非法语专门人才的培养

2017 年，教育部区域与国别研究基地在全国范围内批准了 36 家非洲研究中心，其中将非洲撒哈拉以南法语国家的研究任务分配给了有关高校和科研机构。非洲研究中心的建立，是加大力度培养服务中非合作的法语专门人才的良好契机。如何让各高校懂法语的教师和科研人员参与到非洲法语国家的研究中来，这是一个需要各中心开展相关的课程探索和田野调查工作的大任务。同时，应当承认，将课程与科研结合起来，需要国家和科研机构给一线教师和科研人员以更多的政策支持。

研究发现，目前正在建设的非洲研究中心已经纷纷开展了各种形式和内容广泛的研讨会和科研报告的撰写。比如：外交学院举办的 2017 和 2018 年 "非洲法语国家学者访华团" 项目，并举行了 "探索有非洲特色的发展之路" 和 "构建更紧密的中非命运共同体" 研讨会；2018 年 5 月北京语言大学举办的 "中非大使论坛——非洲可持续发展和中非关系：机遇与挑战"；2018 年 8 月云南大学举办的 "非洲法语国家：发展与合作" 学术研讨会等。已出版的科研报告有北京语言大学非洲研究中心于 2018 年 7 月由时事出版社出版的《非洲法语国家社会热点问题研究》。此外，云南大学也于 2018 年 10 月展开了《非洲法语国家发展报告》的约稿工作。

值得一提的是，浙江师范大学非洲研究院是目前国内开展 "非洲学" 研究最为成熟、最具特色的非洲研究基地，不仅有完善的硕博培养体系，还创办了 "中非智库论坛"，与非洲 10 几个国家的大学建有合作关系，真正实现了具有非洲情怀、中国特色和全球视野的特色研究。

相较于如火如荼开展的各类研讨会，与法语专门人才培养相对应的有针对性的非洲国别和区域研究的特色课程显得尤为短缺。目前，比较成型的只有北京外国语大学法语系开设的 "法语国家与地区研究" 研究生课程，该系同时招收相关研究方向的研究生和博士生。此外，以中非合作大背景对法语专门人才的需求为契机，北京语言大学依托本校非洲研究中心的科研师资力量，将 "法语国家与地区研究" 列入法语专业研究生的必修课计划，课程将 "非洲法语国家" 和 "中非合作" 相关的研究作为重点内容进行具体规划和整合，把一部分硕士研究生的论文方向转向非洲法语国家研究。

目前，北京语言大学非洲研究中心已有三名法语专业硕士生从事非洲法语国家研究。这些学生将被特别列入北京语言大学 "打造服务于中非合作的法语专门人才培养体系"，定期参加本校和全国范围内非洲研究中心举办的讲座、研讨会，参加非洲法语国家驻华使馆的各类文化活动。初步建立起北京语言大学非洲法语国家留学生与法语专业硕士生的联动学习模式，让学生能够在北京语言大学这个素有 "小联合国" 之称的大学校园内实现结伴学习、结伴研究，打造中非学生学术命运共同体；利用非洲留学生的语言文化优势，帮助法语硕士生解决非洲语言问题，也同时让非洲留学生学到更地道的中国特色的语言表达习惯，达到共同提高、共同进步的学术科研目的。

（二）北京语言大学的涉非法语专门人才培养计划

北京语言大学的涉非法语专门人才培养，以该校非洲研究中心①的建立为契机，利用非洲研究中心的师资，开设"法语国家与地区研究"课程。课程的规划将以法国和世界范围内开展的"法语国家与地区（La francophonie）"教学的实践为参照，从理论和实践两个层面进行课程内容规划。并逐步建立起以课程为依托的"涉非法语专门人才培养机制"。

1. "法语国家与地区研究"课程的教学法理论和实践

近些年，法国和世界范围内的法语国家纷纷开展了"法语国家与地区"的教学和研究。法国教学法核心期刊《法语世界（学术版）》（Recherches et applications le français dans le monde）在 2018 年 7 月刊上专门以"法语国家与地区研究课程的教学"为该期主题，集合了世界范围内法语国家和地区的一线教师和科研人员的最新科研成果。从不同视角展开了对教授"法语国家与地区"课程的学术探讨："法语国家与地区研究"课程的理论基础和教学方法论；世界范围内"法语国家与地区研究"课程的教学背景研究；"法语国家与地区研究"课程的教学发展历程。

从教学法理论视角来看，"法语国家与地区研究"（études francophones）这一概念目前为学界普遍承认，在语言教学法学科领域占有不可忽视的重要地位，"法语国家与地区研究"课程是世界范围内被广泛认可并正积极开展教学实践的一门跨学科课程。部分法国专家如巴黎新索邦大学教学法学教授瓦莱丽·斯巴埃特女士（Valérie Spaëth）和里昂第三大学法语国家与地区国际问题研究院教授奥利弗·伽罗先生（Olivier Garro）将"法语国家与地区研究"作为教学客体展开了充分翔实的论证，从地理学、历史学、政治学和语言文化教学等视角进行了教学计划的梳理和规划，强调"法语国家与地区研究"课程的教学可以依托现有的法语语言文学专业框架进行教学设计与规划。课程中应涵盖以下领域的知识：A. "法语国家与地区"概念的历史学研究；B. 法语国家与地区的文学知识；C. 法语国家与地区的语言政策；D. 法语国家与地区的文化遗产知识；E. 地缘政治知识。

---

① 北京语言大学非洲研究中心是 2017 年中华人民共和国教育部国别和区域研究中心认证的直属高校科研中心。中心于 2018 年 5 月 24 日正式挂牌成立。中心以新时期国家"一带一路"倡议为指导，以"加强中非友谊、服务中非合作"为原则，努力将中心打造成中非合作与交流的信息沟通平台。

2. 服务中非合作的法语专门人才的能力要求

基于世界范围内将"法语国家与地区"作为教学客体的教学法理论和实践，北京语言大学"法语国家与地区研究"课程将以培养学生的以下能力为主要教学目标：

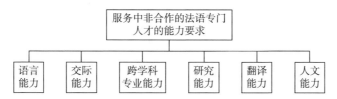

图1　服务中非合作的法语专门人才的能力要求

从知识体系上看，以上六种能力的培养完全符合《欧洲语言共同参考框架》对外语人才知识框架的要求：语言文化知识（savoirs）＋技能（savoir-faire）＋为人处世之道（savoir-être）。[①] 其中，语言能力与跨学科专业能力，是指学生应具有法语基本的听说读写能力，并能运用法语阅读区域与国别研究领域的专业理论书籍，是《欧洲语言共同参考框架》所对应的语言文化知识范畴的人才培养目标；交际能力和人文能力对应的是学生在工作中应具备的为人处世之道，包括应具备完成任务所需的社会文化知识、好奇心、同情心、调适能力以及人际关系意识等；研究能力和翻译能力则是从技能视角对学生的要求，希望学生在学习过程中将所学知识运用到交际和科研工作中。

将学生的能力培养与课程内容相结合，才能真正从学理上厘清课程设计的参考规范，将教学内容作为培养学生能力的方式和手段，遵循以课程为依托、以素质教育为根本的人才培养路径，实现满足国家对"服务中非合作的法语专门人才"的需求目标。

3. "法语国家与地区研究"课程方案的设计

综合世界范围内有关"法语国家与地区"相关的教学法理论和实践经验，我们初步设计了北京语言大学"法语国家与地区研究"的课程内容，课程内容将以中非合作为主要突破点，以国别和区域研究方法论为指导，培养学生利用所学开展对非研究，如表1所示。

---

① Chnane-Davin F. , "Quels Savoirs pour enseigner la Francophonie et les francophonies?", *Recherches et applications Le français dans le monde*, Juillet, 2018, 64, pp. 55 – 71.

表 1　"法语国家与地区研究"课程计划表

历史篇：法语国家与地区研究的相关概念：La francophonie（殖民时期到后殖民时期的演变史）

地理篇：法语国家的地理分布与文化认同：法语非洲、法语美洲（魁北克）与法语欧洲（法国）、法语亚洲

组织机构篇：法语国家组织、全球化与区域化：组织与机构

方法论篇（1）：法语国家与地区研究的理论参考：语言教学法视角 VS 国别和区域研究视角

方法论篇（2）："语言教学法"视角下的法语国家与地区研究

方法论篇（3）："国别和区域研究视角"下的法语国家与地区研究

非洲法语国家研究专题（1）：独立后的非洲法语国家概况

非洲法语国家研究专题（2）：非洲法语国家的语言政策

非洲法语国家研究专题（3）：非洲法语国家的社会问题

非洲法语国家研究专题（4）：非洲法语国家的疾病预防与管理

非洲法语国家研究专题（5）：非洲法语国家的妇女地位

中非合作研究篇（1）：中非合作论坛的历史与现状

中非合作研究篇（2）：中非科技合作现状

中非合作研究篇（3）：中非经贸合作与人文交流

　　达到"服务中非合作的法语专门人才的六种能力要求"，绝非一门课程就可以轻松解决，需要在教学资源和教学方式上进行不断尝试和创新，因此，北京语言大学以目前便于获取的法语国家组织（OIF）相对应的各类教学资源作为教学的主要参考材料，利用书籍、报刊、网站（RFI，TV5 Monde Afrique，OIF 官网，Jeune Afrique 青年非洲）上的视频音频文件等进行课程资源的整合。

　　总体而言，开发好相关的课程，逐步建立起适合各目标国国情的特色课程体系，是实现扎实全面的非洲法语国家研究的美好愿景。

（三）服务于"中非合作"的法语专门人才培养的路径

　　当前，基于涉非人才短缺的现实，应该首先从语言文化解析层面着手培养"非洲法语通"人才。开展非洲法语类型特征的研究和教学，不应因国内师资力量不足就裹足不前，而应采用变通的方式，聘请来自非洲法语国家的本土研究人员进行此类混合语的语言解析和语言文化认知建构。只有这样，培养"非洲法语通"才能真正做到贴合非洲法语国家的本土实际，既了解风土、又了解人情，才能从学理上解析非洲人语言和行为方式上的诸多特征，逐步建立起非洲法语国家以国别为对象的语言类型数据库。这是培养"非洲法语通"的必由之路。

应当清醒地意识到：只有人才辈出，才能不断为深化中非合作提供智力支持。反之，则会减缓甚至制约中非合作的进程。人才培养是一个需要漫长时间积累的过程，可能需要几年甚至几十年的时间才能实现。因而，高校语言一线的教学和科研人员应当具备非洲情怀（法国学界也在倡导法式的"Négritude"精神，这与我国学界倡导的"非洲情怀"有异曲同工之妙），有耐力、能吃苦，具有敢为人先的精神，才能对众多非洲科研领域的"无人区"形成突破，填补我国非洲法语国家研究的"空白区"。

培养服务于中非合作的法语专门人才，并非短期内就能达到立竿见影的效果，需要有短期的考虑，更需要有长远的规划。综合国内外的现实和国家的实际需求，建议未来服务于中非合作的法语专门人才的培养方向从以下几个方面着手：（1）以现有法语专业本科、硕士培养方案为基础，加强对象国语言文化社会概况等专业知识的嵌入；（2）以语言为工具，以国别和区域研究理论为抓手，开展本科和硕士阶段的国别和区域研究；（3）以非洲法语对象国留学生为资源，建立"对象国留学生 + 本科法语生"互动学习模式，加强对对象国社会知识的认知和研究；（4）与对象国驻华使馆建立长期稳定的联系，建立学术交流与人文交流的情感纽带；（5）与非洲法语国家孔子学院开展紧密合作，拓宽对非洲法语国家进行深入了解的渠道；（6）开展赴非洲法语国家的田野调查，建立"教师 + 学生"学术共同体。与当地大学建立学术联系，互办讲座和研讨会等。

结　语

中非合作论坛 2018 北京峰会的召开，是法语专门人才培养方式转变的良好契机。我国高校法语专业应该抓住这一良好机遇，培养服务于中非合作的法语专门人才，打造满足国家需要、适应时代发展的法语专门人才。人才培养耗时耗力，不仅需要国家的政策支持，更需要专业教师、教育机构投入更多精力和财力进行课程探索和专业学科建设。众志成城，服务于中非合作的法语专门人才一定会在不远的未来结出丰硕的成果。

（责任编辑：杨惠）

中非合作

非洲研究 2019年第1卷（总第14卷）
第 155－163 页
SSAP © , 2019

构建更加紧密的中非命运共同体：
意义、内涵与实现路径

李雪冬 王 严

【内容提要】中非命运共同体具有坚实的历史基础、强劲的现实动力和美好的未来愿景。中非合作论坛北京峰会指出中非将携手打造"责任共担""合作共赢""幸福共享""文化共兴""安全共筑""和谐共生"的命运共同体。中非命运共同体是实现中华民族伟大复兴的中国梦的有力支持，是非洲改变受制于人的命运的难得机遇，可为南南合作提供有益参考，提升发展中国家的整体实力，更是建设人类命运共同体的重要基础。"八大行动"是实现中非命运共同体的有效路径。推进"一带一路"建设，中国应加强与非盟、非洲各次区域组织的协商对话，积极开展多边合作，共筑更加紧密的中非命运共同体。

【关 键 词】中非命运共同体；内涵；路径

【作者简介】李雪冬，法学博士，浙江师范大学非洲研究院助理研究员，东非区域国别研究中心副主任（金华，321004）；王严，法学博士，浙江师范大学非洲研究院助理研究员，尼日利亚研究中心执行副主任（金华，321004）。

在习近平主席的亲自主持和引领下，2018年中非合作论坛北京峰会取得圆满成功。这是继2015年中非合作论坛约翰内斯堡峰会后中非领导人再次举行集体会晤，也是时隔12年后再次在中国主办论坛峰会，是中非友好大家庭的一次历史性聚会，是中非加强团结合作、促进共同发展的一座历史丰碑。峰会达成一系列具有深远意义和重要影响的成果，其中最主要的就是中非双方一致同意构建更加紧密的命运共同体，非洲国家积极支持并踊跃参与共建"一带一路"，非方高度赞赏中方为下一阶段中非务实合作提出的"八大行动"，擘画了新时代中非合作的美好愿景。

一 构建更加紧密的中非命运共同体具有战略意义

"中非从来都是命运共同体"。2013年习近平主席在非洲访问时的讲话，一语道出了中非命运共同体具有坚实的历史基础，也对中国与非洲基于相似遭遇和共同使命，在反殖反帝、争取民族独立和解放的斗争中，在发展振兴的道路上，同心同向、守望相助的历史作了生动的概括。

"中非是合作共赢的利益共同体"。2013年3月，习主席在南非德班同非洲国家领导人就中非关系交换意见时提出"休戚与共的命运共同体"。2015年11月则将其发展为"合作共赢的利益共同体"。无论是前者还是后者，都表明了中非命运共同体具有强劲的现实动力。中非合作非一时之计亦非一时之需。中国对非合作注重"授人以渔"，强调支持非洲增强造血功能和自主可持续发展。

"共筑更加紧密的中非命运共同体，为推动构建人类命运共同体树立典范。"2018中非合作论坛北京峰会擘画了新时代中非命运共同体的未来美好愿景，向世界宣告中非将携手打造"责任共担""合作共赢""幸福共享""文化共兴""安全共筑""和谐共生"的命运共同体。这是中非命运共同体从理念到实践的丰富和完善，为未来中非合作关系提供了根本遵循。

构建更加紧密的中非命运共同体，是实现中华民族伟大复兴的中国梦的有力支持，是非洲改变受制于人的命运的难得机遇，可为南南合作提供有益参考，提升发展中国家的整体实力，更是建设人类命运共同体的重要基础。

（一）构建更加紧密的中非命运共同体，是实现中华民族伟大复兴的中国梦的有力支持

中华民族伟大复兴的中国梦，是以习近平同志为核心的党中央对"世情、国情、党情继续发生深刻变化，我们面临的发展机遇和风险挑战

前所未有"① 这一当前形势做出科学判断后提出的重要战略思想。因此，应该清醒地认识到，中国梦的实现必将面临前所未有的外部阻力。一方面，出于对以自身为中心的国际格局被打破、既有利益丧失的担忧，西方国家或歪曲、片面解读"中国梦"。另一方面，面对中国的迅速崛起，周边一些国家表现出焦虑。面对这一"世情"，中国必须积极争取发展中国家的支持，而非洲不可或缺。实践证明，中国的发展都离不开非洲的支持，而且越是在艰难时期，非洲的支持愈显弥足珍贵。

（二）构建更加紧密的中非命运共同体，是非洲改变受制于人的命运的难得机遇

尽管非洲国家于 20 世纪 60 年代起纷纷实现了政治独立，但经济上始终未能摆脱美国及原殖民宗主国等西方国家的主宰，从经济结构调整计划到现行经济发展战略与政策，所有欧美开具的"药方"不仅未能使非洲实现发展，有的国家甚至出现了倒退。在经历了数次失败的尝试后，很多非洲国家进行了深刻反思，开始"向东看"与"向东靠"，希冀向以中国为主的亚洲国家学习发展经验，寻求这些国家的支持。在这一历史背景下，继续深化中非务实合作，推动构建更加紧密的中非命运共同体，是非洲彻底摆脱西方的掣肘、真正走上现代化之路的良好选择。诚如非盟现任轮值主席、卢旺达总统卡加梅所言，中非命运共同体理念具有重要意义，通过合作，中国为非洲国家带来了科技、资金和产能，中国自身取得发展的同时，非洲国家也获得了经济发展和人民生活水平的提高，双方实现共赢。②

（三）构建更加紧密的中非命运共同体，可为南南合作提供有益参考，提升发展中国家的整体实力

习近平指出，非洲的发展是中国的机遇，中国的发展也是非洲的机遇，中非共同发展对于增强发展中国家整体实力、促进国际关系民主化具有重要意义。发展中国家之间是天然的命运共同体，而中国是世界上最大的发展中国家，非洲是发展中国家最集中的大陆。中非合作是中国与发展中国

---

① 《胡锦涛在中国共产党第十八次全国代表大会上的报告》，人民网，http://cpc.people.com.cn/n/2012/1118/c64094 - 19612151.html，最后下载日期：2012 年 11 月 8 日。

② 《构建更加紧密的中非命运共同体》，西部网，http://mini.eastday.com/a/180806110031840.html，最后下载日期：2018 年 8 月 6 日。

家团结合作的典范、南南合作的样板。① 因此，中非命运共同体的构建是中国与广大发展中国家关系的集中体现和典型范式，可以增强发展中国家合作的信心，是发展中国家团结合作的助推器和国际秩序变革的加速器。

（四）构建更加紧密的中非命运共同体，是建设人类命运共同体的重要基础

2017 年 10 月 18 日，习近平在十九大报告中提出，坚持和平发展道路，推动构建人类命运共同体，中国共产党始终把为人类做出新的更大的贡献作为自己的使命。40 年的改革开放，中国经济社会发展创造了许多前所未有的奇迹。当前，中国已成为世界第二大经济体，有义务更有意愿为人类的共同繁荣做出更大贡献，体现负责任的大国担当。习近平总书记的人类命运共同体思想包含着我国人民对世界和平、共同发展美好愿望的追求。② 而非洲大陆是最能够体现这种责任担当的舞台。这是因为，和平与发展是非洲当前面临的最重要时代主题，帮助非洲解决好这两个问题，不仅将惠及 54 个非洲国家、12 亿非洲人民，更可以促进世界各国共创繁荣、富强、文明、进步，是中国作为负责任的大国可以为全世界做出的最大贡献。

二　中非命运共同体具有时代新内涵

"六位一体"构建中非命运共同体的宏伟目标，进一步坚定了中非在更大范围、更深层次、更高水平开展各领域合作的意愿和信心，将全面提升中非关系的战略性、前瞻性，为中非全面战略合作伙伴关系的发展确立了目标，指明了前进方向。将开辟中非更加美好的未来前景，为在全球范围内推动构建人类命运共同体积累经验，树立典范。责任共担、合作共赢、幸福共享、文化共兴、安全共筑、和谐共生，六个"共"字，与"一带一路"倡议遵循的"共商、共享、共建"原则一脉相承，展现了中国愿同非洲各国团结一心、同舟共济、携手前进的"全球视野"，体现了中国始终尊

---

① 王毅：《共筑中非命运共同体，开启团结合作新征程》，《智慧中国》2018 年第 9 期，第 24 页。

② 张华椿、季璟：《习近平人类命运共同体思想及时代价值》，《邢台学院学报》2019 年第 1 期，第 36 页。

重非洲、热爱非洲、支持非洲的"非洲情怀"，更体现了"四个坚持"和"五不"的"中国特色"。中非关系已成为发展中国家共赢发展的成功典范、南南合作的示范案例。"一带一路"倡议把亚非大陆更紧密联系起来，把"一带一路"建设成为和平之路、繁荣之路、开放之路、绿色之路、创新之路、文明之路。这为中非合作注入了新的生机活力，为全球治理提出了创新方案。具体而言，"中非命运共同体"新内涵具有以下特点。

（一）鲜明的价值引领

"真、实、亲、诚"的对非政策理念和正确的义利观。2013 年，习近平担任国家主席后首次出访就选择了非洲国家，首次提出新时期中国对非政策"四字箴言"：对待非洲朋友，要讲一个"真"字；对非合作，要讲一个"实"字；对中非友好，要讲一个"亲"字；对合作中的问题，要讲一个"诚"字。在对非合作中，中国始终坚持多予少取、先予后取、只予不取，张开怀抱欢迎非洲搭乘中国发展快车。① 同时，中国永远做非洲国家的可靠朋友和真诚伙伴，为构建中非命运共同体指明了方向。

（二）坚定的合作原则

在合作的道路上，中国同非洲各国团结一心、同舟共济、携手前进，始终尊重非洲、热爱非洲、支持非洲，做到"四个坚持"和"五不"。即坚持真诚友好、平等相待，坚持义利相兼、以义为先，坚持发展为民、务实高效，坚持开放包容、兼收并蓄；不干预非洲国家探索符合国情的发展道路，不干涉非洲内政，不把自己的意志强加于人，不在对非援助中附加任何政治条件，不在对非投资融资中谋取政治私利。

（三）共赢的发展理念

中非关系的本质特征是真诚友好、相互尊重、平等互利、共同发展。中非发展"战略契合，经济互补性强，合作前景广阔"。② 合作共赢这一理念为中非关系发展提供了强大动力。中国开展对非合作始终尊重和维护非洲国家和人民的根本利益，秉持公道，为非洲伸张正义。中非政治

---

① 王寅：《携手共筑更加紧密的中非命运共同体》，《红旗文稿》2018 年第 17 期，第 31 页。

② 习近平：《习近平同多哥总统福雷举行会谈 双方同意共同推动中多关系再上新台阶》，《人民日报》2015 年 12 月 2 日。

互信不断增强，经贸往来不断提升，人文交流不断深入，中非关系已成为发展中国家共赢发展的成功典范、南南合作的示范案例。

（四）务实的行动计划

2015 年中非合作论坛约翰内斯堡峰会上，习近平主席全面阐述中国对非关系政策理念，宣布未来 3 年中国对非全方位合作重大举措，把中非关系提升为全面战略合作伙伴关系，重点打造"五大支柱"，实施"十大合作计划"，打造中非命运共同体。2018 北京峰会提出了"四个面向"和"八大行动"，即"实施产业促进行动、设施联通行动、贸易便利行动、绿色发展行动、能力建设行动、健康卫生行动、人文交流行动、和平安全行动"。这是促进中非高质量、可持续共同发展的新部署。

三 中非命运共同体的实现路径

由于中非命运共同体涉及全球治理、生态环保、基础设施、工业农业、产能金融、和平安全、教育文化、国际民生等众多领域，需要全方位、复合型的行动计划和实施路径。因此，相比而言，"八大行动"在"十大合作计划"的基础上，结合中非合作的实践经验与非洲实际情况继续强化升级现有的合作举措，提出一系列新的合作机制，更加注重能力建设、内涵发展，更注重发挥非盟作用，关注非洲自主发展和人民幸福，闪耀着温暖的人性光辉。这是促进中非高质量、可持续共同发展的新部署，是对现有合作机制的优化升级。

（一）将"中非农业现代化合作"纳入"产业促进行动"中

中非农业现代化合作不再单列，而是被整合到"产业促进行动"中，并支持非洲在 2030 年前基本实现粮食安全。农业是国民经济的基础，不仅为国民提供粮食，还是产业加工的原料。目前，非洲的农业不仅无法解决人民的吃饭问题，更无法为产业发展提供原料。习近平总书记指出，解决好吃饭问题始终是治国理政的头等大事。① 因此，粮食安全对于人口

---

① 《藏粮于地、藏粮于技战略——习近平与"十三五"十四大战略》，人民网，http://politics. people. com. cn/n/2015/1122/c1001 - 27842000. html，最后下载日期：2015 年 11 月 22 日。

大国来说显得尤为重要，"五谷者，万民之命，国之重宝"。粮食生产是安天下、稳民心的战略。"藏农于技"，农业现代化依靠的是技术，因此中国与非洲的农业合作不仅授之以鱼（向非洲受灾国家提供 10 亿元人民币紧急人道主义粮食援助），还向非洲授以"渔"，与非洲一道制定并实施中非农业现代化合作规划和行动计划，实施 50 个农业援助项目，派遣 500 名高级农业专家，培养青年农业科研领军人才和农民致富带头人。

（二）将减贫惠民合作融入产业、设施、贸易、发展、能力建设、健康卫生行动中

"八大行动"中没有减贫惠民合作，并不等于说减贫惠民合作不再重要，减贫合作仍然是中非合作的重要领域。减贫合作不是一项单一的事业，而是一项综合性工程，和平稳定的发展环境、完善的医疗卫生条件、便捷化的贸易、绿色发展与生态环境、产业的发展、发展技能的获得等都有利于减贫实现的事业，都是一项项惠民工程。

（三）新增能力建设行动

非洲拥有丰富的自然资源与人力资源，非洲要想彻底实现脱贫致富的目标，依靠的不仅是资金，而必须是知识，拥有资金并不完全等同于减贫，拥有知识才完全等同于减贫。非洲要依靠知识，将非洲的资源潜力变成经济发展动力，如果非洲国家能够用知识资本武装起来，通过长足发展，非洲经济就会逐渐繁荣，非洲需要结合非洲实际制定一以贯之的发展战略与发展规划。未来 3 年，中国要与非洲国家一道制定并实施《农业现代化合作规划和行动计划》、与非盟启动编制《中非基础设施合作规划》等能力经济社会发展规划，并在非洲设立从事职业技能培训的鲁班工坊，提高非洲青年的技术水准与创新创业能力。

（四）注重发挥非盟在解决非洲事务方面的作用，助力非洲一体化建设

中国坚定支持非洲国家和非洲联盟等地区组织以非洲方式解决非洲问题，2018 年 3 月 21 日，非洲 44 国在卢旺达首都基加利举行的非盟首脑特别会议上签署成立非洲大陆自由贸易区协议。因此，"实施贸易便利行动"中指出支持非洲大陆自贸区建设，继续同非洲有意愿的国家和地区开展自由贸易谈判。2018 年 1 月，非洲联盟官员在召开的第 30 届非盟峰会系列会议上宣布，非洲单一航空运输市场将于 28 日正式启动。本次

峰会结合非盟提出的这一行动规划，正式在"实施联通行动"中提出了"支持非洲单一航空运输市场建设，开通更多中非直航航班"未来行动计划。

（五）优化升级现有合作机制，推动中非合作关键领域的机制化建设

根据蒙内铁路、亚吉铁路、阿卡铁路、非洲工业园区等中国在非洲实施的一系列重大工程的实践，提出"支持中国企业以投建营一体化等模式参与非洲基础设施建设"；根据中国援非医疗队的实践经验，为非洲培养更多专科医生，继续派遣并优化援非医疗队；结合中非人文交流经验，打造中非联合交流计划升级版。在优化升级现有合作机制的同时，为了推进中非合作关键领域的合作，2018 年北京峰会还提出一系列机制化建设行动。如在华设立中国－非洲经贸博览会；成立中国在非企业社会责任联盟以让中国企业承担起对非洲当地社会的企业责任；建立电子商务合作机制；推进中非环境合作中心建设，建设中非竹子中心；设立中国非洲研究院，设立中非和平安全论坛等一系列机构与机制，等等。

四 打造中非命运共同体的思考与建议

构建更加紧密的中非命运共同体，应以"命运"为根本出发点，采取切实措施，积极推进中非关系的全方面深入发展。

（一）加强与非盟、非洲各次区域组织的协商对话，寻求与这些组织的战略对接

近年来，习近平主席在多个外交场合均提出以协商作为现代国际治理的重要方法。实际上，相比与域外国家及经济体开展合作关系，非洲更重视域内各国的合作，视自己为更加紧密的命运共同体、利益共同体，非盟多次峰会以非洲一体化为主题并出台了《2063 年议程》，各次区域组织纷纷制定中长期规划以及非洲大陆自由贸易区的成立均是最好的例证。当然，主要受资金、经验及技术等客观因素的制约，这些发展规划的实施正面临很多挑战。在此情势下，中国应积极推进与非洲大陆及次区域层面的协商与合作，寻求命运接榫点、利益交汇点。

（二）积极开展中国、非洲及其他主要经济体的多边合作

随着非洲的缓慢崛起，以及中国在非洲影响力的不断提升，以美国、欧盟为主的发达经济体重新将目光投向非洲，印度、巴西等新兴国家也不甘落后，或依靠后裔的力量与非洲重修旧好，或以相同语言、相似文化为支点加强与非洲国家的交往。可以说，对非多边合作是全球治理进程中重要的组成部分，是大国彰显负责任形象的平台。[①] 尽管中国与其他经济体在非洲存在很多竞争，但相比而言，包括非洲国家在内的各方合作机会更多，安全与发展是其中最重要的两大领域。只有非洲实现了持久的局势稳定与经济增长，各国在非洲的利益方能持续，中国可以在这些领域寻求与非洲国家及其他经济体的多边合作，这也正是建设人类命运共同体的应有之意。

（三）以"一带一路"为主要支撑，与非洲共筑命运共同体

"一带一路"倡议与人类命运共同体均为中国为全世界提供的重要公共产品，二者相辅相成、相得益彰。自"一带一路"倡议提出以来，很多非洲国家表现出了浓厚的参与意愿。其根本原因在于，非洲国家目前以一体化与工业化为改变自身命运的两条最重要途径，而建设"一带一路"的以基础设施建设带动产业发展的模式恰与非洲的两大发展目标高度契合。自2015年中非合作论坛约翰内斯堡峰会召开以来，非洲国家积极参与"一带一路"建设，与此同时，在"一带一路"倡议中，非洲不但能够发挥参与以及桥梁作用，更能够发挥示范和引领作用。[②] 因此，可以"一带一路"作为构建人类命运共同体的重要平台。

"携手共命运，同心促发展。"构筑更加紧密的中非命运共同体，是面向时代、面向世界、面向未来的崭新命题。中非合作论坛北京峰会将指引中国和非洲国家登高望远、阔步前行，会聚26亿中非人民的智慧和力量，共同开启中非合作共赢、共同发展的新时代。

（责任编辑：王珩）

---

① 周玉渊、刘鸿武：《论国际多边对非合作框架下的中国对非战略》，《太平洋学报》2010年第7期，第33页。

② 贺文萍：《中非命运共同体：历史基础、现实条件和发展方向》，《统一战线学研究》2018年第5期，第94页。

非洲研究 2019 年第 1 卷（总第 14 卷）
第 164－179 页
SSAP ©，2019

全球化语境下的中非合作话语体系建构探析[*]

于桂章 王 珩

【内容提要】 在中非关系进入新时代，中非合作不断深化的今天，建立中非合作国际话语体系的重要性日益提升。中非合作国际话语体系的建构随着全球信息化、网络化的不断发展及双方全面战略合作伙伴关系的深入推进而迎来新机遇，也面临西方长期主导国际话语体系和新闻传播渠道，以及中非文化差异等带来的挑战。本文在梳理国内学者对中国国际话语体系以及中非合作话语体系建构的理论探讨基础上，从提高站位、加深了解、创新形式以及多元立体四个方面提出了加强中非合作话语体系的方向性、针对性、有效性和协同性的对策建议。

【关 键 词】 中非合作；中非关系；国际话语体系；国际传播

【作者简介】 于桂章，浙江师范大学非洲研究院 2018 级硕士研究生（金华，310004）；王珩，教授，浙江师范大学非洲研究院党总支书记、副院长（金华，310004）。

国际话语权是大国博弈的重点与核心，建立完备有效的国际话语体系是服务国家战略、保护国家利益、维护国际形象的重要基础。当前，在以美国为首的西方国家对中国步步紧逼乃至采取遏制和打压的国际形势下，建立中国特色社会主义国际话语体系尤为重要。中非合作是我国外交活动的重要部分，随着"一带一路"倡议、金砖国家机制、中非命运共

---

* 本文系教育部 2019 年度中外人文交流专项研究课题"中非人文交流理论体系构建研究"的阶段性成果。

同体建设的不断深化，构建中非合作话语体系，掌握国际话语权，客观全面真实地展现中非合作给双方发展带来的益处，避免西方媒体故意抹黑中非合作形象，提升中非国际话语权和传播影响力的重要性日益提升。

一　中非合作国际话语体系建构的理论探讨

近年来，国家对国际话语体系建构越来越重视。2017 年 10 月 18 日，习近平在中国共产党第十九次代表大会报告中指出："推进国际传播能力建设，讲好中国故事，展现真实、立体、全面的中国，提高国家文化软实力。"2018 年中国"千人计划""万人计划"申报政策做出调整，将"新闻传播学"纳入国家"千人计划"人文社科项目支持专业范围，国家"万人计划"哲学社会科学领军人才中增加专门名额，重点引进和支持能够"构建中国话语体系、让世界读懂中国"的新时代社会科学家。

目前，越来越多的学者感受到了中国的国际话语体系建构的重要性，从全球话语权格局、国际话语体系建构，以及针对西方国家话语霸权的解构等方面做了大量研究。陈汝东提出，全球话语体系是全球格局的媒介综合呈现，是全球政治、经济、文化、科技、教育乃至外交、军事等以话语为形态进行展示的舞台，是世界各国的媒介表达系统，同时也是人类文明的话语再现系统，并认为世界文化的冲突与融合为构建全球话语场提供了可能。[①] 陶士贵、陈建宇认为，当前国际话语权的分布呈现出"金字塔"形的严重不均，美国是唯一的话语霸权国，制定规则与对不服从者实施制裁。英日等国家为话语依附国，依附美国的话语霸权，而包括大部分亚非拉国家的广大发展中国家属于话语弱势国，受霸权国制定的规则约束，只能发出有限的声音。[②] 在国际话语权的架构上，张焕萍认为可以将国际话语权分为国际制度话语权、媒介话语权、学术话语权、文化话语权和民间话语权五个范畴。[③]

---

① 陈汝东：《论全球话语体系建构——文化冲突与融合中的全球修辞视角》，《浙江大学学报（人文社会科学版）》2015 年第 3 期，第 84－94 页。

② 陶士贵，陈建宇：《国际话语权分布、国家利益博弈与国际金融制裁》，《上海经济研究》2016 年第 8 期，第 28－36 页。

③ 张焕萍：《论国际话语权的架构》，《对外传播》2015 年第 5 期，第 50－52 页。

　　中非合作是中国外交活动的重要部分，学者对如何树立中非合作在全球话语场中的积极形象较为关注，从中非合作发展阶段、国际话语演变以及国家形象建构和传播策略等方面做了一定的研究。李安山认为中非关系研究的国际话语经过了三个阶段：1990 年至 2000 年为第一阶段，此时相关研究不多；2000 年第一届中非合作论坛举办后至 2008 年为第二阶段，相关研究增多，西方国家质疑甚至诋毁中非经济合作；2008 年至今为第三阶段，2008 年美国和欧盟都提出要和中国加强对非事务的合作，国际上对非合作的讨论增多，许多非洲学者也积极参与，打破了西方一统学术的局面，研究呈现多元化和具体化的趋势。① 龙小农认为中国对非话语体系的构建经历了一个从无意识到有意识、从自为到自觉的过程，他将中国对非的话语体系分为五个阶段：第一阶段是"兄弟论"阶段（1956—1978 年），此时以对非援助、发展新中国外交为主要目标；第二阶段是"合作论"阶段（1982—1996 年），以中非开展经济合作，寻求中非平等经贸关系发展为目标；第三阶段是"责任论"阶段（1997—2006 年），此时中国在对非双边援助的基础上积极参与国际组织的多边援助，塑造负责任大国形象，同时成立常设性中非合作平台——中非合作论坛，建构中国与非洲的全新合作关系；第四阶段是"软实力论"阶段（2006—2012 年），中国政府发布《中国对非洲政策文件》，中国对非公共外交日益活跃，中国对非影响力和话语权提升显著；第五阶段是"命运共同体论"阶段（2013 年至今），2013 年，习近平主席提出"中非命运共同体"，成为中国建构对非话语体系的指导理念，中国对非话语体系建构更加深化和具体。② 吴隽然分析了法国、英国、美国在非的传播策略，并提出中国对非传播要分析好对非洲的跨文化传播规律、借鉴西方国家成功的对非传播经验，总结中国以往对非传播的经验和教训，找到适合中国在非传播的国家形象以及建构中非共同发展话语的策略。③

　　相对而言，对构建中非合作话语体系的研究还较为薄弱，尚没有形

①　李安山：《中非关系研究中国际话语的演变》，《世界经济与政治》2014 年第 2 期，第 19 - 47、156 页。

②　龙小农：《中国提升对非洲国际话语权的路径与策略》，《青年记者》2018 年第 28 期，第 63 - 64 页。

③　吴隽然：《"一带一路"战略下中国对非洲传播策略研究》，《东南传播》2015 年第 12 期，第 57 - 60 页。

成系统的方法和理论。借鉴陈汝东教授对全球话语体系的定义，^① 本文认为，中非合作话语体系是以中非合作为基本内容在全球话语格局中的媒介综合呈现，涵盖中非合作的经济、文化、科技、政治、教育等多方面，是中非双方在国际社会中的媒介表达系统。中非合作话语体系是中国国际话语体系的重要部分，建构中非合作话语体系本质目的是更好地在国际社会上树立中非合作的积极形象，在国际话语场发出中非双方的声音，在国际议程设置中把握主导权，引导国际舆论走向，避免西方话语霸权国对中非合作的曲解和诋毁。从体系结构上，中非合作话语体系可分为官方、学术和民间三个层次。从组成上，包括国际传播媒介网络的硬件系统和中非合作学术研究的理论系统。从参与的话语主体上，可分为政府、非政府组织、大众传播机构、企业以及民众这五个主体。

二　建构中非合作话语体系的机遇

2018 年中非合作论坛北京峰会成功召开，并通过《关于构建更加紧密的中非命运共同体的北京宣言》和《中非合作论坛—北京行动计划（2019—2021 年）》，中非合作与中非关系进入新时代。随着中非合作领域不断拓展和加深，国际社会对中非合作越来越关切，同时非洲信息通信和本土传媒在快速发展，以及中国传媒机构在非洲的良好经营势头，让中非合作国际话语体系的建构迎来新的机遇。

（一）中非合作领域扩大，国际社会关注程度上升

自 2000 年第一届中非合作论坛成功举办至今，中非合作的领域不断扩大，中非关系也不断向前发展。2018 年 9 月举行的中非合作论坛北京峰会，明确中非将深化全面战略合作伙伴关系，维护中非合作形象，在国际社会发出中非合作的声音。峰会提出"深化媒体合作，打造中非媒体合作网络"，"深化在文化、教育、科技、体育、卫生、旅游、媒体机构、地方政府等领域交流、互鉴与合作，持续巩固中非关系的民意社会

---

① 陈汝东：《论全球话语体系建构——文化冲突与融合中的全球修辞视角》，《浙江大学学报（人文社会科学版）》2015 年第 3 期，第 84－94 页。

基础"①，"中方积极为非方广播电视数字化建设和产业发展提供技术支持和人才培训，双方将为对方电视播出机构提供影视剧，探讨建立长期合作模式，积极推动与非方在新闻出版领域的交流与合作"等。②

随着中非合作的领域不断地拓展和深化，中非合作在国际社会引起愈来愈多的关注，在中国和非洲以及国际上的媒体曝光率显著提升，这为中非合作国际话语权的构建提供了良好的契机。以"China Africa Cooperation"为关键词在谷歌中检索，共得到资讯 7620 万条，学术文章 149 万条，新闻 55 万条。其中 2014 年相关新闻 1.21 万条，2015 年 1.66 万条，2016 年 2.69 万条，2017 年 4.79 万条，2018 年 8.6 万条。中非合作相关新闻从 2014 年至 2018 年增加了 7 万多条，增长了 6 倍多。③

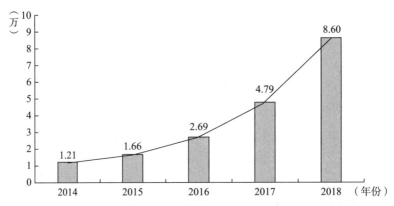

图 1　谷歌检索"China Africa Cooperation"2014－2018 年的新闻数量

从显著增长的新闻报道数量可以看出，国际社会对中非合作的关注度正在迅速提高，中非合作的一举一动都在被国际社会观察和解读，这给中非合作话语体系的构建提供了新的契机。一方面，国际社会关注度的提升能促进国内和国外对中非合作进行更多的研究，对充实和发展中非合作理论有积极作用；另一方面，对中国国际新闻机构的全球发展也有助力，中非合作相关新闻的新闻源在中非双方，中国国际新闻机构如

①　《关于构建更加紧密的中非命运共同体的北京宣言（全文）》，新华网，http://www. xinhuanet. com/world/2018－09/05/c_1123379952. htm，最后下载日期：2019 年 1 月 15 日。

②　中华人民共和国外交部，《中非合作论坛——北京行动计划（2019－2021 年）》，中非合作论坛，2018 年 9 月 5 日，https://www. focac. org/chn/zywx/zywj/t1592247. htm，最后下载日期：2019 年 1 月 15 日。

③　检索日期：2019 年 1 月 15 日。

新华社、《人民日报》、《中国日报》等拥有一手新闻源和许多独家采访
权，西方媒体在报道时必然转载或引用相关机构的报道，从而扩大了中
国新闻传媒机构的知名度，也有利于中国新闻机构的全球通讯网络建设。
西方国家虽然关注中非合作甚至热衷歪曲中非合作的内涵，但是中非关
系发展的主导权始终在中非双方，中非合作的理念、内容和方向始终由
中非双方协同推进，中非双方在关于中非合作的新闻报道中拥有主动权，
这些是不以西方意见为参照的，是中非合作话语体系的构建中西方无法
阻挠的优势。

（二）非洲现代通信与本土媒体快速发展

非洲通信基础设施的建设以及本土媒体的快速发展，为中非合作话
语体系的构建提供了条件。根据迷你瓦特集团（Miniwatts Marketing
Group）发布的全球互联网数据显示，截至 2017 年 12 月 31 日，有 11 个
非洲国家互联网用户超过千万（表 1），总数排名前三的国家为尼日利亚
（9839 万）、埃及（4923 万）、肯尼亚（4332 万）。至 2018 年 6 月，非洲
互联网用户达 4.6 亿，渗透率 36.1%，2000 年至 2018 年非洲互联网用户
增长 10119%。[1] 在移动通信领域，非洲近年发展也同样迅速，国际电信
联盟 2016 年 11 月发布数据显示，非洲手机用户达到 7 亿，拥有率 76%，
比 2007 年增长了 2 倍。非洲的互联网和移动互联网的普及因为用户基数
小并享有后发优势，预计将继续领先全球其他地区。其中，撒哈拉以南
非洲地区预计在 2020 年成为全球第二大移动终端市场。[2]

非洲本土新兴传媒行业也在快速发展，南非、尼日利亚等国开发适
合非洲的社会化媒体应用并取得较好成果。南非 MXit 公司开发的免费即
时通信工具 MXit 是目前非洲本土最大的社交软件，拥有用户近 5000 万，
覆盖 3000 多款手机，提供通信、影音、游戏、手机银行等服务。南非另
一家网络公司 BiNu 针对功能机和低端智能机开发出可以加速网络的应
用，提供新闻、天气预报等超过 100 个频道，并支持用户之间的彼此订
阅，目前 BiNu 月活用户超过 420 万。有学者预计非洲本土社会化媒体将

---

[1]　Internet World Stats, https://www.internetworldstats.com/stats.htm，最后下载日期：2019
年 1 月 15 日。

[2]　黄廓、李树波：《非洲传媒生态视角下中国对非传播力研究》，《国际传播》2017 年第 5
期，第 37 – 49 页。

持续兴起。①

同时，非洲媒体也意识到国际话语权的重要性，开始探索新的国际话语体系。南非独立传媒集团执行主席伊克博·瑟维在第三届金砖国家媒体高端论坛上表示，"在当前国际舆论中，包括金砖国家在内的广大发展中国家话语权过小，他们的声音没有被国际社会充分听到。金砖国家需要自己去争取话语权"。②非洲现代通信基础的提升以及新兴媒体的快速发展，让非洲的年青一代开始习惯于"指尖传媒"，非洲社会接收信息的渠道变得更加多元。非洲传媒格局的逐渐转变让西方在传统广电报媒体时代的硬件渠道优势正在不断解体，中非合作话语体系的建设迎来机遇。

表 1 2017 年互联网用户超千万的非洲国家

国家	人口（人）	2012 年互联网用户（人）	2017 年互联网用户（人）	渗透率（%）	2012－2017 年用户增长率（%）
非洲总计	1287914329	4514400	453329534	35.20	9942.00
尼日利亚	195875237	200000	98391456	50.20	49096.00
埃及	99375741	450000	49231493	49.50	10840.00
肯尼亚	50950879	200000	43329434	85.00	21564.00
南非	57398421	2400000	30815634	53.70	1184.00
坦桑尼亚	59091392	115000	23000000	38.90	19900.00
摩洛哥	36191805	100000	22567154	62.40	22467.00
乌干达	44270563	40000	19000000	42.90	47400.00
阿尔及利亚	42008054	50000	18580000	44.20	37060.00
埃塞俄比亚	107534882	10000	16437811	15.30	164278.00
马里	19107706	18800	12480176	65.30	66283.00
苏丹	41511526	30000	11816570	28.50	39288.00

资料来源：Internet World State：www. internetworldstats. com。

---

① 龙小农、吕梓源：《非洲社会化媒体发展及中国对非传播转型》，《国际传播》2018 年第 4 期，第 38－47 页。

② 《专访："金砖国家媒体需要自己去争取国际话语权"——访南非独立传媒集团执行主席伊克博·瑟维》，新华网，2018 年 7 月 20 日，http://www. xinhuanet. com/world/2018 － 07/20/c_1123154200. htm，最后下载日期：2019 年 1 月 21 日。

（三）中国传媒机构在非经营势头良好

中国传媒机构在海外的经营也取得了发展，为中非合作话语体系的构建开辟了路径。自 1986 年新华社在肯尼亚首都内罗毕设立非洲总社以来，新华社以及中国传媒机构在非洲的经营取得了较快发展。当前新华社在非洲已经建立 28 个分社，建立起覆盖全非的多媒体高速传播专线，向非洲一千多家媒体提供新闻，每天发布英文新闻稿件 300 多条，法文新闻稿件 100 多条。[①] 2012 年 1 月，中国中央电视台非洲分台（CCTV Africa）在肯尼亚首都内罗毕正式开播，这是中央电视台在海外设立的第一个分台，也是国际媒体首次在非洲设立分台。中央电视台非洲分台的开播标志着中央电视台建设完成覆盖全非的电视报道网络，开展涵盖非洲政治、经济、文化、社会等多方面的电视栏目以及多个专题节目。[②] 2016 年 12 月 31 日，中国国际电视台（CGTN，也称中国环球电视网）成立。2018 年 3 月，中央电视台（包括中国国际电视台）、中央人民广播电台、中国国际广播电台合并组建为中央广播电视总台，对外统一呼号为"中国之声"，力图推动海外媒体传播能力建设，其中中国国际广播电台及其网站国际在线（CRI. cn）提供非洲本土语言豪萨语和斯瓦希里语内容，在非洲 12 个国家建立了 23 个海外分台。除新华社、中央广播电视总台外，人民日报社、中国日报社、中国新闻社等中国传媒机构也在非洲设立分社或开办新闻刊物。

中国传媒机构近年来在海外的新兴媒体平台上也取得较好成绩，获得了较好的关注度。截至 2019 年 1 月，新华社脸书关注者 5651 万、推特关注者 1180 万，《人民日报》脸书关注者 5581 万、推特关注者 515 万，[③]均取得良好海外影响力。中国新兴媒体也加快了海外发展的脚步，腾讯（Tencent）、网易（NetEase）、阿里巴巴（Alibaba）、新浪（Sina）等国内互联网公司以及旗下的微信（Wechat）、快手（Kwai）等新兴媒体产品不断升级扩容。其中，2018 年今日头条旗下抖音海外版（Tik Tok）海外月活跃用户超 1 亿，加上收购的 Muscal. Ly 应用，一共覆盖全球超过 150 个

---

① 李新烽、李玉洁：《新面孔与新变革：中国媒体改变非洲传媒格局》，《湖南师范大学社会科学学报》2018 年第 3 期，第 131－140 页。

② 周海金、郭冬冬：《当前非洲媒体发展的困境及出路探析——兼论央视非洲分台对非洲媒体的启示》，《浙江师范大学学报（社会科学版）》2015 年第 5 期，第 61－68 页。

③ 检索时间：2019 年 1 月 16 日。

国家和地区。① 中国传媒机构在海外新兴媒体平台上的非洲用户数量，以及中国新兴媒体在非经营的具体数据虽然仍未确定，但在中非媒体合作不断深化的背景下，中国传统媒体与新兴媒体在非洲"西强我也不弱"的态势越来越明显。

中国媒体机构的在非经营，不仅在传播渠道上开辟出了传播中国声音的道路，也为国际社会增加了更多的媒体供量和舆论观点，进一步打破了传统上由西方垄断的在非传播渠道，为中非合作国际话语体系的构建提供了新的路径和方式。

（四）中非媒体合作加强促进双方互信

中非媒体合作的逐渐加深，增进了双方的人员交流与互信，为建构中非合作话语体系提供了必要准备。2015 年 12 月，中非合作论坛约翰内斯堡峰会暨第六届部长级会议在南非召开，习近平主席代表中国政府宣布将与非洲共同实施"十大合作计划"。其中，为推动中非新闻传媒合作，中方将通过邀请来华研修、提供技术援助和通过在非中国企业提供技术服务等方式，每年为非方培训 1000 名新闻领域从业人员，培训内容包括广播电视技术、新闻采编、新媒体教育等领域。② 随着"十大合作计划"的推进落实，中非双方新闻从业人员的交流不断加深，中非媒体的合作也越来越深化和广泛，增进了双方相互的了解和信任。在非洲，中国国家通讯社新华社在内派记者、稿件引用等方面已经赶超西方通讯社。与西方媒体对新华社稿件新闻进行南辕北辙的引用不同，非洲媒体在引用新华社稿件时往往是全文转载，将我方意识形态导向原汁原味、原封不动地呈现。③ 埃塞俄比亚国家广播公司首席执行官塞尤姆·梅科宁·海卢在第四届中非媒体合作论坛中指出，"非洲传媒体系在很大程度上受到西方媒体哲学和理论家的影响，近年来中非加强了媒体合作，越来越多的媒体专业人士来中国学习取经，有效促进了中非关

---

① 匡文波、杨正：《人工智能塑造对外传播新范式——以抖音在海外的现象级传播为例》，《对外传播》2018 第 10 期，第 11 – 13、38 页。

② 《中非合作论坛约翰内斯堡峰会暨第六届部长级会议"十大合作计划"经贸领域内容解读》，中华人民共和国商务部，http://www.mofcom.gov.cn/article/ae/ai/201512/20151201208518.shtml，最后下载日期：2019 年 1 月 23 日。

③ 许林贵、王悦：《与西媒"错位竞争"，合力发出影响国际舆论"最强音"——新华社对非传播的实践与思考》，《中国记者》2016 第 4 期，第 113 – 114 页。

系的健康发展"。他同时表示希望未来与中国媒体在更多领域开展务实合作。科特迪瓦国家电视台董事会主席巴斯卡尔·阿卡·布鲁也在论坛上表示中国与非洲的媒体合作切实符合了非洲国家的需要，并积极帮助很多非洲国家媒体实现了数字化转型，带领和伴随非洲走向了美好的未来。① 中非媒体合作交流的加深让中非媒体联系更紧密，信息渠道更畅通，人员更互信，理念更互通，为构建中非合作话语体系提供了充足准备。

三　中非合作国际话语体系建构面临的挑战

与此同时，以美国为代表的西方话语霸权国不断歪曲中非合作，抹黑中国形象，以"新殖民主义"和"债务陷阱"等论调来阻碍中非关系发展，加上西方在国际话语体系上的长期经营，把控着全球主要的新闻传播渠道，以及中非文化上的差异让双方在沟通上存在偏差，这些因素给中非合作话语体系的构建带来了挑战。

一是国际议程长期被西方主导。美国依靠其长期经营的全球网络，一直把控着国际议程的设置与走向。从"中国崩溃论""中国威胁论"到"中等收入陷阱""修昔底德陷阱"，以及目前西方无端指责中非合作的"债务陷阱"，无一不是依赖美国在全球智库、学术、传媒方面的优势，将国际议程设置于西方的理论和语境下，从而引导国际舆论，用危言耸听或莫须有的方式破坏中非间正常的国际合作，以达到维护美国全球霸权的目的。每当中非合作有了新的进展，西方便在国际舆论场中制造歪曲和丑化的言论，"中国威胁论""掠夺非洲说""援助掠夺说""新殖民主义""能源外交""破坏环境说""漠视人权说"等言论随着中非合作领域的不断扩展而无中生有，五花八门，甚嚣尘上。美国政府高官经常公开诋毁中非合作，2011 年，美国时任国务卿希拉里访问赞比亚时，警告中国在非洲大陆开采资源等同于"新殖民主义"。② 2018 年 3 月，美国时任国务卿蒂勒森访问非洲时鼓吹中国给非洲带来"债务陷阱"，危及非

---

① 《如何提升国际话语权 中非媒体代表有话说》，央视网，http://news. cctv. com/2018/06/27/ARTIjtSphmOkiiRQ9Hx0gb8X180627. shtml，最后下载日期：2019 年 1 月 16 日。

② 《希拉里称非洲必须警惕中国"新殖民主义"》，环球网，2011 年 6 月 12 日 http://world. huanqiu. com/roll/2011 –06/1751161. html，最后下载日期：2019 年 1 月 17 日。

洲的政治和经济稳定。① 一些西方学者也发表支持这些负面言论的不实理论，克里斯·艾登（Chris Alden）认为，中国在非洲扮演三种角色，分别是"发展伙伴""经济竞争者"和"殖民者"。斯蒂芬妮·吉利（Stephanie Giry）认为中国会损害美国在非洲努力推广的民主模式，使非洲民主化进程复杂化，破坏了美国的全球反恐战略，容易引起核武器扩散。② 这些西方的不实言论严重危害了国际社会中中国的国家形象和中非合作的形象，给中非关系的发展带来许多无端质疑和麻烦。尽管中国努力以事实传播与理论反驳等方式消解国际舆论压力，但在国际议程设置上还是处于被动地位，在面临以美国为首的国际话语霸权国挑起的对中非关系的负面评论时只能被迫接招。

二是主要传播渠道被西方把控。目前国际四大通讯社：美联社（Associated Press）、合众国际社（United Press International）、法新社（Agence France-Press）、路透社（the Reuter Led.）皆为西方国家经营，美国占其中两家，这意味着西方国家在信息的传播过程中可以主观删选和片面传播。以脸书、推特、照片墙（Instagram）等为代表的新兴媒体平台把控着主流媒体外的传播渠道和舆论场，在非洲尤甚。中国的传统媒体和新兴媒体相比西方都起步较晚，西方在非洲传媒行业占极大优势。英法等殖民宗主国自 1930 年就开通对非广播。1990 年后，非洲又经历了一波民主化和私有化浪潮，大量国际广电媒体在非洲经营。截至 2008 年，英国广播公司（British Broadcasting Corporation，BBC）在非洲和中东地区设立落地频率 133 个，法国国际广播电台（Groupe Radio France Internationale，Groupe RFI）在非洲设有 79 个电台。非洲新兴媒体的发展同样被西方主导，2015 年非洲国家的推特用户发送了 16 亿推文，2017 年底脸书用户在非用户数达 1.77 亿。③

相比之下，中国的传统媒体和新兴媒体起步较晚，在非洲的传播力较西方仍显不足。从起步上，中国媒体较西方晚很多。20 世纪五六十年

① 《首访非洲就抹黑中国 蒂勒森被炒鱿鱼还自找难堪》，人民网，2018 年 3 月 14 日，ht-tp://world.people.com.cn/n1/2018/0314/c1002-29867769.html，最后下载日期：2019 年 1 月 16 日。

② 亢升、李丽娜：《中国对非洲外交的国际舆论挑战及其应对》，《印度洋经济体研究》2017 年第 1 期，第 38-59、138-139 页。

③ 龙小农、吕梓源：《非洲社会化媒体发展及中国对非传播转型》，《国际传播》2018 年第 4 期，第 38-47 页。

代许多非洲国家纷纷独立，为加强与非洲国家人民友好往来，1956 年新华社在埃及开罗设立办事处，中国媒体首次进入非洲。1959 年记者王殊在撒哈拉以南建立首个新华社分社——阿克拉分社。1961 年中央广播事业局（中国国际广播电台前身）开办非洲民族语言广播，以豪萨语和斯瓦希里语向非洲广播新闻与节目。经过 60 余年发展，中国对非广播效果取得极大提升，但仍面临认可度不高与竞争力不足等问题。① 2015 年中国外文局在非洲的一项调查显示，28.8% 的受访者在获取中国相关的新闻报道时没有接触任何中国媒体，仅有 26.4% 受访者看过中国中央电视台的节目。② 2014 年据南非调查公司沃克斯全球（World Wide Worx）估算，中国最大的社交软件微信在南非大约有 600 万注册用户，脸书旗下社交软件 Whatsapp 在南非仅活跃用户就拥有 1400 万。③

　　三是中国和非洲的文化差异较大，影响中非合作的国际话语效果。非洲地域广袤，国别区域文化特色鲜明。仅语言就有英语、法语、阿拉伯语、斯瓦希里语、豪萨语等，宗教可以大致分为基督教、伊斯兰教、本土宗教等，按地理位置也可分为北非、东非、西非、中非、南非五个地区。非洲虽然有过内部联合发出统一声音的尝试，例如，民族解放运动时期的泛非思想和成立的"非洲联盟"以及其前身"非洲统一组织"，但是整体来看非洲一体化的进程仍然缓慢。而中国和非洲之间的文化差异更大，在语言、宗教、历史、影视、风俗等方面，相互的认知和了解仍然远远不足。这种差异导致中非合作国际话语体系在建构的过程中容易出现传播覆盖范围难以扩大以及信息沟通中的表达误差，使得中非国际话语体系的构建在政府和官方层面容易形成，但在民间机构和民众的层面则面临需要进一步推进的困难，中非经贸合作虽然不断地加深，但是没有有效促进中非跨文化交往中的形象认同感提升，反而存在形象认同偏差问题的情况。④

---

① 杨梦蝶：《浅析中国豪萨语对非广播与在非软实力建设》，《传播力研究》2018 年第 2 期，第 29 - 30 页。

② 黄廓、李树波：《非洲传媒生态视角下中国对非传播力研究》，《国际传播》2017 年第 5 期，第 37 - 49 页。

③ 龙小农、吕梓源：《非洲社会化媒体发展及中国对非传播转型》，《国际传播》2018 年第 4 期，第 38 - 47 页。

④ 李慧玲：《中非民间交往中形象认同偏差原因分析及对策》，《广西民族大学学报（哲学社会科学版）》2014 年第 6 期，第 155 - 159 页。

除此之外，中国国内社会上也存在一些对非洲的刻板印象以及对中非合作的疑惑。① 受欧美影视作品等影响，国内许多民众对非洲的印象一直被西方主导②，由此也导致一些人对中非合作不解，对中国对非的援助项目质疑。如何消除传统上因西方传媒导致的国内社会对非洲的刻板印象，消除对中非合作的误解，树立新时代的中非合作积极形象，也是中非合作话语体系建设面临的挑战。

四　构建中非合作国际话语体系的对策建议

中非合作国际话语体系的建构是一个系统的工程，需要全面的规划以及多方面协作，具有很强的实际操作性。不仅需要把中非合作话语体系当成一个整体，放在宏观的全球话语体系中去分析，把握国际话语体系整体的形势和演化，确定构建中非合作话语体系的原则和方向，也要在具体的传播方式和渠道方面进行详细和有针对性的规划，以及从不同的参与主体角度建立多元立体的协作方式。

（一）提高站位，把握中非合作国际话语体系的方向性

中非合作话语体系建构的主导权是在中非双方手中，以中非之间的合作为基础，以中非关系的发展为导向。中非合作国际话语是全球话语体系的一部分，有着当今国际关系形势的时代背景，同时遵循国际传播的规律，有其自身的演化和发展趋势。因此，一方面要从宏观的角度将中非合作话语体系作为一个整体，明确将要在国际中打造的中国国家形象和中非合作的形象，在中非合作话语体系构建的推进中有一个整体的参照和目标。另一方面进一步深化中非合作，发展中非关系，建立中非之间更深厚的友好合作友谊，为中非合作话语体系的建构提供充足的活力与充分的案例。要制定中非合作国际话语体系建构的战略规划，做好各部门和单位的统筹规划，对相关企业单位的支持话语体系建设的经营和项目出台政策支持，推进官方与民间参与的相关活动。要发挥好政府引导职能，定基调、定战略，把握好中非以"合作"为核心的在国际社

① 沈旭晖：《中国网络社会的非洲印象》，《南风窗》2010 年第 22 期，第 90 - 91 页。
② 张勇：《中国银幕上的非洲：问题与反思》，《当代电影》2018 年第 10 期，第 118 - 122 页。

会和舆论中的整体基调，例如中非"平等互利""共商、共建、共享""命运共同体"等理念与原则。

（二）加深了解，提升中非合作国际话语体系的针对性

中非双方应加强对相互的了解和合作，建立长效性的交流机制和平台，促进中非双方的人文交流，以便在中非合作的重大活动时期可以相互协作、主动行动。在具体建构中非合作话语体系的过程中，双方要协调口径，共同发声，主动邀请国际媒体和观察单位参加相关新闻发布会等活动，主动对中非合作的相关理念和政策进行解释，把控中非合作信息传播的源头，掌握新闻传播的主动权。还应充分认识到面临的中非文化差异，加强对非洲国别与区域研究，加强中非双方的了解，促进双方更好地沟通。以充分的了解为基础，运用传统媒体和新兴媒体等多重的传播媒介，针对不同的文化主体建设有针对性的传播渠道，进行本地化、多元化、多方位的传播。在具体的策略制定中，考虑到非洲国家和区域内部的文化多样性以及中国和具体非洲国家的合作关系的差异，需要制定一国一策或一国多策，以应对不同国家和区域的合作话语体系建设需求，同时可以尽量防范和避免经济政治等方面的风险，增强中非合作话语体系的稳健性。

（三）创新形式，促进中非合作国际话语体系的有效性

在科技进步日新月异，媒介形式不断发展变化的今天，中非合作话语体系的构建也应充分进行形式创新。例如，2002 年进入非洲市场的民营企业四达时代集团（StarTimes）已成为非洲最大的数字电视运营商，其广播电信网络覆盖非洲 40 多个国家，在坦桑尼亚、尼日利亚等 30 余个非洲国家开展运营，拥有超过 440 个授权频道，并在当地开展以本土语言播放的宣传中国文化的频道与节目。[①] 同时，四达时代将中国优秀影视作品译制为非洲当地语言播出，以提供"运营＋内容"的形式，促进了中国文化的在非传播与中非双方的文化交流。在新闻传播上也应充分进行形式创新，不仅需要传统的"一对多"传播模式，也可以运用以分析用户画像为基础的算法推送模式，提高新闻广播的传播精度和有效性，促

---

① 张艳秋：《数字公共外交与中国国际传播——以民营媒体企业为例》，《对外传播》2018年第 10 期，第 54 - 57 页。

进更广的覆盖范围和受众人群。中非影视的合作也有巨大潜力，近几年《非诚勿扰》《媳妇的美好时代》等影视作品在非洲的热播也反映出中非影视合作的广阔前景。非洲有以本土特色发展起来的"尼莱坞""索马里坞"，中国近几年的影视产业规模也在不断扩大，中非影视合作不仅在叙事主题、拍摄风格等方面带来不同的独特风格，也将改变中国和非洲在西方主流电影中的固有形象，同时促进中非民众之间的相互了解，拉近双方的距离。在通信基础设施、运营服务、智能终端、传播渠道和内容制作等方面，也还有更多的选择空间和拓展可能。

（四）多元立体，推动中非合作国际话语体系的协同性

从结构与参与者来看，要积极推动政府、研究机构、大众传播机构、企业和民众等话语主体全方位立体协同，探索构建中非合作国际话语体系的协同网络。

政府要在中非合作话语体系的构建中起引领作用，在把握整体方向和基调的基础上，积极出台相关促进政策，支持相关机构和人员开展工作，在经营许可、项目审批、税收、出入境手续、活动举办等方面提供便利。政府还应起到督促、监督作用，保障项目和工程的落实质量，促进工作进度和效率的提高。在中非合作的新动向上政府应该主动发声，主动邀请国内外媒体参加新闻发布会，对中非关系发出权威的解读，引领舆论方向。

中非高校和智库等研究机构应该积极对中非关系的发展进行理论创新，发展原创性及创新性的中非合作理论。以中非双方传统文化和语境为基础，对中非合作的理念和政策进行主动解释，进行学术创新与政策解读。同时加强国际交流，加强与国际媒体和其他相关机构的合作，以理论为支撑引导国际学术界对中非合作议程的研究，抢占中非合作影响的学术高地，把握中非合作政策解读传播过程。

大众传播机构一方面要引导国内舆论，对中非关系发展与中非合作政策进行充分解读，取得国内社会的支持，避免国内社会因西方扭曲报道而对中非合作产生误解。另一方面要建立信息传播协同机制、中非媒体合作网络，分享信息来源，共建传播渠道，建立双方共同的新闻报道与舆情预警机制。在面对西方话语霸权国的歪曲和诋毁时，中非双方的大众传播机构应该积极合作，邀请双方的政府官员、学者、记者等对中非双方的合作以及西方的质疑点进行充分说法，以政策解读和事实报道

的优势主动辩驳。

企业是中非合作国际话语体系的重要参与主体，是中非合作话语体系的重要受益者和直观感受者之一。目前在非经营的中方企业以及中国人在非注册的企业数量众多，为当地的就业和经济发展带来积极影响。作为中非合作和中非关系良好发展的实践者，在非企业的社会活动一定程度上影响着中国国家形象以及中非合作话语体系的建构。在非企业一方面要了解中非双方政府的政策、法律，保证经营活动的正规合法，另一方面也要了解当地的政治动态、社会情况，保持高度的新闻敏感与政治敏感，积极履行企业在当地的社会责任，做中国形象的传播者和中非友好合作的代表。

国之交在于民相亲，民众是中非合作接触最直接和广泛的群体，是支撑中非合作话语体系最深层次的基础。双方民众在相互往来时应了解和尊重对方的文化，以友好互助和谐共处的态度增进双方的交流，以正确的价值观和义利观促进双方的合作，建立长久珍贵的民间友谊，为中非合作话语体系建造坚实的民意基础。

（责任编辑：周军）

非洲研究 2019 年第 1 卷（总第 14 卷）
第 180－191 页
SSAP ©，2019

中非商事调解机制的构建[*]

杨福学

【内容提要】 中方投资纠纷解决的外交依赖症危害凸显，国际仲裁法律阙如，当地救济困难重重，中方在非投资者寻求商事调解解决纠纷较为务实。在非洲构建中非投资纠纷商事调解机制，需要关注民生，树立形象，打造对华友好型社会环境；创建调解机构，借鉴国内外成功经验，动员社会力量参与，建立联动机制，建立诚信档案和外籍调解员库；完善调解的相关法律支撑。

【关 键 词】 商事调解；非洲投资；投资纠纷解决

【作者简介】 杨福学，浙江师范大学法政学院讲师，国际经济法学博士。主要研究方向为国际能源投资、国际争端解决。

"一带一路"倡议是"丝绸之路经济带"和"21 世纪海上丝绸之路"两大倡议的简称。该倡议旨在形成全方位开放格局，拓展新区域经济，强化中国经济对国际经济形势的适应力和应对风险的能力。中美贸易战以来，中国国际投资受到欧美"严格审查"的围堵，"一带一路"经济带确保了中国经济依然拥有足够的发展空间。2017 年中国对非投资同比增长 29%。2018 年起，中国将在三年内对非投资 600 亿美元。

为保障如此巨额投资的安全，中非投资纠纷的解决问题就更加重要和迫切。目前，法学界对该问题的研究难以产生预期的效果，实务界也未探索出行之有效的解决之道。长期以来，中非双方政府和投资合作伙

---

    * 本文为浙江省哲学社会科学重点研究基地浙江师范大学非洲研究中心自设资助项目（项目编号：15JDFZ02ZS）的阶段性成果。

伴习惯于通过政府间的协调解决投资纠纷，中方投资者形成了依赖政府的坐等思想，不积极寻求法律救济，而政府对日益频仍的中非投资纠纷根本无暇顾及。客观方面，由于绝大多数中非双边投资条约（BITs）缺乏实务操作性，没有必要的法律支撑，中方投资者难以寻求国际仲裁救济；非洲法治欠健全，地方保护较浓，当地法律救济难以奏效。如此，骤然猛增的对非巨额投资面临各种风险而无必要的防御铠甲。目前，借助成本低廉、形式灵活的商事调解解决中非投资纠纷不失为一种务实的选择。借鉴国内外成功的涉外调解经验，利用中非相似的调解文化传统，在非洲构建商事调解机制，为中国投资保驾护航，为中非投资纠纷的仲裁、诉讼解决创造平台。

一　中非投资纠纷解决乏力的根源及影响

非洲社会持续动荡，目前传统部族冲突、政治动乱与新致乱因素如恐怖组织以及选举、瘟疫引发的骚乱等相叠加，情势更加错综复杂。[①] 主流观点认为这是非洲投资风险加剧的主因。[②] 另外，当地民族主义蔓延，政府、民众缺乏契约意识和法治理念，加上其他投资国的竞争和诋毁，导致中非投资纠纷频仍。纠纷中的中方投资者多依赖政府出面协调，很少发起仲裁、诉讼程序。在蒙受巨额损失后，往往黯然离场，导致中国对非投资连续六年来的持续下滑。[③]

（一）中非投资纠纷解决乏力的根源

中非投资纠纷有效解决办法阙如，可以从主客观两方面挖掘原因。主观方面，投资者形成了依赖政府出面的坐等思想。双方官方对纠纷的外交解决充满自信。笔者曾经在非洲发展相关会议和论坛中，多次向与会非洲政要询问中非商事纠纷解决途径，他们都强调友好协商、调解和

---

① 卢张哲、濮方圆：《试析区域主导型维和行动对非洲恐怖主义威胁之应对》，《武警学院学报》2016 年第 9 期，第 80 页。

② 何力：《中国海外能源投资的地缘风险与法律对策》，《政法论丛》2014 年第 3 期，第 65 页。

③ 依据中国商务部、国家统计局及 UNCTAD 发布的数据，2011 - 2016 年中国对非直接投资额连续下滑。

外交途径。① 在他们看来，诉讼是最不应选择的途径，对利益相关方都有伤害。但中国政府精力有限，不可能顾及如此庞大的商事纠纷。加之出于邦交考虑，不可能为个别投资者的利益伤及邦交关系。这种外交依赖症不仅不利于纠纷的解决，而且往往使投资者坐失解决纠纷的最佳时机。

客观方面，在国际仲裁中，缺乏必要的法律支撑。西方国家与非洲国家签订的投资条约充实、详尽，受到不公待遇的西方在非投资者多能借助 ICSID 等国际仲裁机构获得有效救济。② 而现行有效的 33 个中非BITs 大多粗疏、模糊，操作性不强，政治宣示意义大于诉讼价值，无法支撑有效司法行为。尽管西方投资者将非洲政府诉诸 ICSID 的案例不少，但中方投资者却从未有过类似行为。当地司法救济更是难上加难。由于非洲各国民族主义泛滥、地方保护主义严重、政府契约意识不强，外国投资者很难依据非洲各国国内法获得救济。

（二）中非投资纠纷解决乏力的影响

面对日益频仍的中非商事纠纷，中方长期以来缺乏化解纠纷的有效途径，难以防范日益严峻的在非投资风险，影响投资者在非投资的积极性，制约了中国在非投资的发展势头。商务部数据显示，中国对非投资一度持续下滑，从 2013 年的 33.7 亿美元跌至 2016 年的 24 亿美元。对非投资在对外投资中所占比例，由 2013 年的 3.2% 降为 2016 年的 1.2% 。③学者们多将其归因于非洲投资风险增加、国际油价下跌、国际经济不景气等，但毋庸置疑，中方投资纠纷解决乏力、风险防范低效是重要原因之一。虽然 2017 年以来，中国对非投资猛增，但纠纷解决问题不仅不能忽视，而且更加紧迫。

---

① 2016 年 11 月 15 日在北京会议中心举行的中非贸易与投资合作论坛上，尼日尔商务部长说，所有的投资争端都可以在政府的调解和当事人的友好协商下解决，不会闹到法庭上，更不会闹到投资争端解决中心去。2017 年 8 月在浙师大召开的尼日利亚研究中心成立大会上，笔者问及尼日利亚外交部前部长 General Alliyu Gusau，他很肯定地说，投资争端通过友好协商和政府间磋商解决。

② 课题组对 ICSID 网站公布的 2010 – 2018 第一季度涉非仲裁案件统计结果显示，这段时间内提起地对非仲裁申请共有 74 起，而且申请人多为西方国家公民。除此之外，尚有其他国际仲裁机构作出的对非仲裁裁定。而截至目前，中非之间没有任何仲裁案件。

③ 《中国对外投资发展报告 2016》，中华人民共和国商务部，2017 年 3 月 24 日，http://fec. mofcom. gov. cn/ article/tzhzcj/tzhz/，最后下载日期：2018 年 3 月 12 日。

（三）构建中非投资纠纷解决机制的紧迫性

非洲是国际经贸和投资领域的一块"钻石"宝地。中国政府非常重视非洲的经济战略地位，2015 年提出"中非合作十大计划"。清华大学中国经济研究中心主任魏杰教授认为："2050 年后整个世界的增长点就是非洲了。"① 目前受中美贸易摩擦影响，中国对美出口下滑明显，外资撤离形势严峻，国内对经济前景信心不足，非洲对中国经济发展的意义益发凸显。在 2018 年中非合作论坛北京峰会上，中国政府宣布三年内对非投资 600 亿美元。这些骤然猛增的巨额投资，使得中非投资纠纷的解决问题更加紧迫。

二　中非投资纠纷调解解决的可行性与必要性

中非投资纠纷不断攀升，司法解决疲软。目前在政策推动下对非投资迅猛增长，投资纠纷的有效解决成了保障在非投资安全的头等大事。国际仲裁缺乏法律支撑，当地法律救济困难重重。在这种情势下，借鉴国内外商事调解经验，基于中非相似的调解文化，以商事调解化解中非投资纠纷就具有可行性和必要性。

（一）中非商事纠纷调解解决的基础及可行性

1. 中非投资纠纷商事调解的文化、法律基础

在中华民族漫长的历史中，诉讼制度不很发达，老百姓很少去官府告状，除非走投无路。纠纷的解决主要依靠村保、乡绅、贤达调解说和。中国调解有着深厚的文化渊源。春秋时期的儒学中就有"和为贵""耻讼争"的思想。孔子说："听讼，吾犹人也。必也使无讼乎！"孔子希望通过教化，提高民众修养，使社会达到"无讼"状态。"耻讼争"的思想贯穿了秦汉以降的中国讼争文化，对中国司法制度发展产生了深远的影响。"和为贵"的观念促进了乡土中国淳朴的调解制度。在漫长的封建社会，刑民合一，甚至以刑代民，后起的民商法相当滞后。民间纠纷主要靠族

---

① 魏杰：《中国经济调整期最少需要三年》，http://www. sohu. com/a/ 278113220_611245，最后下载日期：2018 年 11 月 26 日。

长以族规解决，部族之间的纠纷依赖于名流、贤达调解。击鼓鸣冤、拦轿喊冤、告御状的情形少之又少。

非洲文化有着类似于中华文明的调解传统。学者们称调解文化已经深深扎根黑色非洲。非洲法律具有浓郁的习惯法的影子，纠纷的解决需要借助甚至依赖于当地的习俗、传统。较之司法途径，调解解决纠纷往往获得更好的社会效果。在广袤的非洲乡间，诉讼远非主要纠纷解决途径。许多国家，尤其在埃及、苏丹、尼日利亚等大国，纠纷解决中注重调解。埃及国际商事仲裁中心受理的调解案件多于仲裁案件。尼日利亚《仲裁与调解法》第 37 条倡议当事人通过调解友好解决与合同有关的争议。许多非洲区域协定中，调解被列为首要纠纷解决途径。如苏丹、叙利亚等 6 国缔结的《关于解决阿拉伯国家之间投资纠纷的协议》规定投资争议应首先通过协商、调解的方式解决。在解决种族仇恨、冲突方面，南非曼德拉将谅解、和解运用成一种艺术，取得了令人折服的成就。作为西非最稳定的国家，加纳也长期致力于推进传统习惯法纠纷解决方式和调解的糅合发展。①

2. 中非投资纠纷商事调解的可行性和必要性

中非有着深厚的传统友谊，这是商事调解的坚实基础。中非交往可以追溯到公元前 2 世纪的张骞出使西域。② 20 世纪五六十年代，新中国将非洲视为战略同盟军，中非关系进入全面发展时期。截至 20 世纪末，中国对非投资累计 36.8 亿，占当时中国全球投资总额的 58.13%。③ 从 1956 年至今，中国对非援助从未中断，涉及文化、教育、卫生等多个领域，为非洲的发展做出了巨大贡献。

在全球多数国家，包括中国对非投资持续下滑的年份，一些国家依靠商事调解较为成功地化解了涉非投资纠纷，为在非投资扫清障碍，对非投资逆势增长，取得了不错的业绩。国内经济发达省份，如江苏、浙江、广东等，在调解解决涉非投资纠纷方面做出了有益的探索，积累了宝贵的经验。这些都是中非商事调解的很好教材，说明调解解决中非投资纠纷的可行性。

---

① Jacqueline Nolan-Haley, " Mediation and Access to Justice in Africa: Perspectives from Ghana," *Harvard Negotiation Law Review*, fall, 2015, p. 3.

② 张象：《中非交往：从历史到未来》，《人民日报》2016 年 2 月 15 日，第 14 版。

③ 刘立德：《中非友谊源远流长》，《西亚非洲》2000 年第 5 期，第 18 页。

（二）中非商事纠纷调解解决的必要性

国际法制化背景下，依法解决纠纷是应有之义，仲裁和诉讼应当是解决跨国纠纷最得力的工具。欧美国家近年来通过国际仲裁机构，尤其是 ICSID，提起针对非洲国家的仲裁越来越多。可是，中非之间的投资纠纷诉诸国际仲裁面临法律支撑不足的窘境。截至 2018 年，中国已与非洲国家签订 33 个 BITs，但这些 BITs 签订的初衷是一种友好的宣示，并非为了以后对簿公堂。政府层面，中非双方都对投资纠纷的政府协调充满信心，学者们也认为，只要中非之间保持良好的外交关系，没有解决不了的投资纠纷。可是随着中非投资纠纷日益频仍，政府根本无暇顾及，只能关注少数国有重点投资主体，而且外交机关还负有更重要的使命，不宜沦为纠纷解决机构，也不具备这方面的专业技能，仅能发挥协调作用。个别非洲合作伙伴的行为严重伤害了中方投资者合法权益，后者要向 IC-SID 提起仲裁，却发现本应作为重要法律依据的 BITs 粗疏、模糊，无法支撑自己的仲裁请求。这就是为什么时至今日，中非之间无一例 ICSID 的仲裁案例，也没有向其他国际仲裁机构提起仲裁案件的原因。中非 BITs 的修订任重道远，中方投资者寻求 ICSID 仲裁救济的路还很漫长。而且，许多 BITs 都有"用尽当地救济"的要求。非洲各国法治不健全，地方保护色彩浓郁，而且许多侵权者就是投资东道国政府，中方投资者期望获得当地司法救济可能性不大。商事调解由于欠缺相关辅助努力，效果也欠佳。在这种情形下，投资安全保障问题就凸显出来。在国际仲裁面临法律供给不足，短期内难以补足；获取非洲当地司法救济的可能性较低，这样中国巨额投资就可能被排斥在司法救济之外。这种形势下，在商事调解方面寻找突破口，加快非洲商事调解机制的建设，对保障中国对非投资显得非常必要。

三　对非商事调解的经验借鉴

在中非投资纠纷解决中，中方投资者不是没有尝试商事调解的途径，可效果欠佳。但这并不能说明中非投资纠纷的调解解决是条死胡同。国内外涉非商事调解的成功经验恰恰说明，目前中非投资纠纷的商事调解缺乏必备的氛围、土壤，缺乏一些配套的辅助设施。

（一）国外经验

非洲投资风险加剧却并未导致全球对非投资普遍下滑。依据 2016、2017 两份《世界投资报告》，至少日本、沙特、阿联酋等国对非投资有大幅增长。深入研究这三国应对在非投资风险的做法，会发现一个共同的特点：三国投资者解决在非投资争端均倚重于调解，且成效显著。沙特、阿联酋商人依赖共同的宗教信仰促进商事调解，中资企业难以学习。日本的做法值得借鉴，其对非援助选择了一条独特的道路，他们长期以来锲而不舍地援助底层民众，坚持走群众路线，积攒起深厚的群众基础，提高了谈判解决纠纷的概率，有效地消解了民族主义所带来的风险。

近年来，各国争相发展对非关系，尤其日非关系发展很快。日本能在非洲较快赢得民心，与其援非方式以及严谨、务实的民族精神有关。日本的援助深入普通百姓中间，关注民众疾苦，专注解决民生问题。[①] 日本企业积极承担社会责任，技术精湛，诚实守信，在非洲享有很好的口碑。[②] 日本产品质量可靠，价格公道，日本企业关注劳工权益，注意保护环境，热心公益，在非洲民众中铸就良好形象。有了良好的社区基础，发生商事纠纷，容易得到民众的同情和支持，至少不会演化为恶性打砸抢事件。当地的名流也乐意参与斡旋，通过调解化解商事纠纷相对较易。

如果说学习他国的经验尚有水土不服的疑虑，那么国内一些经济发达省份，在调解解决涉外商事纠纷方面积累的经验就更有推广价值。尤其是浙江涉外商事调解的经验带给我们许多启示。

（二）国内经验

浙江外向型经济发展成就斐然，外商云集。其中义乌聚集了许多非洲投资者。为有效化解不断增多的涉外商事纠纷，浙江进行了不懈的探索，积累了宝贵的经验。以下以义乌为例，分析浙江涉非调解的经验。

义乌市外国人超过 1.5 万，分别来自 100 多个国家和地区，主要来自非洲。2013 年 5 月义乌涉外调解委员会成立（以下简称外调委），成为全国首家县级涉外商事调解组织。今天，义乌市外调委成为业内翘楚。其

---

① 王涛、邓荣秀：《日本对非洲投资的历史透视及现状分析——兼谈与中国的比较》，《日本学刊》2017 年第 1 期，第 125 – 126 页。

② 张彬彬：《日本的非洲能源战略及其对中国的挑战》，《日本研究》2012 年第 4 期，第 5 页。

颇具特色的做法主要有以下四点。

1. "以外调外"的创举

聘请懂汉语、了解中国法律的外籍人士担任调解员，他们在中国经商多年，在当地商圈较有声望，对其本国或邻国当事人有一定影响力。外调委还与域外民间组织合作，邀请国外调解专家参与义乌网上调解，缓解外籍调解员紧缺问题。

2. 建立多方联动机制

首先，与法院建立了诉调联动机制。法院为外调委提供答疑和咨询服务，并即时确认调解协议；外调委的外籍调解员也可应邀参与法院涉外案件调解。其次，建立律调对接制度。引导律师参与涉外商事调解，鼓励律协在法院、外调委设立律师调解工作室。

3. 开展国际合作与交流

与苏丹苏中友谊协会签署了《国际贸易纠纷联合调解合作意向协议》，[①] 着力构建涉外商事纠纷跨国联合调解机制。通过外籍调解员牵线搭桥，外调委派员参加南美国际贸易高峰论坛及中阿合作论坛，加强国际商事调解合作。

4. 建立诚信档案制度

调解常常被失信者借以拖延时日。外籍债务人一旦出境，就可能毁约，而限制出境条件苛刻。[②] 外调委梳理失信案件，建立起"诚信档案"，并且根据失信情节将失信者评级分类，上网公开，以形成震慑性声誉罚。同时与更多国家、组织的诚信系统联网，扩大诚信档案的影响范围。

义乌外调委自成立以来，受案数节节攀升，调解成功率平均高达96.7%。其着力打造的这些调解"软件设施"，对中非投资纠纷商事调解颇有启示。

四　构建非洲境内的中非商事调解机制

中非商事调解机制包括中国境内及非洲境内两部分。本文着重讨论

---

① 该协议生效后，将成为我国国内首个跨国贸易纠纷联合调解机制方面的民间协议。

② 吴卡、张洛荫：《涉外商事纠纷调解新模式探寻——以义乌市涉外纠纷人民调解委员会为例》，《浙江师范大学学报（社会科学版）》2017年第2期，第65页。

后者。非洲的中非商事调解机制是国内外商事调解经验与非洲法律传统及司法实务相融合的过程，相对较为复杂，建议从以下几个方面努力。

（一）夯实商事调解的社会基础

中国对非援助在改善中非关系方面意义重大。中国是最早开展对非援助的国家之一，几十年来从未中断过。援助涉及教育、医疗、文化、食品药品等各个方面，近年来注重对非洲公共基础设施的援建。但这些援助带给普通百姓的福利不明显。而非洲一些政府缺乏群众基础，贪腐严重，官民对立，和政府走得过近反而形成与普通民众的隔阂。若逢政局动荡，辛苦建立的友好关系便毁于一旦，新政府对中方投资利益保护并不尽力，遑论补偿损失。中方投资者在利比亚、苏丹、安哥拉等国的遭遇就是惨痛的教训。[①] 近年来，学界出现了不少关于援非方式的反思，主张贴近民生，并重视经济效益。这些观点值得重视。

在重视政府层面友好关系的同时，也须关注"民心向背"，这是中方投资者需要做好的功课。中方投资者要遵纪守法，自觉承担保护环境、保护劳工的法定义务，在创收的同时应当关注当地经济的可持续发展和广大民众的福祉。严守产品质量关，热心公益事业，积极承担社会责任，多为当地社区谋福利，帮助解决当地的就业、就医、入学等问题，以实干博得群众的口碑，赢得当地商界德高望重、对华友好的非籍人士、商界名流的认可，他们才乐于参与中非商事调解。得到民众的声援，当地民族主义者就掀不起风浪，西方国家挑拨中非关系也难以得逞。

（二）突破中非商事调解的人才瓶颈

文化差异是国际商事调解的藩篱，影响到当事人争议解决的价值取向、思维和决策模式、诉求表达方式及沟通模式等，可能引发调解中的冲突，形成调解障碍。[②] 熟悉中非文化的调解员有助于化解这些差异引致的阻力。非洲本土调解员的联络和培养不同于国内非籍调解员，他们不仅要熟悉中非文化，有一定的法律功底，在商圈享有声望，而且要具备

---

① 孙朝方：《中国在利比亚损失无法计算 亟需建立有效保障机制》，《羊城晚报》2011 年 9 月 4 日，第 4 版。

② 王刚：《论文化差异在国际商事调解中的表现及影响》，《西北大学学报（哲学社会科学版）》2009 第 4 期，第 80 页。

谈判技巧和纠纷解决能力。由于人才匮乏,尽管中非都很重视调解,但调解实效却不甚明显。为使我国的商事调解拥有国际话语权,与我国经济大国地位相匹配,必须培养自己的跨文化调解员。他们应了解双边或多边文化,熟悉国际谈判原则,能主导国际投资谈判和纠纷解决,并能在跨文化交易调解中及时进行文化调适。①

(三) 推动调解机构的设立

商事调解分为机构调解和自然人调解两类,非机构调解后来居上。②2003 年英国机构调解的案件占到调解案件的一半以上,2010 年非机构调解案件已经占到调解案件的 65%。③ 在中非投资纠纷中,邀请当地部族首领、商界名流居中调解会大大降低纠纷解决成本。但若完全寄希望于自然人调解,在人治色彩较浓、法治意识欠缺的非洲不大现实。因为欠缺必要的机构和程序制约,调解很难实现中方想要的公允。目前,中非商事调解应以机构调解为主,并需要商会、同乡会等组织推动。如果当地有调解机构,可以充分利用之。如果没有,或者虽有但难以信赖,可以推动当地商会、政府组建、改组调解组织,可以在华人商会、联谊会筹建调解组织。邀请、吸引当地德高望重的部族领导、宗教领袖、社会贤达、商界名流加入调解员库,充实调解力量,提高机构影响力。为维持调解机构健康、长效发展,调解可依市场规律收费,解决发展经费问题。要把调节机构建设成当地华人共克时艰、团结协调的平台,建设成当地华人投资者、商会、联谊会沟通合作的纽带,在中方在非投资者更多事务中发挥作用,积累中非纠纷解决经验,为国内法规及政策制定、学术研究提供一手素材。

(四) 完善我国涉外调解立法

国际商事调解应有相应规则。具有国际影响力的调解中心,包括世

---

① Garrick Apollon, "Cross-cultural Deal Mediation as a New ADR Method for International Business Transactions," *Law & Business Review of the America*, Spring, 2014, p. 6.

② 非机构调解源自非机构仲裁的说法,拉丁文是 ad hoc arbitration (有学者译为临时仲裁,欠准确),与机构仲裁相对应,仲裁不受任何机构管理,基于当事人的意思自治和调解员的个人威望进行,省却适用了机构规则的烦琐和费用。

③ 齐树洁、李叶丹:《商事调解的域外发展及其借鉴意义》,《中国海商法年刊》2011 年第22 卷第 2 期,第 101 页。

界著名的仲裁中心所属的调解机构均有自己的调解规则和程序。美国仲裁协会（AAA）调解规则长达 46 页，细致全面，[①] UNCITRAL 在 2002 年就制定了《联合国国际贸易法委员会国际商事调解示范法》。我国现行的《人民调解法》主要针对民事纠纷，商事调解统一规范缺位，各涉外调解机构自行制定调解规则，商事调解制度碎片化，影响调解功能的发挥。[②]依据我国立法实际，应当制定《商事调解法》，这是我国对外贸易、投资发展的必然需求。制定专门的涉外商事调解法不太现实，但可以在《商事调解法》中设立专门章节，规定涉外、国际商事调解相关内容。立法不应挤压调解员在调解方式选择、调解过程掌控等方面享有的权利，但应该设定必要的程序。比如美国国际商事调解可以采取联合会议（joint sessions）及核心小组讨论（caucuses）的形式，[③] 但应考虑案件的各种情况以及双方当事人可能提出的愿望，也应遵循一定的程序。[④] 确立有偿调解的原则，规定商事调解社会调解的属性，鼓励社会力量参与；维护当事人意思自治，调解协议的司法确认应留给当事人一段"冷却期"，当事人共同请求确认的除外；明确规定外籍调解员的地位、权利和义务，规定政府支持涉外调解的途径和方式。

调解应以事实和法律为基础，国际调解也不例外。中非 BITs 缺乏可操作性，应利用许多 BITs 到期的时机，着力推动修约工作，争取条文充实、详尽，补充 NPM 条款、保护伞条款等必备条款，尽量明确投资东道国政府经济主权的界限及行使的方式和相应的责任。中国自2012 年后缔结的 BITs 较少，最新修订的是中国 - 土耳其 BITs（尚未生效）。[⑤] 国际投资协定（IIA）发展的最新趋势是在其他条约中规定投资条款（treaties with investment provisions，TIP）。2017 年全世界共缔结 IIA18 项，BITs 和 TIPs 各占一半。而 2009 年各国缔结 BITs 近 180 个，TIPs 只

---

① American Arbitration Association，AAA Court-and time-tested Rules and Procedures，Oct. 1，2013，最后下载日期：2018 年 3 月 29 日。

② 汤维建：《关于制定〈社会调解法〉的思考》，《法商研究》2007 年第 1 期，第 61 页。

③ Thomas J. Stipanowich，"Insights on Mediator Practices and Perceptions," *Dispute Resolution Magazine*，Winter，2016，p. 2.

④ 黄进、宋连斌：《国际民商事争议解决机制的几个重要问题》，《政法论坛》2009 年第 4 期，第 9 页。

⑤ UNCTAD，International Investment Agreement Navigator，Dec. 18，2018，https://investment-policy hub. unctad. org/IIA/CountryBits/42#iiaInnerMenu，最后下载日期：2019 年 2 月 3 日。

有 12 个。^① 我国也应将重点转向 TIPs 的制定，为国际商事调解及以后的国际仲裁提供切实的法律支撑。

五　余论

近年来，商事调解在国际商事纠纷解决中的重要性日益凸显。《新加坡调解公约》生效以后，调解协议将据此在公约签署国得以承认与执行，这将极大地推动国际商事调解的发展。国内商事调解也获得长足发展。2017 年 9 月底，最高人民法院、司法部印发《关于开展律师调解试点工作的意见》，引导律师深度参与司法调解和民间调解。2018 年 6 月，最高人民法院国际商事法庭成立，旨在打造将"调解、仲裁、诉讼"机制性系统性整合在一起的"一站式、多元化争端解决平台"。^② 尽可能地吸纳调解优点，实行一审终审，并给予当事人选择法院及法官的权利。这种"融解决"的方式，是商事调解的一种升级版，既最大限度地尊重当事人的意思自治，又赋予调解协议类似于判决的执行力，并能使其像仲裁裁决那样，依据《纽约公约》得到各国承认与执行。^③ 这些商事调解发展的最新成果，是中非商事调解机制构建的珍贵素材。该机制的顺利构建，不仅能化解中非商事纠纷、保护中方在非投资，而且能为"一带一路"商事纠纷化解积累经验，促使中国涉外商事调解走向世界，为打破欧美挤压，赢得更多投资发展空间。

（责任编辑：李雪冬）

---

① United Nations Conference on Trade and Development, World Investment Report 2018, UNDTAD, June 6, 2018, p. 89, https://unctad. org/en/Pages/DIAE/World% 20Investment% 20 Report/World_Investment_Report. aspx，最后下载日期：2019 年 1 月 18 日。

② 最高人民法院国际商事法庭：《国际商事法庭简介》，最高人民法院国际商事法庭，2018 年 6 月 28 日，http://cicc. court. gov. cn/，最后下载日期：2018 年 11 月 29 日。

③ 单文华：《国际商事争端解决的中国方案》，《法制日报（国际）》2018 年 11 月 13 日，第 4 版。

非洲研究 2019 年第 1 卷（总第 14 卷）

第 192 - 201 页

SSAP ©，2019

"一带一路"视域下中非影视发展新构想

张　虎　景秀明

【内容提要】 随着"一带一路"的深入推进，在迎来中国和非洲经济文化交流与友好往来的同时，也为中非影视合作发展创造了潜在的原动力和新契机。那么，如何把握机遇，顺应时代潮流，讲好中国故事，树立好国家形象，逐渐成为当下中非影视仁人志士思考与探寻的问题之一。在"一带一路"视域下，要注重本土话语，拉近受众心理，讲述百姓故事，引发情感共鸣，以歌舞双向建构，通过撷取文化融合点，基于"他者"影视传播经验的借鉴与融合，旨在为当下中非影视发展提供可参考性的路径。

【关 键 词】 "一带一路"；中非影视；创作发展；文化融合；经验借鉴

【作者简介】 张虎，浙江师范大学文化创意与传播学院硕士研究生；景秀明，浙江师范大学文化创意与传播学院教授（金华，321004）。

随着"一带一路"的深入推进，中国和非洲社会经济文化迎来蓬勃发展的同时，也为中非影视合作发展创造了潜在的原动力和新契机。站在新的历史起点上，如何把握机遇，顺应时代潮流，讲好中国故事，树立好国家形象，传承中非传统友谊，深化中非经济文化合作交流，推动中非影视合作，已经成为当下中非影视创作者思考和探寻的问题之一。在"一带一路"视域下，要注重本土话语打造，拉近受众心理，讲述百姓故事，引发情感共鸣，以歌舞双向构建，以撷取文化融合点作为创作元素，基于"他者"影视传播经验，通过培养固定受众，尝试合拍模式，厚植于文化底蕴的融合，旨在为当下中非影视发展提供可参考性的路径。

一 "一带一路"为中非影视合作提供契机

"影视艺术"作为一种特殊的交流话语，能够跨越民族、地域、身份的区隔，对促进民族文化交流，对价值观念的认同，对国家意识形态的塑造，具有不可小觑的价值和意义。由于中非文化之间存在差异性和特殊性，"影视艺术"可以成为增进中非民族情感的重要纽带，促进双方文化交流的重要桥梁。在"一带一路"视域下，中非影视合作，从生产机制而言，打破了传统意义上被空间、文化割裂的旧格局，使得新格局的建构成为可能；从传播价值而言，传承中非传统友谊，促进民族文化的交流与融合，维护世界文化的多样性和全球性，赋予了中非影视合作发展新使命；从国际影响力而言，中非影视合作为重塑"国家形象"提供了新机遇。可以说，"一带一路"为中非影视合作提供了新契机，营造了良好的生态环境。

首先，"一带一路"为中非影视合作建构了新格局。长期以来，西方媒体占据和控制着非洲媒介的"喉舌"，对"中国形象"肆意地歪曲和诋毁，既让非洲人民不了解中国，也让中国人民对非洲的形象停留于"刻板印象"中。随着"一带一路"的实施，尤其是"一带一路"所提倡的政策沟通、设施联通、贸易畅通、资金融通、民心相通"五通"之路，既促进了中非经济文化的繁荣发展，也在一定程度上打破了这一封闭空间的桎梏。从近些年创作实践来看，聚焦于"一带一路"元素的"丝绸之路国际电影节""北京国际电影节""上海国际电影节"等活动的举办备受社会各界尤其是新闻媒体界的广泛关注。这些活动既让人们看到中非双方的友好合作和密切往来，也足以让人们看到在摆脱西方媒体封闭与禁锢的困境之后，中非双方影视产业的蓬勃发展与繁荣景象。不仅如此，中国与非洲沿线国家共同合作翻译的译制剧，共同举办的"中非影视合作论坛""中非文化交流展""中国图书主题展"等系列活动，不仅为中非双方友好合作关系奠定了坚实的基础，也为中非民族文化交流与融合提供了舞台空间。事实上，中非影视文化交流与融合的过程，也使得中非文化格局得以逐步被解构。在"一带一路"视域下，中国文化有着悠久的历史渊源和丰富的精神内涵，足以丰富非洲沿线国家的文化产业特色，而非洲拥有幅员辽阔的地域景观，也能够为中国影视创作发展提供丰富的宝贵资源。两者之间取长补短，择善而从，互通有无，既促进了影视产业的繁荣发展，又为中非民族文化融合带来了契机，在充分整合、优化现有资源的同时，也使得中非文化互通性与差异性的价值观念得以关照和把握。可以说，这些既是对中非影视合作取得的成就及发展经验的肯定，也是对西方媒体捕风捉影、子虚乌有的言论有力的回应，同时也为中非影视的合作搭建了新平台，提供了新机遇，开拓了新空间。

其次，"一带一路"赋予了中非影视合作的新使命。在"一带一路"这一国际化的平台上，中非影视的友好合作肩负着深化中非传统友谊，促进民族文化交流与融合的使命。以近些年举办的活动和召开的会议而言，无论是小到地方机构举办的以中非文化为主题的研讨交流、"对话"活动，还是大到国家政府召开的中非合作论坛峰会，这些活动及会议的举办，既深化了中非民族深厚的情谊和友好合作的伙伴关系，也为中非民族文化融合产生了积极的动能效应。单从这些方面来看，中非影视合作对深化传统友谊和民族文化交融发挥着重要的作用。但实质上，中非影视的友好合作，在促进中非人民深厚情谊和文化融合的同时，也是为了维护世界文化的多样性和全球性的繁荣发展，创造和谐稳定的世界新局面而不断努力着。可以说，中非影视合作，中国一直承担着负责任的大国使命。从深层次角度而言，中国作为世界上最大的发展中国家，长期以非洲和发展中国家为自身外交依托和战略伙伴，自觉肩负起推动世界经济文化发展的历史责任，中国之所以向非洲"输出"影视剧，基本出发点是深化中非民族文化的交流与融合，促进世界经济文化多元化和全球化的繁荣发展。中国作为一个负责任的大国，有责任帮助非洲摆脱对西方媒体依附的困局，以及通过多种渠道援助尚处于动荡的发展中国家实现政治的稳定。可见，在"一带一路"视域下，中非影视合作发展为促进中非经济文化的交流与融合，维护世界文化的多样性和全球性的繁荣发展，肩负起义不容辞、责无旁贷的历史使命。

最后，在"一带一路"视域下，中非影视合作为重塑"国家形象"提供了新契机。"一带一路"视域下，中非影视合作对西方媒体歪曲中国形象进行了有力回击。长期以来，西方媒体对中国形象存在一定的误解和偏见，刻意唱衰抹黑中国，甚至发起攻击、诋毁的言论，肆意扭曲事实。这些负面的报道，既不利于中非经济文化交流和友好交往，也在一定程度上损害了中国的国家形象。然而，中非影视合作，在某种程度上缓和与摆脱了此类尴尬处境，因为影视资源作为一种大众传播媒介，对受众的传播具有涵化效果和教化功能，某种程度上影响着拟态环境的建构和刻板印象的形成。因此，中非影视在其合作与发展的过程中，应当充分把握"一带一路"带来的新契机，将建设成果惠及世界更多国家的同时，也为良好国家形象的塑造提供了机会。此外，在"一带一路"视域下，中非影视合作发展，既促进了中非经济文化的交流与融合，也向世界传递了中国和平发展、开放包容、互利共赢的价值理念，因此，也是中国国家形象在世界重塑的过程。具体而言，国家形象作为一种"软实力"，能够对政治、经济、文化、外交等产生多重效益，中非影视合作发展在给非洲沿线国家带来切实利益的同时，也推动了世界影视文化产业的发展与繁荣，促进了世界文明的进步和发展，从这个角度来说，彰显了中国始终秉持"互利、互惠、共赢"的大国外交形象。可见，正是"一带一路"为中非影视合作发展重塑国家形象提供了新契机，使得中非影视的国际影响力逐步攀升，也为推动世界影视产业的发展做出了重要贡献。这些无疑是对人类命运共同体的构建的生动体现。

那么，如何让中国影视剧更好地"走出去"，这就需要在充分把握机遇、顺应时代潮流的前提下，不断在创作模式上探索新方法，尝试新路径，积极讲好中国故事，树立好国家形象。

二 "一带一路"背景下中非影视创作发展新构想

在"一带一路"视域下，为了实现影视剧的国际化传播，更好地帮助海外观众理解影视作品的情节内容和思想精髓，首先必须攻克语言的瓶颈与障碍，影视语言的译制成为关键环节之一。影视译制不仅是将一种语言转化成另外一种语言，更是跨越国界、跨民族的交流，需要处理好不同文化之间的差异，减少"文化折扣"。换句话说，"影视译制剧要想真正实现在不同国家、不同民族、不同文化之间的传播，除了跨语言的译制外，更是要在文化内涵上寻求共识，题材选取上求同存异，寻找跨种族、跨语言、跨地域的人性共鸣的元素"。① 因此，通过译制剧本

---

① 王魏：《跨文化语境下中国影视译制剧"走出去"的新突破——以影视译制剧在非洲的传播为例》，《中国广播电视学刊》2015 年第 7 期，第 29 - 31 页。

土话语打造，要拉近受众心理认同，讲述百姓故事，激发情感共鸣，歌舞融合，双向建构，力图破解中国影视剧"走出去"的难题。

（一）本土话语，拉近距离

非洲是一个多种语言并存的大陆，目前在非洲 50 多个国家和地区中，作为官方语言的就有英语、法语、葡萄牙语、阿拉伯语、西班牙语、斯瓦希里语和豪萨语七种语言，可见，非洲语言不仅覆盖面广，而且纷繁复杂。因此，将影视剧翻译成本土化话语引进非洲，不仅有利于消除非洲人民的听力障碍，扩大交际范围，提高传播效果，而且，原创的本土化配音能更好地获得人们的认同感。

表现在具体影视作品中，电视剧《北京爱情故事》被译制成豪萨语版，在尼日利亚播出以后，受到了当地人们的好评。① 同样，电视剧《金太狼的幸福生活》被译制成阿拉伯语，在埃及播出后反应强烈。② 不仅如此，电视剧《媳妇的美好时代》被翻译成斯瓦希里语，在坦桑尼亚、肯尼亚、乌干达、科摩罗等地区播出后也获得了收视热潮。③ 纵观这些热播的影视剧，它们都具备一个共通性，那就是本土化话语的打造，拉近了受众的心理距离。著名非洲杂志《非洲青年》发文评论称："本地演员的配音是非洲观众喜爱中国影视剧的重要原因之一，这让非洲观众感到亲近自然，大大拉近了中国节目与非洲观众的心理距离。"④ 基于此，我们可以清晰地看到，译制本土话语在中非影视传播中起到了重要作用，既拉近了受众心理距离，也让中国影视得以广泛传播。

（二）百姓故事，激发共鸣

2015 年四达时代集团以问卷的方式在乌干达、南非、肯尼亚、坦桑

---

① 《"北京爱情故事"豪萨语版在尼日利亚热播引民众热议》，网易新闻，2013 年 12 月 10 日，http://news.163.com/13/1020/14/9BKSI3QA00014JB5.html，最后下载日期：2017 年 9 月 13 日。

② 《"金太郎的幸福生活"埃及首播成功》，中华人民共和国商务部，2014 年 03 月 19 日，http://www.mofcom.gov.cn/article/i/jyjl/k/201403/20140300523029.shtml，最后下载日期：2017 年 9 月 16 日。

③ 《中国电视剧 热播非洲》，中国共产党新闻网，2015 年 1 月 15 日，http://cpc.people.com.cn/n/2015/0105/c83083 - 26324976.html，最后下载日期：2018 年 3 月 18 日。

④ 国家新闻出版广电总局国际合作司：《影视搭建友谊桥，中非携手谋共赢——中非影视交流取得丰硕成果》，《中国广播电视学刊》2016 年第 3 期，第 121 - 122 页。

尼亚和尼日利亚 5 个国家进行收视调查，收回有效问卷 1364 份。问卷分析结果表明，"动作、爱情、家庭伦理片和喜剧最受非洲观众喜爱，近一半观众最喜欢的内容是动作类，喜欢中国青春爱情片、家庭伦理片和喜剧片的非洲观众总共占到 38.38%"。[①] 这些数据反映出，中国的"功夫"文化、青春成长、家庭矛盾等题材影视剧，在非洲深受人们喜爱与追捧。

长期以来，非洲人民对中国"功夫"具有某种天然的崇拜感和认同感。[②] 四达时代集团张君琦说：在肯尼亚，几乎没有人不认识李小龙和成龙，"功夫"已经成为中国文化的名片。可以说，"功夫"类题材影视剧未尝不是中国影视"走出去"的一个选择。此外，青春类题材电视剧《奋斗》，电影《杜拉拉升职记》等作品[③]，在非洲播出后也都获得好评。这个类型题材通过对人物梦想的坚持、对成功的渴望和职场上的拼搏，是当下中非青年的真实写照。不仅如此，日常剧也备受非洲观众喜爱。电视剧《平凡的世界》，电影《失恋33天》《左耳》等作品[④]，在非洲播出后，也获得到了较高收视率。这些影视剧通过日常化的呈现，让当地人们产生了强烈的情感共鸣。不难看出，距离根本不是问题，问题在于有没有找到中非影视类似的共通点，中非之间有着太多共同的理想和文化，这一切激励和启发着我们，中国影视的发展在非洲培养固定观众群体正逐渐变为可能。

（三）歌舞融合，双向建构

非洲是一个具有悠久历史的文化大陆，而且戏剧绚丽多彩。在家庭中，舞蹈是每个人的天性，不论男女老少，他们不仅会唱歌，而且也会以舞为伴。事实上，"若干世纪以来，非洲人民在生产斗争和日常生活中，为了抒发自己的情怀，经常载歌载舞，从而也就逐渐出现各式各样

---

① 田晓璇：《推动中国影视剧在非洲传播 助力中国文化"走出去"——专访四达时代集团副总裁郭子琪》，《中国日报》2016 年 4 月 15 日，第 7 版。

② 《非洲兄弟爱上中国功夫 停不下来》，新华社新媒体，2018 年 9 月 4 日，https://baijia-hao.baidu.com/s? id = 1610671899331366101&wfr = spider&for = pc，最后下载日期：2018 年 11 月 18 日。

③ 《国产电视剧海外热播 中国影视剧的巨大机会》，搜狐网，2015 年 12 月 20 日，http://www.sohu.com/a/49541596_114965，最后下载日期：2015 年 12 月 25 日。

④ 《中国影视剧非洲吸粉 覆盖人群近千万》，人民网，2017 年 5 月 28 日，http://ent.people.com.cn/n1/2017/0528/c1012 - 29305870.html，最后下载日期：2017 年 11 月 23 日。

的戏剧表演形式"。① 中国影视对非洲歌舞元素的取材，未尝不是一个可取的创作模式。以歌舞双向建构，既促进中非舞蹈文化的交流与融合，也让非洲人们了解到中非文化的差异性和特殊性。

实际上，中非歌舞融合，双向建构，深受人们的喜爱。其中，著名歌手朱明英来上海，演唱了众所周知的非洲歌曲《伊阿奥利奥》，在当时引起了巨大的轰动和影响。② 这种歌舞文化的融合不仅展现东方神韵之美，也跨越了文化鸿沟，让观众体验到了人类对美好生活的共同追求。但令人遗憾的是，这种有意义的影视创作模式没有受到重视，截至目前，中国还未有一部关于舞蹈类题材的影视剧走进非洲。

三 "一带一路"背景下"他者"影视发展的经验借鉴

作为文化传播重要载体的影视文化，相对而言需要具有特殊性的关键"节点"出现，才能易于被观众接受。非洲民族文化由于受到西方文化的渗透，与中国儒家思想文化存在明显的差异。如何才能更好地让中国影视走进非洲，促进中非影视交流与合作呢？笔者旨在通过阐述韩国电视剧、日本纪录片、香港电影引入中国市场的经验，并与中国影视剧"走进"非洲进行比较，试图探讨两者影视剧在引入过程中存在的异曲同工之妙，旨在为当下中非影视创作者提供可参考性的经验借鉴。

（一）韩国：从培养固定受众到全面布局

韩剧能够引入中国，充分抓住了两国友好建交契机，培养了一批固定受众。1993 年是中韩建交后的第二年，韩剧陆续引入中国，在当时并没有引起太大反响，直到 1997 年中央电视台重演了韩国家庭剧《爱是什么》才引起了轰动效应。进入 21 世纪后，韩国又向中国引入大量爱情题材电视剧《蓝色生死恋》《冬日恋爱歌》《天国的阶梯》等作品，培养了一大批固定受众。随着固定观众的涌现，韩剧引入中国的数量逐步攀升，主题愈加变得丰富。历史剧《大长今》和人生剧《看守》的播出，让人

---

① 高长荣编选《非洲戏剧选》，北京外国文学出版社，1983，第 1 - 2 页。
② 《东方歌舞团打造"东方之爱" 朱明瑛再唱非洲金曲》，新华网，2015 年 12 月 8 日，www.stardaily.com.cn/2015/1208/9749.shtml，最后下载日期：2015 年 12 月 25 日。

们看到了家庭、爱情、友情、信仰是韩剧的表征主题。这些韩剧在充分考量中国观众价值理念、道德评判、文化认同的基础上，逐步培养固定受众，使得韩剧在中国取得巨大成功。

值得注意的是，中非影视合作发展与早期韩剧引入中国存在许多"共融点"。一是中韩"建交"，二是中非"一带一路"，皆是合作发展的时代契机。从中国影视剧引入非洲来看，2013 年家庭伦理剧《媳妇的美好时代》在坦桑尼亚播出后，引起较大的轰动，随后又相继推出了同类型题材电视剧《金太郎的幸福生活》同样取得了较好的收视率。若能够以此为契机，培养固定受众，转化主题类型，逐步推广，令人不难想象，中非影视合作发展也能够取得瞩目成就。诚如四达时代集团孟力所说："要使中国影视剧真正进入非洲，我们必须打好基础。"① 需要指出的是，这里的基础不仅是硬件设备，也有培养固定受众的含义。韩剧成功引入中国的事例，无疑给中国影视剧走进非洲提供了可参考性的经验借鉴。

（二）日本：从企业合拍模式到人才培养

日本影视剧成功引入中国，也是基于两国建交基础之上，以企业"合拍"模式打开了中国大门。从时间维度上来看，1972 年中日建交，1979 年中日合拍《丝绸之路》给中国影视带来了空前的开放意识，1980 年中日两国再次合拍《话说长江》，让日本影视剧在中国得到了强烈的反响。日本影视剧走进中国的办法，以采用企业合拍模式，让中日两国文化得以交流与融合，并在合拍模式的基础之上，走向人才模式培养，比如李绍武、戴维礼、刘效礼等一批导演，最终逐步引入更多影视题材作品。可以说，日本影视剧能够引入中国，无疑给当下中非影视创作发展带来思想上的启迪。

事实上，中国对非洲影视剧的"输出"，也可走企业合拍、个人协拍模式。在"一带一路"视域下，中非影视合作发展迎来了新机遇，中国拥有技术平台的支持，非洲有丰富的资源宝库，可以说，两者结合可以达成互利共赢的局面。但遗憾的是，近些年来，中国以非洲取材拍摄的纪录片仅有张勇导演的《重走坦赞铁路》（目前还在制作中）。因此，应当整合中非影视合作发展的有利资源，通过中非合拍纪录片模式，企业

---

① 《让非洲家庭看数字电视》，新华社，2017 年 7 月 4 日，https://www.myzaker.com/article/5950ee801bc8e06d27000006/，最后下载日期：2017 年 9 月 28 日。

合拍片、个人协拍片培养一批开拓者等方式走进非洲市场，逐步增强中国影视在非洲的话语地位。

（三）香港：注入文化底蕴，牵动受众心灵

香港影视成功引入中国内地，在于深度把握了中华民族"爱国主义"精神的审美需求。香港于 1982 年以电影《少林寺》成功打开内地电影大门之后，港产片如潮水般涌入内地，1983 年引入的电视剧《霍元甲》更是万人空巷，家喻户晓。从这类型题材剧中，我们也能够看到一个"共通性"，那就是对"武打"动作的深度观照，通过武打情节全面把握，凸显"爱国主义"精神情怀。但实际上，是满足了中华民族大众要求弘扬民族优秀文化，展现民族自尊自强的迫切愿望。正是在这样的情感催化下，香港影视赢得了广大观众强烈的情感共鸣，一经播出，举国轰动也就成为必然。

中国影视剧走进非洲与早期香港电影引入中国内陆也存在某种"共通性"。从历史角度而言，"中国和非洲有着类似遭遇和惨痛的历史，皆曾经历过殖民主义者残酷的侵略、压迫和剥削。因此，双方存在共同的国际秩序语言和繁荣发展的诉求"。① 长期以来，内心集聚的强烈爱国主义精神情怀，是两民族文化的融合点，中非影视合作发展以武打、动作为切入视角，牵引民族文化底蕴，可以说，具有潜在的影视合作发展空间。但截至目前，在"一带一路"视域下，中国还未曾有一部关于爱国主义题材影视剧走进非洲。值得一提的是，"无论是计划经济还是市场经济时代，非洲影片至今没能在中国做过商业性映出，连盗版碟也不曾见过一张"，② 这样尴尬处境和现实困境，值得当下创作者深思与忖量。

结　语

"一带一路"为中非影视合作发展建构了新格局，赋予了新使命，为良好国家形象的塑造提供了机会，我们应当把握机遇，顺应时代潮流，

---

① 《中国新任最高领导人首次出访"世界梦"更明确》，人民网，http://news.enorth.cn/system/2013/03/22/010775692.shtml，最后下载日期：2017 年 10 月 23 日。

② 陆孝修：《非洲电影概况》，《当代电影》2003 年第 4 期，第 66 页。

通过本土化话语打造，拉近中非人民的亲切感和认同感，以讲述百姓故事，引起受众的情感共鸣，在歌舞双向构建中探寻中非影视文化的"共通点"，以此作为中非影视创作发展的元素。基于"他者"影视传播经验借鉴与融合的基础上，通过培养固定受众、合拍模式、注重文化底蕴的观照与把握等方式，探索中非影视发展新模式，旨在为当下中非影视合作发展提供可参考性的路径。当然，中非影视合作发展依然任重道远，同时也呼吁更多仁人志士投身于中非影视合作发展研究中，为其提供建设性意见。

（责任编辑：王严）

Contents

Abstract: The texts of African constitutions show a strong tendency to specific values. Most of them recognize the values and spiritual principles of the international communities, position themselves as the basis of the whole society's value consensus, and indicate the direction for the development of the country. Due to the distrust of their political culture and political qualities of their populations, the design of constitutional democratic political system in various African countries pursues more formal democratization, and the constitutions attach great importance to the political stability of the country, introduce the theory of self-defense democracy, stipulate the strong position of the administrative organs and set up a strong central government. In order to effectively realize the value and goals of the constitutions, the African constitutions place emphasis on their normative binding force. Most countries have established a constitutional review system, providing citizens with formally convenient constitutional appeal channels. The constitutional review organs are also entitled the authority of adjudicate over political disputes. Various supervision institutes have also been established to implement the constitutions. In order to turn the good wishes of institutional design into real-life constitutions, African countries still have a long way to go.

Keywords: Africa; Implementation of Constitution; Democratic Politics; Constitutional Consensus; System Design

Uganda Age Limit Bill: Process, Public Sentiment and Predicament

Li Zhaoying / 21

Abstract: Many countries in Africa are facing the challenge of the institutionalization of political authority, and access to the peaceful transition of presidential power has been one of the most controversial issues since Africa's independence. Under the combined effects of unbalanced political party system, active interest groups and restricted civil society, Uganda, one of the typical countries of this problem, passed the constitutional amendment law in 2017 that removed the 75-year presidential age limit clause 102 (b) that paved way for life presidency in Uganda and allows the incumbent President Museveni to run in the 2021 elections and is expected to be re-elected consecutively till 2031, when he will be 90 years old. The Uganda Age Limit Bill had been controversial from the propaganda stage to the parliamentary debate stage, besides, the negative perception and emotional judgment of the public opinion on Age Limit Bill had put Uganda's political, economic and social development in the face of a severe crisis of governance. How to overcome this dilemma, improve the political system in line with Uganda's national conditions, and realize the modernization of the country is worthy of deep thinking. Based on the results of literature analysis and sample interviews, this paper analyzes the background, process, public sentiment and predicament of the bill in order to promote understanding and research on political reality in Uganda.

Keywords: Uganda; Constitutional Amendment; Presidential Age Limit

Informal Local Governance Institutions and Management of Intra-Ethnic Conflicts: Reflections from Kuria of Tarime District, North Eastern Tanzania

Emmanuel Yacobo Kiondo, Lyabwene Mtahabwa,
Peter Anthony Kopoka / 35

Abstract: The study was conducted to examine the influence of Kuria traditional local governance institutions in the management of intra-ethnic conflicts in Tarime district located in north eastern Tanzania with the aim of creating understanding on how practices and decisions taken by informal local governance institutions affect the management of intra-ethnic conflicts. Systems Thinking Theory (STT) was used to guide analysis of governance issues in the existing intra-ethnic conflicts among Kuria. Ethnographic research design guided by qualitative research approach was deployed to collect information. The data collected were subjected to content analysis to form themes and sub-themes of the study. The study findings revealed that Kuria's informal local governance institutions have both negative and positive influences towards intra-ethnic conflicts in the sense that they had potentials to trigger conflicts and they can also play a significant role in the management of intra-ethnic conflicts. The study further indicated that Kuria communities [clans] in the Tarime district, share common informal governance institutions which form part of their culture and history and thus they are in the best position to apply informal approaches to manage conflicts in the area despite their limitations. However, despite such strengths of informal local governance institutions in the management of intra-ethnic conflicts, their potentials were not fully harnessed in the Tarime peacemaking process. The study recommends the establishment of initiatives targeting recognition and the inclusion of informal local governance institutions in the management of intra-ethnic conflicts among Kuria of Tarime.

Keywords: Conflict Management; Intra-ethnic Conflict; Informal Governance Institutions

Government Intervention and the Rising of Cash Crop Production in Colonial Africa

Li Pengtao, Wang Meng / 55

Abstract: European colonizers sought to facilitate cash crop production in African colonies. However, the rising of cash crop production in the African colonies were not the result of colonial policies, but depended on whether this cash crop production was suitable to local interest or not. In African peasantsdominated west African colonies, cash crop production was the outcome of African agency, ie. the cocoa economy in Gold Coast. In East and Southern African colonies, which have white settler communities, even though colonial intervention had impacts on cash crop production, the agencies of African peasants also had significant impacts on the outcome of cash crop production.

Keywords: Colonial Rule; Government Intervention; Cash Crop Produ ction; Single-Product Economy; Dependency Theory

The Impacts of Regional Integration on Intra-Regional Exports and Welfare of African Countries—Effect Simulation Based on Borders' Elimination

Wang Xia / 68

Abstract: From the perspective of border effect, this paper constructs counterfactual model based on structural gravity model and the general equilibrium effect of trade policy, using the Poisson pseudo maximum likelihood (PPML) estimation method for simulation analysis of the economic effects of Africa Regional Integration. The results showed that: (1) High degree of regional integration has a significant positive impact on Africa Intra-regional exports growth and African countries' welfare growth; (2) High degree of regional integration will substantially stimulate the intra-regional exports growth of larger African countries, and greatly improve the welfare of small African countries; (3) It brings benefit to producers and consumers, and most of gains accrue on the producer side. High degree of regional integration is of great significance for promoting the development of Africa regional trade and achieving the prosperity of all Africans.

Keywords: Structural Gravity Model; General Equilibrium Effect; Africa Regional Integration; Economic Effect; Borders' Elimination

A Study on South African Standardization Development：
History，Characteristics and Prospects

Zhang Qiaowen / 81

Abstract：The improvement of the level for standardization's opening up is necessary for the development of 'The Belt and Road' Initiative (BRI) and formation of a new phase of China's all-around opening up. South Africa as an important component of BRI，has decisive influences on standards making in Africa，especially in Southern Africa. It thus becomes necessary to have a better understanding towards South Africa's standardization，so as to promote China-South Africa，even China-Africa standardization cooperation. By employing 6407 South Africa's national standards，this article analyzes characteristics and trends of South African standardization，followed by discussion of major tasks and development paths of South Africa's standardization in the future，implications of China－South Africa cooperation in standardization are provided in the last section. The implications of China-South Africa cooperation in standardization are as follows：First，to formulate measures to improve the policy environment for standards 'going out'. Second，to deepen standardization cooperation for mutual benefits，and co-develop international standards. Third，to enhance exchange of relevant talents and capacity building，and to realize information sharing. Last but not least，to improve the awareness of standardization for China's enterprises，and actively participate in the South Africa's standardization activities.

Keywords：Standardization Strategy；International Standardization Cooperation；South Africa；Africa；the Belt and Road Initiative

Study on the Effects of Colonization on the Development of
Vocational Education in Africa

Chen Mingkun，Dang Lingling / 97

Abstract：Some of the vocational activities carried out by European missionaries in Africa have undoubtedly promoted the development of production technology and the changes of production methods in many places of Africa. In the colonial period, vocational education has got a better development comparing to other types of education, but the colonization features are obvious: the colonial government adhered to the education "assimilation" principle in development strategy and highlighted "utilitarian" in educational goals; the development of the schools were "unsustainability" as short of education development planning; the colonial government often gave the right of education to the church. Since independence the basic development trend of vocational education in Africa is as follows: firstly, the national vocational education system was initially established; secondly, the development of vocational education is increasingly influenced by external factors; thirdly, the development of vocational education tends to be better in more African Countries; fourthly, international assistance to African vocational education is increasing; fifthly, the willingness in seeking development ways which of in line with their own countries is becoming stronger.

Keywords: Apprenticeship System; Vocational Education; Missionaries; Colonial Governance

An Image Analysis of Zein in *The Wedding of Zein* of the Ritual "Liminality" Theory

Huang Hui, Lin Xi / 109

Abstract: From the perspective of Victor Turner's "Liminal Phase" theory, the novel *The Wedding of Zein* written by Sudan's most famous realistic writer Tayeb Saleh describes how ceremonies making social problems resolved. Starting from the western ritual theory, this paper, on the basis of the ceremony framework of "separation-transition-incorporation", attempts to analyze the social relations, ritual functions and mirror-image significance of the main character Zein, further explore the author's creative purpose: to pay attention to how a wedding ceremony of a nobody makes it possible to resolve the social conflicts in African backwards rural areas.

Keywords: Liminality; People of Liminality; Socila Function of Ceremonies; The Wedding of Zein

The Evolution of Education Development Policy and Its
Influence since African Counties' Independence
—Interpret the Conference of African Ministers of Education

Chen Jialei，*Liu Hongwu* / 119

Abstract：In the past 50 years，the African education development policy
has changed profoundly with the African political，economic and social devel-
opment since 1960s. At the same time，UNESCO，Africa Union，World
Bank and other regional and international organizations have made policies for
African education development，as well as given some advice and suggestions.
The conference of African ministers of education is the first and most widely offi-
cial meeting of African education. It focuses on education equity，popularization
of basic education，anti-illiteracy education，integration of higher education，
vocation and technical education development，teachers education training，
curriculum reform，teaching quality assessment，innovation of science and tech-
nology education，international educational aid，regional cooperation in educa-
tion and other African education research hot topics. The Action Plans issued af-
ter the previous sessions have become important programmatic documents for
the development of education in Africa，which produced a wide，far-reaching
influence. Through the interpretation of the conference of African ministers of
education，this paper reviews the path of African education policy development
since the independence of African countries，as well as analyzes the roles and
impacts of the conference on African education development.

Keywords：Africa；Education Policy；Development；Conference of Af-
rican Ministers of Education

The Reality and Prospects of French Specialized Talents
Training in the Background of China-Africa Cooperation
in the New Period

Li Yan / 136

Abstract：In the context of the unprecedented development of China-Africa

cooperation, the demand for French-speaking talents serving China-Africa coopera-
tion has also shown new features in recent years. How to teach the French-speaking
students who meet the needs of the times and meet the needs of the national devel-
opment strategy, that is a research topic that is urgently needed for the teaching and
research personnel of French majors. This paper will first analyze the characteristics,
effectiveness and deficiency of current French specialized talents training in our
country, and combine the current situation of insufficient market supply of French-
speaking students who serve the China-Africa cooperation, and put forward the
strategy and direction of teaching French specialized students at Chinese universities.

Keywords: China-Africa Cooperation; Talents Training; French Teach-
ing; Course Design

Build an Even Closer Community with a Shared Future for China and Africa: Meaning, Connotation, and Paths

Li Xuedong, Wang Yan / 155

Abstract: China-Africa community with a shared future has a solid histori-
cal basis, a strong realistic impetus and a bright future vision. The Beijing Summit
of the Forum on China-Africa Cooperationpointed out that China and Africa will
work together to build China-Africa community with a shared future that assumes
joint responsibility, pursues win-win cooperation, delivers happiness for all of
us, enjoys cultural prosperity, enjoys common security, as well as promotes har-
mony between man and nature. China-Africa community with a shared future is a
strong support for the China Dream for the realization of the rejuvenation of Chi-
nese nation, and it is also a rare opportunity that the destiny of Africa is not sub-
ject to others. It can provide a beneficial reference for the South-South coopera-
tion, enhance the comprehensive strength of the developing countries, and it is
also an indispensable basis forbuilding a community with shared future for man-
kind. Eight major initiatives are an effective path for the realization of China-Africa
community with a shared future. Meanwhile, we are supposed to strengthen the
consultative dialogues with African Union and African sub-regional organizations, to
actively promote multilateral cooperation among China, Africa and other major e-

conomies, and build an even closer community with a shared future for China and Africa based on "The Belt and Road".

Keywords: China-Africa Community with a Shared Future; Connotation; Path

A Preliminary Study on the Way to Construct the Discourse System of Sino-African Cooperation from a Global Perspective

Yu Guizhang, Wang Heng / 164

Abstract: With China-Africa relations entering a new era and China-Africa cooperation deepening, the importance of establishing an international discourse system for China-Africa cooperation is increasing. With the continuous development of global informationization and networking and the deepening of bilateral comprehensive strategic partnership, the construction of the international discourse system of China-Africa cooperation is facing new opportunities, and it also faces challenges brought by the long-term dominance of the Western international discourse system and media channels, as well as cultural differences between China and Africa. On the basis of reviewing the current domestic scholars' theoretical discussions on the construction of China's international discourse system and China-Africa cooperative discourse system, this paper puts forward some suggestions on how to strengthen the directionality, pertinence, effectiveness and synergy of China-Africa cooperative discourse system from four aspects: position improvement, deepening understanding, forms innovation and multi-dimensionality.

Keywords: China-Africa Cooperation; China-Africa Relations; International Discourse System; International Communication

The Construction of Commercial Mediation Mechanisms between China and Africa

Yang Fuxue / 180

Abstract: As "The Belt and Road" initiative extended to Africa, China's investment in Africa, which has been declining for years, has soared sharply. In that case, the detriment of diplomatic dependence of Sino-African investment dispute is highlighted. It is a practical method for China investors seeking relief from disputes by commercial mediation on account that there is short of substantive law in international arbitration and it is very hard to get local legal remedies. In order to construct commercial mediation mechanism in Africa, Chinese investors should focus on livelihood issues, establish an excellent image, create a friendly social environment for China, establish mediation institutions, learn from successful experience at home and abroad, mobilize social forces to participate, establish linkage mechanism, establish integrity archives and foreign mediators database, as well as improve relevant legal support for mediation.

Keywords: Commercial Mediation; Investment in Africa; Dispute Settlement

A New Vision of the Development of China-Africa Film and Television from the Perspective of "The Belt and Road"

Zhang Hu, Jing Xiuming / 192

Abstract: With the further development of the "The Belt and Road", China's economic and cultural exchanges and friendly exchanges with Africa have also injected potential impetus and new opportunities for the development of Sino-African film and television cooperation. Then, how to seize the opportunity, conform to the trend of the times, tell the Chinese stories well, and establish a good national image has gradually become one of the problems that people with lofty ideals in China and Africa think and explore. From the perspective of "The Belt and Road", we should pay close attention to native language, draw close attention to the audience's psychology, tell stories of the people, arouse emotional resonance, and build a bi-directional construction of songs and dances, pick up cultural fusion points, and draw lessons from the integration of the "other" film and television communication experience, aiming to provide a reference for the current development of China- Africa film and television.

Keywords: "The Belt and Road"; China-Africa Film and Television; Creative Development; Cultural fusion; Experience and Reference

本刊宗旨与投稿体例

《非洲研究》由浙江师范大学非洲研究院主办，是刊发非洲研究成果、探讨非洲问题的综合性学术刊物，每年 2 卷，第 1—11 卷由中国社会科学出版社出版，自第 12 卷起由社会科学文献出版社出版。2015 年本刊全文收录于中国学术期刊网络出版总库（简称"中国知网"）。本刊秉承浙江师范大学非洲研究院"非洲情怀、中国特色、世界视野"之治学精神，坚持"求真创新、平等对话、沟通交流"之办刊方针，致力于搭建开放的非洲研究学术交流平台，荟萃学术思想与观念之精华，努力推动中国非洲研究事业的进步。

作为一个以非洲问题为研究对象的多学科、综合性的学术交流平台，本刊致力于打造独具非洲特色的人文社会科学专业学术出版物。设有"非洲政治与国际关系""非洲经济与发展""非洲历史、教育与文化""中非关系""非洲研究书评"以及"海外来稿"等栏目。我们热忱期待国内外不同学科领域的学者从各自学科的角度对非洲问题进行研究，并踊跃向本刊投稿、交流观点。《非洲研究》编辑部将严格按照学术规范流程进行稿件审核，择优录用，作者投稿时应将稿件电子版发送至：fzyjb-jb2016@126.com。

一　稿件基本要求

1. 来稿应注重学术规范，严禁剽窃、抄袭，反对一稿多投。

2. 来稿正文字数控制在 13000 字以内。

3. 来稿应包含以下信息：中英文标题、内容提要、关键词；作者简介、正文、脚注。中文简介不少于 200 字，英文简介不少于 150 字；关键词 3—5 个；作者简介包含姓名、单位、主要研究领域、通信地址、电话和电子邮件地址，如为外籍学者需注明国别。

4. 本刊采用脚注形式，用"①②③"等符号标注，每页重新编号。

5. 如有基金项目，请注明基金项目名称、编号。

二　引文注释规范

1. 期刊：作者，篇名，期刊名，年月，期数，页码。如：

纪宝成：《当前高等教育发展中的五大困境》，《中国高教研究》2013年第 5 期，第 6 页。

Joas Wagemakers，"A Purist Jihadi-Salafi：The Ideology of Abu Muhammad al-Maqdisi"，*British Journal of Middle Eastern Studies*，August 2009，36（2），p. 281.

2. 著作文献：作者，书名，出版社，年月，页码。如：

刘鸿武：《尼日利亚建国百年史（1914—2014）》，浙江人民出版社，2014，第 163 页。

C. A. 贝利：《现代世界的诞生》，于展、何美兰译，商务印书馆，2013。

Stig Jarle Hansen，*Al-Shabaab in Somalia—The History and Ideology of a Militant Islamist Group*，2005 – 2012，London：Hurst & Company，2013，p. 9.

3. 纸质报纸：作者，文章名称，报纸名称，年月，所在版面。如：

杨晔：《第二届中非民间论坛在苏州闭幕》，《人民日报》2012 年 7 月 12 日，第 3 版。

Rick Atkinson and Gary Lee，"Soviet Army Coming apart at the Seams"，*Washington Post*，November 18，1990.

4. 文集析出文献：作者，文章名，文集编者，文集名，出版社，出版时间，页码。如：

杜威·佛克马：《走向新世界主义》，载王宁、薛晓源编《全球化与后殖民批评》，中央编译出版社，1999，第 247 – 266 页。

R. S. Schfield，"The Impact of Scarcity and Plenty on Population Change in England"，in R. I. Rotberg and T. K. Rabb，eds.，*Hunger and History：The Impact of Changing Food Production and Consumption Pattern on Society*，Cambridge，Mass：Cambridge University Press，1983，p. 79.

5. 学位论文：作者，论文名称，所在院校、年份，页码。如：

方明东：《罗隆基政治思想研究（1913—1949）》，博士学位论文，北京师范大学历史系，2000，第 67 页。

Lidwien Kapteijns，*African Historiography Written by Africans*，*1955 – 1973：The Nigerian Case*，PhD diss.，University of Amsterdam，1977，p. 35.

6. 研究报告：作者，报告名称，出版社，出版日期，页码，如：

世界银行，《2012 年世界发展报告——性别平等与发展》，清华大学出版社，2012，第 25 页。

Rob Wise，"Al-Shabaab"，Center for Strategic International Studies，July 2011，p. 3，http://csis. org/files/publication/110715 _ Wise _ AlShabaab _ AQAM% 20Futures% 20Case% 20Study_WEB. pdf.

7. 网络资源：作者，文章名，网络名称，时间，网址，上网时间。如：

中华人民共和国外交部，《外交部副部长翟隽在第七届"蓝厅论坛"上的讲话》，中华人民共和国外交部，2012 年 7 月 12 日，http://www. mfa. gov. cn/chn/gxh/tyb/zyxw/t950390. htm ，最后访问日期：2015 年 12 月 25 日。

Tomi Oladipo，"Al-Shabab Wants IS to Back off in East Africa"，BBC News，November 24，2015，http://www. bbc. co. uk/news/world-africa-34868114. Accessed 2015 – 12 – 25.

《非洲研究》编辑部

2018 年 6 月

图书在版编目（CIP）数据

非洲研究. 2019 年. 第 1 卷：总第 14 卷 / 刘鸿武主编. -- 北京：社会科学文献出版社，2019.6

ISBN 978 - 7 - 5201 - 4983 - 9

Ⅰ. ①非…　Ⅱ. ①刘…　Ⅲ. ①非洲 - 研究 - 丛刊　Ⅳ. ①D74 - 55

中国版本图书馆 CIP 数据核字（2019）第 110656 号

非洲研究　2019 年第 1 卷（总第 14 卷）

主　　办 / 浙江师范大学非洲研究院
主　　编 / 刘鸿武
执行主编 / 王　珩

出 版 人 / 谢寿光
责任编辑 / 宋浩敏
文稿编辑 / 陈素梅　袁宏明

出　　版 / 社会科学文献出版社 · 联合出版中心（010）59367150
　　　　　　地址：北京市北三环中路甲 29 号院华龙大厦　邮编：100029
　　　　　　网址：www. ssap. com. cn
发　　行 / 市场营销中心（010）59367081　59367083
印　　装 / 三河市龙林印务有限公司

规　　格 / 开　本：787mm × 1092mm　1/16
　　　　　　印　张：13.75　字　数：225 千字
版　　次 / 2019 年 6 月第 1 版　2019 年 6 月第 1 次印刷
书　　号 / ISBN 978 - 7 - 5201 - 4983 - 9
定　　价 / 89.00 元